Islam in Europa

Studien zur Islamischen Theologie
und Religionspädagogik

herausgegeben von

Yaşar Sarıkaya und
Zekirija Sejdini

Band 3

Zekirija Sejdini (Hrsg.)

Islam in Europa

Begegnungen, Konflikte
und Lösungen

Waxmann 2018
Münster • New York

Gefördert von  **INNS'BRUCK**

Bibliografische Informationen der Deutschen Nationalbibliothek
Die Deutsche Nationalbibliothek verzeichnet diese Publikation in
der Deutschen Nationalbibliografie; detaillierte bibliografische
Daten sind im Internet über http://dnb.dnb.de abrufbar.

Studien zur Islamischen Theologie und Religionspädagogik
Band 3

ISSN 2509-8268
Print-ISBN 978-3-8309-3809-5
E-Book-ISBN 978-8309-8809-0

© Waxmann Verlag GmbH, 2018
Steinfurter Straße 555, 48159 Münster

www.waxmann.com
info@waxmann.com

Umschlaggestaltung: Pleßmann Design, Ascheberg
Satz: Sven Solterbeck, Münster

Gedruckt auf alterungsbeständigem Papier,
säurefrei gemäß ISO 9706

Printed in Germany

*Meiner Mutter
Hazbije Sejdini*

Vorwort

Das Institut für Islamische Theologie und Religionspädagogik der Universität Innsbruck ist seit seiner Gründung – zunächst als Fachbereich, später als eigenständiges Institut – stets darum bemüht, neben der Forschung und Lehre in der islamischen Theologie und Religionspädagogik auch gesellschaftspolitisch relevante Fragestellungen aufzugreifen, um einer breiten Öffentlichkeit mit akademisch fundiertem Wissen Themen zugänglich zu machen, die mit dem Islam in Verbindung gebracht werden. Dies ist unserer Auffassung nach in unserer aktuellen Situation auch ein wichtiger Beitrag zur Sicherung und Förderung eines friedlichen Zusammenlebens in einer pluralen Gesellschaft, zu der sich auch die Universität Innsbruck in ihrer Charta für gesellschaftliche Vielfalt bekennt. Neben der gesellschaftspolitischen Relevanz ist für uns auch die Erörterung bestimmter Themen rund um den Islam als Beitrag zur Entwicklung des akademischen Diskurses von zentraler Bedeutung. Damit soll sowohl Akademikerinnen und Akademikern als auch interessierten Studierenden die Möglichkeit gegeben werden, sich mit innovativen Beiträgen auseinanderzusetzen, um den akademischen Islamdiskurs im europäischen Kontext voranzutreiben.

In diesem Zusammenhang fand nach einer ersten Ringvorlesung im Wintersemester 2014/15 im Wintersemester 2016/17 am Institut für Islamische Theologie und Religionspädagogik eine weitere Ringvorlesung mit dem Titel „Islam in Europa – Begegnungen, Konflikte und Lösungen" statt. Die Vorlesungsthematik wurde aus unterschiedlichen Perspektiven beleuchtet, die nun durch diese Publikation einem breiten Publikum zugänglich gemacht werden sollen.

Namhafte Persönlichkeiten folgten unserer Einladung, sich mit einem Vortrag an der Ringvorlesung zu beteiligen. Leider war es uns aus verschiedenen Gründen nicht möglich, alle Vorträge in diesem Band zu veröffentlichen. Dafür haben sich jedoch andere Kolleginnen und Kollegen, die nicht direkt an der Ringvorlesung beteiligt waren, bereit erklärt, dieses Buch mit ihren Beiträgen zu bereichern. Daher gilt unser Dank allen Autorinnen und Autoren, die durch ihre Aufsätze zum Zustandekommen dieser Publikation beigetragen haben, besonders jenen, die wir im Nachhinein für einen Beitrag gewinnen konnten.

Danken möchten wir in diesem Zusammenhang auch einigen Institutionen, ohne deren finanzielle Unterstützung weder die Ringvorlesung noch diese Publikation möglich gewesen wäre. Unser besonderer Dank gilt dem

Magistrat III der Stadt Innsbruck für Stadtplanung, Stadtentwicklung und Integration, der Abteilung Kultur des Amtes der Tiroler Landesregierung, dem Forschungsschwerpunkt ‚Kulturelle Begegnungen – Kulturelle Konflikte‘ der Universität Innsbruck sowie der islamischen Religionsgemeinschaft in Tirol.

Herzlich danken möchte ich auch unserem Team, das erheblich zur erfolgreichen Gestaltung der Ringvorlesung beigetragen hat. Vor allem möchte ich unserer Sekretärin Edith Pachler für die Unterstützung bei organisatorischen Angelegenheiten danken sowie unserem studentischen Mitarbeiter Hajret Beluli für die Videoaufzeichnung der Beiträge, die sowohl auf dem YouTube-Kanal unseres Instituts als auch auf der Homepage www.islamportal.at abrufbar sind.

Mein besonderer Dank geht jedoch an Univ.-Ass. Mehmet Tuna M.A., der die Ringvorlesung mit viel Engagement geplant, organisiert und betreut hat. Auch für seinen unermüdlichen Einsatz für das Zustandekommen dieser Publikation möchte ich mich bei ihm herzlichst bedanken.

Zekirija Sejdini
Innsbruck, im Dezember 2017

Inhalt

Zekirija Sejdini

Einführung

Wir leben in einer Zeit, in der die Ablehnung des Anderen immer mehr zum konstitutiven Teil der eigenen Identität wird. Angetrieben von der medialen Berichterstattung, aber auch von den erstarkenden rechtspopulistischen Parteien in Europa, neigen immer mehr Menschen dazu, fremde Kulturen und Religionen als potenzielle Bedrohung für die eigene Existenz wahrzunehmen – aus Angst, die eigene Identität zu verlieren und zum Fremden im eigenen Land zu werden. Besonders deutlich zeigt sich diese Aversion gegenüber dem Fremden in der Beziehung zum Islam, die unter anderem durch verschiedene Ereignisse wie Terroranschläge, Migration und flüchtende Menschen aus den muslimischen Ländern stark geprägt ist. Die Ereignisse der letzten Jahre, die sowohl durch Selbst- als auch durch Fremdzuschreibung mit dem Islam in Verbindung gebracht worden sind, haben erheblich dazu beigetragen, dass besonders der Islam als eine äußerst fremde und zum Teil vom Wesen her mit den ‚europäischen Grundwerten' inkompatible Religion verstanden wird. Auch wenn diese Annahme nicht nur wissenschaftlich nicht haltbar, sondern auch ein großes Hindernis für die Integration der Musliminnen und Muslime in Europa und für ein respektvolles Miteinander in einer pluralen Gesellschaft ist, so wird sie oft als eine unverrückbare Tatsache wahrgenommen. Wie sehr der Islamdiskurs durch diese Annahme dominiert wird, zeigen die jüngsten Statistiken, wonach insbesondere muslimische Ausländer in Ländern und Gegenden, in denen weniger Muslime leben, stärker abgelehnt werden, als in Ländern und Gegenden mit einem hohen muslimischen Bevölkerungsanteil.[1]

Die Entwicklungen der letzten Jahre, die vor allem durch die Zunahme des muslimischen Bevölkerungsanteils geprägt sind, zeigen deutlich, dass ein sachlicher Zugang in der Auseinandersetzung mit dem Islam dringend notwendig ist, wenn all jene Werte nicht gefährdet werden sollen, die die Europäische Union besonders auszeichnen. Die Zukunft Europas hängt

---

1 Vgl. ‚Ablehnung von muslimischer Zuwanderung in Österreich am zweithöchsten', 2017, in: *kurier.at*. URL: https://kurier.at/politik/ausland/umfrage-mehrheit-in-eu-gegen-zuwanderung-von-muslimen/245.668.722 (letzter Abruf: 10.01.2018).

sehr stark davon ab, ob es uns gelingen wird, mit dieser kulturellen und religiösen Pluralität umzugehen. Dies bedeutet nicht, dass im Umgang mit dem Islam ein besonderer Weg eingeschlagen werden muss und der Islam bzw. die Musliminnen und Muslime von einer Kritik, der auch alle anderen Religionen ausgesetzt sind, verschont werden sollen. Es geht vielmehr darum, dass die Komplexität der Problematik in ihrer gesamten Breite wahrgenommen wird und wissenschaftlich fundierte Forschung in die Diskussion mit einfließt, damit eine konstruktive und sachliche Auseinandersetzung mit dem Thema Islam im europäischen Kontext ermöglicht wird. In diesem Zusammenhang soll dieses Buch zur Versachlichung des Islamdiskurses beitragen. Durch die Auswahl bestimmter Themen und unterschiedlicher Perspektiven sollen die Beiträge unserer Expertinnen und Experten allen Interessierten einen differenzierten Zugang zum Thema Islam verschaffen.

Im ersten Beitrag behandelt *Zekirija Sejdini* das Thema „Islamische Religionspädagogik im europäischen Kontext". Ausgehend von den Entwicklungen im Bereich der islamischen theologischen Studien im deutschsprachigen Raum wird der Versuch unternommen, die Spannungen und Herausforderungen aufzuzeigen, die zu bewältigen sind, um innovative Ansätze in der islamischen Religionspädagogik entwickeln zu können, die sowohl dem akademischen Diskurs im säkularen Kontext als auch der eigenen Tradition entsprechen. Der Fokus des Beitrages liegt besonders auf der Notwendigkeit der Auseinandersetzung mit dem erkenntnistheoretischen Anspruch der Theologie als Bezugswissenschaft der theologisch verstandenen Religionspädagogik, aber auch mit dem eigenen Traditionsverständnis, das einerseits unentbehrlich ist, andererseits jedoch auch zu einem großen Hindernis für die Weiterentwicklung im Bereich der islamischen Religionspädagogik werden kann.

Einen wichtigen Beitrag und neue Perspektiven zum aktuellen Islamdiskurs liefert der Aufsatz von *Bacem Dziri*. Darin versucht der Autor, anhand der Thematik „Gewalt und Islam" die eigentlichen Schwierigkeiten im aktuellen Islamdiskurs aufzuzeigen, die seiner Auffassung nach vor allem in der Wahrnehmung des Islams als Kollektiv und in der daraus resultierenden Semantik liegen. Durch die Dekonstruktion gegenwärtiger Begriffsverwendungen und die Hinterfragung des aktuellen Islamdiskurses gelingt es dem Autor, die Aufmerksamkeit auf bewusst oder unbewusst ausgeblendete Aspekte dieses Diskurses zu lenken und damit auch die zentralen Probleme aufzuzeigen, die nicht nur Lösungen verhindern, sondern selbst Teil bzw. der eigentliche Grund für die Konflikthaftigkeit des Islamdiskurses sind.

Auch im Beitrag von *Erol Yildiz* geht es um die Aufschlüsselung von gängigen Mustern und Konstruktionen, die den Diskurs über die Anderen dominieren. Besonders hingewiesen wird auf die eurozentrische Sichtweise der Welt, die dazu tendiert, das Eigene zur Maxime zu erheben und damit alle anderen kulturell-historisch bedingten Abweichungen als vormodern oder traditionell abzuwerten. Der Beitrag zeigt, wie Dominanzdiskurse entstehen und wie sehr aktuelle Debatten über die Anderen von solchen geprägt sind, indem künstlich Gruppen durch Generalisierungen konstruiert und durch die Medien transportiert werden.

Ein weiteres wichtiges Thema greift *Halima Krausen* auf. Sie geht der Frage nach den Geschlechterrollen im Islam nach. Besonders im Fokus ihres Beitrages steht die oft vorhandene Aversion gegenüber der Präsenz der Frau im öffentlichen Raum, die weder durch Rechts- noch Verhaltensnormen definiert ist, sondern aus Frauen- und Menschenbildern resultiert, die vorgefunden und oft unreflektiert weitertradiert werden. Halima Krausen versucht in Anlehnung an die islamischen Quellen zu zeigen, wie es gelingen kann, mit den besonders schwierigen Quellentexten so umzugehen, dass „die gottgegebenen Rechte der Frauen im gesellschaftlichen, intellektuellen und spirituellen Raum um[ge]setz[t] und ihre aktive und konstruktive Teilnahme am Gesellschaftsleben [...] ermöglich[t]“[2] werden kann.

Jürgen Wasim Frembgen beschäftigt sich in seinem Beitrag mit der islamischen Mystik – einem Thema, das im gegenwärtigen Islamdiskurs kaum Beachtung findet, obwohl ihm, gemessen an der Rolle der Mystik innerhalb der islamischen Tradition, ein hoher Stellenwert zukommen müsste. In Anlehnung an die frühislamische Zeit wird im Beitrag zunächst erklärt, was unter islamischer Mystik zu verstehen ist. Auch die besondere Herangehensweise an den Koran und die besondere Koraninterpretation in der islamischen Mystik, die sich von hermeneutischen Ansätzen sowohl der Orthodoxie als auch der strenggläubigen Fundamentalisten unterscheidet, werden in diesem Beitrag behandelt. Ferner werden die sufische Ordensstruktur und die Meister-Schüler-Beziehung ausführlich dargelegt, welche auch aus religionspädagogischer Perspektive interessante und inspirierende Ansätze beinhalten.

Mit dem wahrscheinlich aktuellsten Thema unserer Gegenwart, das alle Diskussionen über den Islam bestimmt und lenkt, beschäftigt sich

---

2   S. u. S. 81.

Rüdiger Lohlker: Islam und Gewalt bzw. die Beziehung des Islams zur Gewalt. Diesem sehr wichtigen Beitrag liegt eine ähnliche Betrachtungsweise zugrunde wie den Beiträgen von Erol Yildiz und Bacem Dziri, die aus einer anderen Perspektive auf ähnliche problematische Haltungen aufmerksam machen wie Lohlker. Im Unterschied zur gängigen Praxis in Diskussionen zum Thema Gewalt und Islam, in denen die eine Seite das Friedens- und die andere das Gewaltpotenzial des Islams hervorhebt, gelingt es dem Autor in diesem Beitrag, anhand eines mittelalterlichen Korankommentars zu zeigen, wie mit schwierigen Koranstellen alternativ umgegangen werden kann und wie unterschiedlich diese aufgefasst werden können.

Wolfram Reiss beleuchtet in seinem Beitrag auf umfassende Weise den Umgang mit religiösen Minderheiten in der islamischen Welt – ein Thema, dem aktuell zunehmend Aufmerksamkeit geschenkt wird. Der Beitrag gibt den Leserinnen und Lesern die Möglichkeit, einen Gesamtüberblick über den muslimischen Zugang zu den anderen Religionen zu erhalten und zeigt sowohl positive Praktiken als auch Schwachstellen auf.

Die beiden letzten Beiträge von Mirjam Schambeck sf und Martina Kraml gehen aus einer katholischen Perspektive auf die Thematik des Buches ein.

Im Beitrag von *Mirjam Schambeck sf* werden Wege und Möglichkeiten zur Bildung und Förderung interreligiöser Kompetenz aufgezeigt. Aufbauend auf ihrem im Jahr 2013 publizierten Konzept interreligiöser Kompetenz veranschaulicht Schambeck sf anhand eines praktischen Fallbeispiels sowohl die Notwendigkeit als auch ihr Verständnis und Konzept von interreligiöser Kompetenz. An dem Fallbeispiel werden typische Muster und Lösungsversuche offengelegt und kritisch analysiert. Der Analyse folgt eine Bestimmung interreligiöser Kompetenz sowohl in der Theorie als auch praktisch im Hinblick auf das Fallbeispiel.

Martina Kraml beschreibt in ihrem Beitrag den Weg zu einer pluralitäts- und kontingenzbewussten Religionspädagogik. In diesem Zusammenhang skizziert sie zuerst die Chancen und Grenzen begrifflicher Orientierungen und Ansätze wie multi-, inter- und transreligiös bzw. transversal in Verbindung mit der Religionspädagogik und -didaktik. Sie nimmt weiter innovative Impulse aus der Soziologie, Pädagogik und insbesondere der Migrationspädagogik auf und hinterfragt geläufige Unterscheidungen und Perspektiven. Anschließend zeichnet sie Grundzüge einer transreligiös bzw. transversal orientierten und kontingenzbewussten Religionspädagogik auf und gibt einen Ausblick auf die mögliche Umsetzung dieser Grundzüge in unserer pluralen europäischen Gesellschaft.

Die in den letzten beiden Beiträgen des Buches explizit vorgestellte Haltung, die andere Möglichkeiten zulässt, dem Fremden und Anderen nicht mit Angst sondern mit Offenheit und Neugierde begegnet und Veränderungen im eigenen und tradierten Denken zulässt, spiegelt sich in allen Beiträgen dieses Buches wider. Sie ist von essenzieller Bedeutung für den aktuellen Islamdiskurs und für Begegnungen und die Lösung von Konflikten, die unsere derzeitige Situation in Europa prägen.

Zekirija Sejdini

„Wer das eigene Ufer nie verlässt, wird Neues nicht entdecken."

Herausforderungen für die Islamische Religionspädagogik im europäischen Kontext

Einführung

Bildung gehört zu den zentralen Themen des Islam. Zahlreiche Koranverse und Aussagen des Propheten Muhammed lassen keinen Zweifel daran, dass Bildung zu den obersten Prioritäten der islamischen Botschaft zählt.[1] Diese Annahme wird sowohl von muslimischen als auch von nicht-muslimischen Gelehrten geteilt.[2] Auch die Geschichte des Islam bietet diverse Beispiele, die als Hinweise für die besondere und vor allem auch religiös begründete hohe Stellung von Bildung und Erziehung des Menschen im Islam gedeutet werden können. Nicht zuletzt sind die wissenschaftlichen Beiträge von Musliminnen und Muslimen – besonders jene bis ins 12. Jahrhundert – ein wichtiges Indiz für die besondere Affinität des Islam zur Bildung. Neben der allgemeinen Bildung spielte – wie bei allen anderen Religionen – auch die religiöse Bildung und Erziehung im islamischen Kontext von Anfang an eine entscheidende Rolle. Sie wurde von Beginn an vom Propheten mit einer besonderen Hingabe gepflegt und trug entscheidend sowohl zur Akzeptanz und Entwicklung der islamischen Botschaft, als auch zur Förderung der allgemeinen Bildung unter Musliminnen und Muslimen bei.[3]

---

1   Vgl. Koran, Suren 59/2; 19/13; 2/266; 10/24; 13/3; 16/11; 30/21; Ibn Māǧa: *As-Sunan Ibn Māǧa* (Band 5), Beirut 1998, S. 214–215, Nr. 224; At-Tirmiḏī, Muḥammad b. ʿĪsā b. Saura as-Sulamī: *al-Ǧāmiʿal-kabīr* (Band 4), Beirut 1996, S. 417, Nr. 2687.

2   Vgl. Günther, Sebastian: ‚Das Buch ist ein Gefäß gefüllt mit Wissen und Scharfsinn', in: Peter Gemeinhardt/Sebastian Günther (Hg.): *Von Rom nach Bagdad: Bildung und Religion von der römischen Kaiserzeit bis zum klassischen Islam*, Tübingen 2013, S. 357–379, hier S. 360; Bilgin, Beyza: *Egitim Bilimi ve Din Egitimi* (Ankara Üniversitesi Ilahiyat Fakültesi Yayinlari; 185), Ankara 1988.

3   Vgl. Günther, Sebastian: ‚Bildungsauffassungen klassischer muslimischer Gelehrter: Von Abu Hanifa bis Ibn Khaldun (8.–15. Jh.)', in: Zekirija Sejdini (Hg.):

Das fast vier Jahrhunderte andauernde Interesse der muslimischen Gemeinde an Bildung hat aus verschiedenen Gründen mit der Zeit nachgelassen. Auch wenn es nicht leicht ist, die konkreten Gründe und den tatsächlichen Zeitpunkt dieses Rückganges zu eruieren, so kann dieser als Teil der allgemeinen Stagnation in der ‚muslimischen Welt' betrachtet werden, die man generell für den Beginn des 13. Jahrhunderts annimmt.[4] Seit dieser Zeit ist es der muslimischen Gesellschaft trotz unterschiedlicher Bemühungen immer seltener gelungen, an den anfänglichen Glanz (auch im Bereich der Bildung) anzuknüpfen.

Dass die ‚muslimische Welt' gegen Anfang des 18. Jahrhunderts nicht nur die Vorreiterrolle in Wissenschaft, Bildung, Kunst und Kultur verloren hatte, sondern auch den Anschluss an die moderne Welt, wurde besonders durch die Aufklärung und den durch die Industrialisierung vorangetriebenen rasanten technischen Fortschritt im Westen sichtbar. Spätestens durch die Kolonialisierung von muslimischen Ländern wurde ein Großteil der muslimischen Gemeinschaft mit dieser bitteren Realität konfrontiert. Als Reaktion auf die Tatsache, dass der einst unterlegene Westen mittlerweile in fast allen wichtigen Bereichen überlegen war, entwickelten sich in der ‚muslimischen Welt' verschiedene Reformbewegungen, die es sich zum Ziel gesetzt hatten, neben der Befreiung ihrer Länder von den Kolonialmächten die muslimische Gemeinschaft auch intellektuell aus dieser desolaten Situation zu befreien.

Retrospektiv betrachtet sind die Erfolge dieser Reformbewegungen, die vor allem Änderungen im Bereich der allgemeinen und der religiösen Bildung anstrebten, sehr gering ausgefallen. Anstatt die muslimische Gemeinschaft der entwickelten Welt näher zu bringen, haben die Reformbewegungen besonders im Bereich der religiösen Bildung eine entgegengesetzte Richtung eingeschlagen: Durchgesetzt haben sich jene Tendenzen, die den Ausgang aus der Krise, in der sich die ‚muslimische Welt' besonders in der nachaufklärerischen Zeit befand, vor allem in der Ablehnung des Westens und der Hinwendung zur ursprünglichen Gemeinde des Propheten Mu-

---

Islamische Theologie und Religionspädagogik in Bewegung: Neue Ansätze in Europa (Globaler lokaler Islam), Bielefeld 2016, S. 51–71.

4   Die Stagnation bezieht sich auf den Vergleich zu der Zeit vor dem 13. Jahrhundert und nicht auf die verbreitete Annahme, nach der es nach dem 13. Jahrhundert keinerlei theologische oder philosophische Entwicklungen in der muslimischen Welt gegeben habe bzw. das Tor zur Interpretation der islamischen Rechtsquellen (*iğtihād*) geschlossen gewesen sei.

hammed sahen. Dies hat unweigerlich dazu geführt, dass die Hinwendung zu alten und die Aversion gegenüber neuen Bildungskonzepten – besonders der westlich geprägten – zunahm, was bedauerlicherweise aufgrund der aktuellen weltpolitischen Lage in weiten Teilen der muslimischen Welt bis zur Gegenwart anhält.

Diese Haltung, die sich als ‚traditionalistisch' bezeichnen lässt, wurde durch die Mehrheit der Musliminnen und Muslime, die zu Beginn des letzten Jahrhunderts im Zuge der Arbeitsmigration nach Europa einwanderten, mitgeführt und über einen längeren Zeitraum hinweg als eigener und authentischer religiöser Zugang auch in der neuen Heimat gepflegt. Dies stellte lange Zeit weder für die Musliminnen und Muslime, die am Rande der Gesellschaft lebten, noch für die Einheimischen, für die die Einwanderer ‚unsichtbar' waren, kein großes Problem dar. Schließlich war man sich anfangs noch sicher, dass es sich hierbei um ein vorübergehendes Phänomen handelte, das sich durch die Rückkehr der Gastarbeiter in ihre Herkunftsländer von selbst lösen würde.

Erst durch die weltpolitischen Ereignisse Anfang dieses Jahrhunderts, den kontinuierlichen Anstieg des muslimischen Bevölkerungsanteils in Europa sowie durch die Tatsache, dass die einstigen Arbeitsemigrantinnen und Arbeitsemigranten ein wichtiger Teil der Gesellschaft geworden waren und von einer Rückkehr keine Rede mehr war, wurde auch einigen politischen Verantwortlichen bewusst, dass die mitgebrachten Konzepte von Theologie, Bildung und religiöser Bildung weder dem europäischen Bildungsverständnis, noch den Bedürfnissen der in Europa aufwachsenden muslimischen Schülerinnen und Schüler entsprach und daher die Eingliederung der islamisch-theologischen Studien in die hiesigen Universitäten dringend notwendig geworden war.

Angesichts dieser neu entstandenen Situation und des dringenden Bedarfs an einer theologischen Beheimatung der in Europa lebenden Musliminnen und Muslime, wurde vor einigen Jahren vorwiegend in Österreich und Deutschland der Eingliederungsprozess der islamisch-theologischen Studien in die heimischen Universitäten in Gang gesetzt. Diese Initiative, die mittlerweile ihre ersten vielversprechenden Früchte zeigt, ist für die islamische Religionspädagogik eine nicht zu unterschätzende Herausforderung, aber auch eine große Chance dafür, einen Bildungsansatz zu entwickeln, der im Geiste der islamischen Bildungstheorie den Kontext als konstitutives Element der religiösen Bildung betrachtet.

Diese relativ neue Entwicklung im Eingliederungsprozess der islamisch-theologischen Studien in die europäischen Universitäten, deren Anfänge (mit wenigen Ausnahmen) weniger als zehn Jahre zurückliegen, befindet sich gegenwärtig in ihrer frühen Entwicklungsphase, in der es vor allem um die Eingliederung einer langen theologischen Tradition, wie es die islamische ist, in einen neuen, der eigenen theologischen Tradition fremden Kontext geht. Dabei stellt sich die Frage, wie es den islamischen theologischen Studien gelingen kann, eine angemessene Balance zwischen den Anforderungen der säkularen Universität und der eigenen Tradition zu finden, um aus dieser neuen Konstellation innovative Ansätze hervorzubringen, die einerseits den wissenschaftlichen Standards der Universität entsprechen, anderseits aber auch von der eigenen Tradition getragen werden können.[5] Dieser teils mühsame Prozess der Auseinandersetzung im Kontext der säkularen Universität, dem sich auch andere Theologien unterzogen haben, ist für die islamischen theologischen Studien unumgänglich, wenn sie im akademischen Diskurs ernstgenommen werden sollen. Denn der akademische Diskurs an einer säkularen Universität ist bekanntlich nicht auf die bloße Verwaltung des theologischen Wissens reduziert, sondern verlangt vor allem neue Ansätze und eine kontinuierliche und ergebnisoffene Weiterentwicklung.[6]

An diesen geschilderten Ist-Zustand soll im Folgenden angeknüpft werden. Dieser Beitrag gründet auf der Überzeugung, dass für die Entwicklung innovativer Ansätze in der islamischen Religionspädagogik eine fundamentale Auseinandersetzung besonders im theologischen Bereich notwendig ist, wenn die Veränderungen nicht nur oberflächlich sein sollen.

Um diese Thematik bestmöglich darstellen zu können, ist dieser Beitrag in drei Abschnitte aufgeteilt. Im ersten Abschnitt sollen zur Verortung des hier zugrundeliegenden religionspädagogischen Konzeptes die verschiedenen religionspädagogischen Ansätze kurz dargestellt werden. Im zweiten Teil soll auf den besonderen Kontext eingegangen werden, in dem sich die islamische Theologie und Religionspädagogik im europäischen

---

5   Vgl. Sejdini, Zekirija: ‚Theologische und anthropologische Grundlagen religiösen Lernens: Ein Kommentar', in: Yasar Sarikaya/Franz-Josef Bäumer (Hg.): *Aufbruch zu neuen Ufern: Aufgaben, Problemlagen und Profile einer Islamischen Religionspädagogik im europäischem Kontext* (Studien zur Islamischen Theologie und Religionspädagogik; 2), Münster u. a. 2017, S. 173–182.

6   Schulze, Reinhard: *„Was ist Islamische Theologie?"*, URL: http://www.wissenschaftsrat.de/download/archiv/Schulze.pdf (letzter Abruf: 01.09.2016), S. 1.

Kontext bewegen. Im dritten und letzten Teil werden einige der wichtigsten Herausforderungen thematisiert, vor denen die islamische Religionspädagogik steht, um aufzuzeigen, welche Bedingungen erfüllt werden müssen, um innovative Ansätze in der islamischen Religionspädagogik hervorzubringen.

Zugänge zur Religionspädagogik

Eine sachgerechte Auseinandersetzung mit religionspädagogischen Themen erfordert eine Offenlegung des eigenen religionspädagogischen Konzeptes. Aussagen, Analysen und Lösungsvorschläge zur Religionspädagogik machen nur dann Sinn, wenn klar ist, auf welchem religionspädagogischen Konzept sie gründen. Daher soll hier kurz auf die unterschiedlichen religionspädagogischen Zugänge eingegangen werden.

Die gegenwärtige religionspädagogische Forschungslandschaft in Europa wird von zwei gegensätzlichen Ansätzen dominiert, die sowohl die Religionspädagogik als Theorie religiöser Bildung als auch die Religionsdidaktik, also den Religionsunterricht, umfassen: Dabei handelt es sich einerseits um einen stärker religionswissenschaftlichen und andererseits um einen konfessionellen Zugang. Zur Veranschaulichung dieser Zugänge eignet sich das von Michael Grimmitt[7] entwickelte und später vom Dortmunder Religionspädagogen Bert Roebben aufgegriffene Modell religiösen Lernens mit den Ebenen „in religion" – aus der Innenperspektive von Religion, „from religion" und „about religion" – aus der Außenperspektive *von* bzw. über Religion.[8]

Der letztgenannte Ansatz, in dem es um das Lernen über oder *von* Religion geht und der sich z. B. in England etabliert hat, zeichnet sich vor allem durch seinen religionswissenschaftlichen Zugang zur Religion bzw. zur Religionspädagogik aus. Für diesen Ansatz ist neben der Pädagogik die Religionswissenschaft und nicht die Theologie Bezugswissenschaft der Religionspädagogik. Dieses Konzept von Religionspädagogik kennt naturgemäß keine konfessionelle Bindung, sodass in den Schulen nicht

---

7   Vgl. Grimmitt, Michael: ‚When Is ‚Commitment' a Problem in Religious Education?', in: *British Journal of Educational Studies* 29 (1981), H.1, S. 42–53.

8   Vgl. Roebben, Bert: *Religionspädagogik der Hoffnung: Grundlinien religiöser Bildung in der Spätmoderne* (Forum Theologie und Pädagogik 19), Berlin/ Münster 2011, S. 151.

nur der Inhalt des Religionsunterrichts, sondern auch die ReligionslehrerInnen und die SchülerInnen keiner konfessionellen Bindung unterliegen. Auch wenn die Sympathie für dieses Modell in unserem Land zunimmt, hat sich im deutschsprachigen Raum, speziell in Österreich und Deutschland, sowohl im Religionsunterricht als auch in der religionspädagogischen Forschung die konfessionell geprägte Form durchgesetzt, die das „in religion" nicht ausspart, sondern ins Gespräch mit der Ebene des „about" und des „from" bringt. Dieses Verständnis unterscheidet sich von dem zuvor erwähnten vor allem dadurch, dass hier die konfessionelle Bindung bzw. die konfessionelle Orientierung eine entscheidende Rolle spielt. Demnach geht es in diesem religionspädagogischen Ansatz nicht ausschließlich um das sogenannte ‚neutrale' Lernen über oder *von* der Religion. Somit steht dieser Zugang für einen konfessionellen Religionsunterricht, der von der jeweiligen Glaubensgemeinschaft verantwortet wird, von ihr ermächtigten Lehrerinnen und Lehrern geplant und gestaltet wird und von konfessionell homogenen Schülergruppen besucht wird. Auch wenn Erkenntnisse anderer Wissenschaften, speziell die der Religionswissenschaft, mitberücksichtigt werden, sind die vorherrschenden Bezugswissenschaften dieses religionspädagogischen Verständnisses die Theologie und die Pädagogik.

Abgesehen von den möglichen Vor- und Nachteilen des theologischen oder des religionswissenschaftlichen Zuganges, über die sich bekanntlich streiten lässt, geht es in diesem Beitrag primär darum, die in unserem Falle teilweise auch rechtlich verankerten Rahmenbedingungen und möglichen Spannungen aufzuzeigen, die berücksichtigt werden müssen, wenn eine theologisch ausgerichtete Religionspädagogik, so wie der Autor Religionspädagogik versteht, betrieben wird. Die entstehenden Spannungen hängen mit der Gebundenheit der konfessionell verstandenen Religionspädagogik an Glaubensgemeinschaften zusammen, welche häufig dazu tendieren, nur die eigene Perspektive zu berücksichtigen.

Daher ist in diesem Zusammenhang für die islamische religionspädagogische Forschung, aber auch für die Gestaltung des islamischen Religionsunterrichtes die Auslotung eines gangbaren Weges unentbehrlich, der einerseits den Dialog mit der Religionsgemeinschaft und die Kooperation mit den anderen theologischen Disziplinen sichert, anderseits aber auch die Einhaltung der wissenschaftlichen Standards der Forschung ermöglicht.

Unabhängig davon, ob man dieses Gefüge, das der klassischen islamischen Tradition fremd ist, wie Rolf Schieder als die einzige Möglichkeit betrachtet, „an dem der säkulare, religionsneutrale Staat über den Weg der Wissenschaften auf das Denken und Fühlen der Religionsgemeinschaften Einfluss nehmen kann, ohne das Gebot der Religionsfreiheit zu verletzen"[9], oder eher als Beeinträchtigung der wissenschaftlichen Freiheit, sollen diese Ausführungen primär aufzeigen, wie sehr unser Bestreben, innovative Ansätze in der islamischen Religionspädagogik zu entwickeln, eine Gratwanderung ist und wie sehr wir auf externe Faktoren angewiesen sind.

Neben Spannungen, die sich aus der Konfessionalität ergeben, steht die islamische Religionspädagogik besonders im europäischen Kontext vor zusätzlichen Herausforderungen, auf die im folgenden Abschnitt eingegangen werden soll.

Der aktuelle muslimische Kontext in Europa

Die muslimische Religionsgemeinschaft mit mittlerweile 1,5 Milliarden Anhängerinnen und Anhängern ist eine Gemeinschaft, die verschiedene Ethnien, Nationen und Kulturkreise umfasst. Die heterogene Zusammensetzung der muslimischen Gemeinden hat dazu geführt, dass landesspezifische Prägungen des Islam und damit verbunden auch unterschiedliche Konzepte religiöser Bildung entstanden sind. Diese Diversität spiegelt sich auch in der Zusammensetzung der muslimischen Gemeinschaften in Europa wider. Viele der in Europa lebenden Musliminnen und Muslime haben unterschiedliche Vorstellungen davon, was der Islam ist und auch, was religiöse Bildung bzw. Religionspädagogik zu bedeuten hat – wie es beispielsweise die kürzlich erschienene sozial-empirische Studie von Ayse Uygun-Altunbas zeigt.[10] Ungeachtet der Vielzahl von Differenzen, auf die hier nicht eingegangen werden kann, gibt es dennoch einige theologische Gemeinsamkeiten, die, mit wenigen Ausnahmen, die Mehrheit der Musliminnen und Muslime teilt und die daher für die islamische Religionspädagogik als Grundlage von Bedeutung sind.

---

9   Schieder, Rolf: ‚Vom Nutzen der Theologie in einem säkularen Umfeld', in: Walter Homolka/Hans-Gert Pöttering (Hg.): *Theologie(n) an der Universität: Akademische Herausforderung im säkularen Umfeld*, Berlin 2013, S. 9–21, hier S. 17.

10   Vgl. Uygun-Altunbas, Ayse: *Religiöse Sozialisation in muslimischen Familien*, Bielefeld 2017, S. 26–27.

Damit sind nicht persönliche Haltungen von Musliminnen und Muslimen gemeint, die genauso vielfältig ausfallen wie die von Angehörigen anderer Religionen, sondern theologische und religionspädagogische Positionen und Haltungen, die, obwohl sie in einem völlig anderen Kontext und Zeitalter entstanden sind, immer noch herangezogen werden, auch wenn sie für die Bildung des heutigen Menschen nur bedingt als geeignet betrachtet werden können. Das klassische islamische Verständnis von religiöser Erziehung, das oft unter dem Deckmantel der authentischen Tradition unreflektiert transportiert wird, folgt einem Paradigma, das einem aufgeklärten, an Freiheit und Menschenwürde ausgerichteten Verständnis von Religionspädagogik in wesentlichen Bereichen widerspricht. Zwar sind einige Grundzüge des klassischen islamischen Verständnisses im Westen nicht unbekannt, sie gelten aber aufgrund der seit den 60er Jahren andauernden Reformprozesse in den christlichen Religionspädagogiken als überholt.[11] Die islamische Religionspädagogik hingegen steht aus nachvollziehbaren und teils bereits erwähnten Gründen noch am Anfang dieses Prozesses, der zwar viele Hürden in sich birgt, aber trotzdem unumgänglich ist.[12]

Daher stellt sich in diesem Zusammenhang die berechtigte Frage, wie es gelingen kann, eine religiöse Tradition für Menschen religionspädagogisch fruchtbar zu machen, die in einen gänzlich anderen Kontext hineingeboren und sozialisiert werden, ohne dabei einen „Kampf der Kulturen" oder der Religionen zu prophezeien, wie es seit Samuel Huntington üblich geworden ist.

Eine Gegenüberstellung von klassischen und gegenwärtigen religionspädagogischen Paradigmen kann uns zeigen, in welche Richtung sich die islamische Religionspädagogik verändern sollte, um dem gegenwärtigen Verständnis von Religionspädagogik zu entsprechen. Zwar ist das klassische Paradigma nicht islamspezifisch, aber dennoch in der islamischen Religionspädagogik weit verbreitet.[13] Das klassische oder traditionelle Verständnis von Religionspädagogik zeichnet sich vor allem dadurch aus, dass es von einem objektivistischen bzw. essenzialistischen erkenntnis-

---

11 Vgl. Lachmann, Rainer: ‚Geschichte der Religionspädagogik bis Anfang des 20. Jahrhunderts – didaktische Schlaglichter', in: Martin Rothgangel/Adam Gottfried/Rainer Lachmann (Hg.): *Religionspädagogisches Kompendium*, Göttingen u. a. [8]2013, S. 53–72, hier S. 59.

12 Vgl. Tosun, Cemal: *Din eğitimi bilimine giriş*, Ankara [8]2015, S. 40.

13 Vgl. ebd.

theoretischen Ansatz ausgeht. Daher betrachtet es den eigenen Glauben als den einzig wahren und sieht dementsprechend das Ziel religiöser Bildung vorrangig im Gehorsam gegenüber den religiösen Inhalten und in der Nachahmung der Tradition. Zu diesem traditionellen Verständnis steht das gegenwärtige Verständnis von Religionspädagogik im Gegensatz, da es erkenntnistheoretisch auf Subjektorientierung und damit auf perspektivisch-konstruktivistischen Ansätzen gründet und von der Methodologie her subjekt-, interaktions- und kontextbezogen handelt. Dieses Verständnis bringt immer auch Traditionskritik mit sich, die darin mündet, dass der eigene Glaube als eine unter vielen ‚Wahrheiten' angesehen wird und daher die Mündigkeit und Entscheidungsfähigkeit des Menschen als oberstes Ziel religiöser Bildung betrachtet wird.

Geht man also davon aus, dass das klassische Verständnis in der islamischen Religionspädagogik weit verbreitet ist, zeigt diese Gegenüberstellung klar, dass ein Paradigmenwechsel vonnöten ist, wenn die islamische Religionspädagogik auch im aktuellen Kontext sowohl für die Musliminnen und Muslime als auch für die gesamte Gesellschaft einen positiven Beitrag leisten soll. Auch wenn es sich hier nicht um scharfe Trennlinien handelt, sondern sich im traditionellen Verständnis von Religionspädagogik – welches religionsübergreifend ist – auch Spuren gegenwartsbezogener Ansätze finden lassen und umgekehrt, so trifft die vorgenommene Aufteilung im Groben zu.

Auf der Grundlage des geschilderten Ist-Zustandes zeigen sich für die Kontextualisierung der islamischen Religionspädagogik im gegenwärtigen Kontext Herausforderungen besonders in zwei Bereichen, die wesentlichen Einfluss auf die Eigenständigkeit der Religionspädagogik haben: in der Epistemologie und im Traditionsverständnis.

Die Herausforderungen für Innovation

Epistemologie

Die Frage nach der Natur und den Grenzen menschlicher Erkenntnis gehört zu den zentralen Fragen der Menschheitsgeschichte. Ihr haben sich seit der frühen Antike viele wissenschaftliche, vor allem philosophische und theologische Ansätze gewidmet. Für unseren Kontext reicht es zunächst jedoch aus, festzuhalten, dass sich auf wissenschaftlicher Ebene spätestens mit Immanuel Kant der Grundsatz durchgesetzt hat, dass für den Menschen eine unmittelbare Erkenntnis des „Dinges an sich"[14] nicht möglich ist, sondern dass diese immer vermittelt ist. In diesem epistemologischen Paradigmenwechsel sieht der deutsche Physiker und Mathematiker Max Born „den größten Segen" der neuzeitlichen Wissenschaft. In diesem Zusammenhang sagt er:

> „Ich glaube, daß Ideen wie absolute Richtigkeit, absolute Genauigkeit, endgültige Wahrheit usw. Hirngespinste sind, die in keiner Wissenschaft zugelassen werden sollten [...]. Diese Lockerung des Denkens scheint mir als der größte Segen [...], [i]st doch der Glaube an eine einzige Wahrheit und deren Besitzer zu sein, die tiefste Wurzel allen Übels auf der Welt."[15]

In die islamische Theologie, die als Bezugswissenschaft eine zentrale Rolle in der islamischen Religionspädagogik einnimmt, hat diese – aus heutiger Sicht – konstruktivistisch anmutende Auffassung in der Epistemologie wenig Eingang gefunden. Im Gegenteil: Die (in den christlichen Theologien) im Zuge der Aufklärung durchgesetzte Haltung, die vor allem dadurch geprägt ist, dass sowohl die Autonomie wissenschaftlicher Erkenntnisse als auch die Notwenigkeit der Behauptung der Theologie innerhalb des akademischen Diskurses anerkannt wird, wird als Relativierung des eigenen Wahrheitsanspruches und als Kniefall vor der bloßen Rationalität gesehen und kritisiert.[16] Anstatt den Wahrheitsgehalt der eigenen Aussagen zu hinterfragen und sich auf den akademischen Diskurs einzulassen, um damit den Ausgang aus der „selbstverschuldeten Unmündigkeit"[17], in der sich die islamische Theologie befindet, zu erleichtern, wird die islamische Theologie auch aktuell mehrheitlich von Ansätzen dominiert, die es sich zum Ziel gesetzt haben, bewusst nicht den ‚westlichen Weg' zu gehen, sondern eine Art Islamisierung des Wissens bzw. der Wissenschaften voranzutreiben, um diese in Einklang mit der Offenbarung zu bringen.[18] Parallel zu diesen Bemühungen, die in verschiedenen Variationen und Bezeichnungen zu finden sind, ist auch die Tendenz, den Koran als Quelle naturwissen-

---

14 Kant, Immanuel: *Kritik der reinen Vernunft*, Stuttgart 2010, S. 341.

15 Born, Max: *Physik im Wandel meiner Zeit*, Braunschweig 1957, S. 265.

16 Vgl. Nasr, Seyyed Hossein: *Die Erkenntnis und das Heilige*, München 1990, S. 17.

17 Kant, Immanuel: *Was ist Aufklärung?* (Ausgewählte kleine Schriften), Hamburg 1999, S. 20.

18 Vgl. Uyanık, Mevlüt: *Bilginin İslamileştirilmesi ve Çağdaş İslam Düşüncesi* (Ankara Okulu Yayınları; 16), Ankara 2014.

schaftlicher Erkenntnisse zu betrachten, allgegenwärtig.[19] Wie wichtig und notwendig jedoch dieser epistemologische Wandel in der Theologie ist und wie sehr davon ihre Teilhabe am akademischen Diskurs abhängt, zeigt folgende Aussage von Klaus von Stosch:

> „Nur weil sich das Christentum der Herausforderung solcher Einsprüche gegen den Glauben mit den Mitteln der Vernunft stellte, konnte sich in ihm so etwas wie die moderne Theologie herausbilden, die in mehrerer Hinsicht über das Projekt von Theologie in Antike und Mittelalter hinausgeht."[20]

Anstatt sich auf den Prozess der Selbsthinterfragung und (teilweise auch) Relativierung des eigenen Wahrheitsanspruches einzulassen, haben sich in der islamischen Theologie weitgehend Tendenzen der Selbstimmunisierung durchgesetzt, in denen es, vereinfacht gesagt, darum geht, festgefahrene Denk- und Handlungsmuster sowie unantastbare Hierarchien durch Isolierung fortzuführen, um dadurch die vielzitierte ‚Verwässerung des Religiösen' abzuwenden, was besonders für den religionspädagogischen Kontext enorme Schwierigkeiten mit sich bringt.

Besonders sichtbar werden diese Schwierigkeiten in Kontexten, in denen andere Theologien diesen Prozess des Wandels nicht nur abgeschlossen haben, sondern die daraus entstandenen Ergebnisse in ihren theologischen Konzepten mitberücksichtigten, wie es bei den christlichen Theologien im europäischen Kontext der Fall ist. Als konkretes Beispiel dafür kann in diesem Zusammenhang die Entwicklung der historisch-kritischen Methode in den Bibelwissenschaften genannt werden.

Die ungeklärte Frage nach der Natur und den Grenzen religiöser Erkenntnisse hat, wie zuvor angedeutet, in der Islamischen Theologie und Religionspädagogik u. a. zu der weitverbreiteten Annahme geführt, theologische Aussagen seien allein aufgrund ihres Bezuges zum Koran als authentisches und unverfälschtes Wort Gottes in der Lage, allgemeingültige Wahrheiten zu artikulieren und damit eine Art alternative Quelle auch für andere Wissenschaften zu bilden. Interessant ist hierbei, dass diese Hal-

---

19 Vgl. Daud, Mohd Nor Wan: *The concept of knowledge in Islam and its implications for education in a developing country*, London 1989, S. 3 f.

20 Stosch, Klaus von: ‚Herausforderung Theologie: Ein christlicher Blick auf muslimische Perspektiven auf das Theodizeeproblem', in: Mouhanad Khorchide/ Klaus von Stosch (Hg.): *Herausforderungen an die Islamische Theologie in Europa: Challenges for Islamic Theology in Europe*, Freiburg im Breisgau 2012, S. 77–101, hier S. 78.

tung entgegen der verbreiteten Annahme kein klassisches Phänomen[21], sondern eine Haltung der islamischen Moderne ist, in der die „reiche Ideengeschichte des Islam verschüttet"[22] wurde und durch die die eigene Unfähigkeit, sich mit den Errungenschaften der Aufklärung auseinanderzusetzen, ausgeblendet wird. Dieser Umstand erweist sich als besonderes historisches Paradoxon, da die europäische Aufklärung maßgeblich auf dem wissenschaftlichen Import aus den arabischen Ländern im Mittelalter und der frühen Neuzeit fußte.[23]

Diese Denkweise, die die Theologie als Erklärungsquelle für sämtliche Wissenschaften betrachtet, führt uns zu einem gewichtigen Problem, das eng mit der Stellung des Korans als Wort Gottes bzw. mit dem Offenbarungsverständnis verbunden ist. Dabei geht es vor allem darum, dass der Koran nicht als eine Art Orientierung verstanden wird, die aufgrund sprachlicher und kontextueller Prägung die Lebensbereiche nur in begrenztem Maße erfasst, sondern als umfassende und allgemeingültige Instruktion und Informationsvermittlung über die Welt. Oft führt diese epistemologische Annahme nicht nur dazu, dass religiöse Innovationen als verwerflich bewertet werden, sondern sie trägt auch dazu bei, dass wissenschaftliche Erkenntnisse nur dann als legitim betrachtet werden, wenn sie scheinbar durch die Offenbarung ‚bestätigt' werden bzw. wenn sie ihr nicht widersprechen.

Diese Auffassung, die erstaunlicherweise auch unter muslimischen Gelehrten nicht an Popularität verliert, bedarf einer Revision, wenn die islamische Theologie und Religionspädagogik auch im europäischen Kontext fruchtbar gemacht werden soll, was bedeutet: Wenn auch zu Recht angenommen werden kann, dass der Glaube als existenzielles menschliches Bedürfnis keiner zusätzlichen Legitimation bedarf, unterliegen theologische Aussagen, besonders jene, die „kognitiv relevant sind"[24], denselben wissenschaftlichen Grundsätzen wie alle anderen Wissenschaften – ungeachtet dessen, ob sie auf die Offenbarung zurückgeführt werden oder nicht. Dies ist eine Grundvoraussetzung für die Weiterentwicklung der islami-

---

21 Vgl. Nusseibeh, Sari: *The Story of Reason in Islam. Cultural Memory in the Present*, Stanford 2016.

22 Stosch, Klaus von: *Herausforderung Islam. Christliche Annäherungen*, Paderborn 2016, S. 145 f.

23 Vgl. Cavallar, Georg: *Islam, Aufklärung und Moderne*, Stuttgart 2017.

24 Schärtl, Thomas: *Wahrheit und Gewissheit: Zur Eigenart religiösen Glaubens* (526), Kevelaer 2004, S. 164.

schen Theologie und Religionspädagogik und für die Eingliederung in den akademischen Diskurs im säkularen Kontext. Ohne diese fundamentale Auseinandersetzung und eine Neuausrichtung ist der Versuch, religiöse Innovationen auf den Weg zu bringen, besonders im Bereich der islamischen Religionspädagogik nicht glaubwürdig und zum Scheitern verurteilt.

Außer dass eine perspektivische Haltung im erkenntnistheoretischen Bereich eine Bedingung für Neuerungen in der Theologie und damit auch in der Religionspädagogik ist, führt sie auch dazu, Einstellungen zu entwickeln, die in vielerlei Hinsicht zu den Grundvoraussetzungen einer Religionspädagogik in einer pluralen Gesellschaft zählen. Denn, so schreibt Paul Watzlawick:

„Erstens wäre ein solcher Mensch frei, denn es stünde ihm ja frei, seine Wirklichkeit immer wieder anders und neu zu schaffen. Zweitens wäre ein solcher Mensch im tiefsten ethischen Sinne verantwortlich, denn wer weiß, dass er der Architekt seiner eigenen Wirklichkeit ist, dem steht die bequeme Ausrede, der Hinweis auf Sachzwänge oder die Schuld anderer Menschen, nicht mehr offen und drittens wäre dieser Mensch im tiefsten Sinne konziliant."[25]

Mit diesen Überlegungen im Hintergrund kommen wir zur zweiten Herausforderung für die islamische Religionspädagogik, die eng mit der epistemologischen verbunden ist: der angemessene Umgang mit der theologischen Tradition.

Die Balance zwischen Tradition und Innovation

Gemeinsame Interpretationen, Lehren, aber auch Erfahrungen, die hier als Tradition bezeichnet werden, sind für die Kontinuität einer Theologie und Religionspädagogik von besonderer Bedeutung. Denn nichts entsteht im luftleeren Raum, vieles ist über Generationen hinweg gewachsen. Die Traditionen, besonders die theologischen, können aber sehr schnell zu einem großen Hindernis für Innovation werden, wenn sie nicht adäquat verstanden und eingeordnet werden. Besonders religiöse Minderheiten, wie es zum Beispiel die Musliminnen und Muslime in Europa sind, neigen dazu, die eigene theologische Tradition zum Schutz vor Assimilation zur religiösen Maxime zu erheben, um dadurch sich und die Tradition zu

---

25 Watzlawick, Paul: *Vom Unsinn des Sinns oder vom Sinn des Unsinns* (Wiener Vorlesungen im Rathaus 16), Wien 1992, S. 75.

schützen. Eine einseitige Hinwendung zur Tradition geschieht oft auch in Situationen, in denen Unzufriedenheit mit der aktuellen Lage der eigenen Glaubensgemeinschaft herrscht. In solchen Fällen werden oft Stimmen nach einem ‚back to the roots' im Sinne von „zurück in die Zukunft" laut, die die Lösung für aktuelle (und zukünftige) Probleme in der Vergangenheit zu finden glauben, und zwar nicht, wie diese gewesen ist, sondern wie sie nach eigenen Vorstellungen konstruiert wird.

Genau darin liegt ein nicht zu unterschätzendes Problem: Nicht die Tradition als solche ist ein Hindernis, sondern die Haltung, die eine geschichtlich bedingte und in dieser Form „bestmögliche Anpassung als die auf ewig einzig mögliche [...] betrachte[t]"[26]. Diese Auffassung von Tradition führt nach Paul Watzlawick „zu einer zweifachen Blindheit: erstens dafür, daß im Laufe der Zeit die betreffende Anpassung eben nicht mehr die bestmögliche ist, und zweitens dafür, daß es neben ihr schon immer eine ganze Reihe anderer Lösungen gegeben hat oder zumindest *nun* gibt."[27] Durch ein solches Verständnis wird die Erneuerung in Kontinuität mit der Tradition unmöglich gemacht. Denn dieser Zugang zur Tradition impliziert nicht nur die Annahme, dass es nur eine einzige „mögliche, erlaubte, vernünftige, sinnvolle und logische Lösung"[28] gibt, sondern auch, dass diese Prämisse „*selbst* nie in Frage gestellt werden [darf]; herumprobieren darf man nur bei der Anwendung dieser Grundannahme."[29] Somit „wendet [man] also mehr derselben »Lösung« an und erreicht damit genau mehr desselben Elends."[30]

Dieses Verständnis von Tradition, das nicht ausschließlich islamspezifisch ist, aber in den traditionellen Lehren des Islam, besonders in fundamentalistischen Kreisen, großen Zuspruch erfährt, wird sowohl vom Koran als auch von einigen zeitgenössischen muslimischen Gelehrten kritisiert. Neben der Kritik von Philosophen wie Fazlur Rahman und Muhammed Arkoun erscheint die Kritik des arabischen Denkers und Philosophen Al-Jabri an diesem Traditionsverständnis äußerst fruchtbar. In seiner Abhandlung „Die Kritik der arabischen Vernunft" verortet er eine Stagnation innerhalb des islamischen Traditionsverständnisses, das sich durch bloße Reproduktion des Alten auszeichnet und in der Gefangenschaft der stetigen Wie-

---

26 Watzlawick, Paul: *Anleitung zum Unglücklichsein*, München ⁷1983, S. 28.

27 Ebd., S. 29.

28 Ebd.

29 Ebd., S. 30.

30 Ebd.

derholung nicht in der Lage ist, Neues hervorzubringen. Die gegenwärtige Lösung besteht nach Al-Jabri darin, „dieses Verständnis der Tradition, das in der Tradition eingeschlossen ist, zu überwinden, um ein modernes Verständnis und eine aktuelle Sichtweise der Tradition zu entwickeln."[31] Mit anderen Worten schlägt Al-Jabri vor, die Tradition „zugleich als Fortsetzung und als Überschreitung des ihr Vorangegangenen"[32] zu verstehen und sich so vom klassischen Traditionsverständnis, das implizit mittransportiert wird, zu befreien. Das, was uns in unserem Kontext weiterhelfen kann, ist ein neues Traditionsverständnis, das „die Gegenwart miteinschließt, die unaufhörlich erneuert, überprüft und kritisiert wird."[33]

Zusammenfassend gesehen stellt sich heraus, dass eine tiefgreifende Auseinandersetzung mit der Natur religiöser Erkenntnisse und der Stellung der theologischen Tradition eine unabdingbare Voraussetzung ist für die Entstehung einer islamischen Religionspädagogik, welche die islamische Tradition und den gegenwärtigen Kontext berücksichtigt und zur Kultivierung von Werten beiträgt, die die Grundlage einer pluralen und demokratischen Gesellschaft bilden. Nur auf diese Art kann eine eigenständige wissenschaftlich fundierte islamische Religionspädagogik entstehen, die nicht als eine Anwendungswissenschaft der Theologie betrachtet wird, sondern aus ihrer auf Empirie und Bildung gestützten Perspektive theologisches Wissen generiert und somit vermeidet, dass theologische Aussagen zum Selbstzweck werden. Denn schließlich kann es – bildlich gesprochen – auch in der islamischen Religionspädagogik nicht darum gehen, die Asche von Generation zu Generation weiterzugeben, sondern das Feuer.[34]

Auf eine solche von der Bildung ausgehende theologische und religionspädagogische Sichtweise ist nicht nur die Religion, sondern auch die gesamte demokratische und plurale Gesellschaft angewiesen. Wenn man bedenkt, dass besonders der demokratisch-säkulare Rechtsstaat, der der

---

31 Ǧābirī, Mohammed Abed al/Grünenberg, Reginald/Hegasy, Sonja u. a.: *Kritik der arabischen Vernunft: Die Einführung*, (E-book) Berlin 2009, Position 531.

32 Ebd., Position 456.

33 Ebd., Position 872.

34 Vgl. Sejdini, Zekirija: ‚Zwischen Gewissheit und Kontingenz: Auf dem Weg zu einem neuen Verständnis von islamischer Theologie und Religionspädagogik im europäischen Kontext', in: Sejdini: *Islamische Theologie und Religionspädagogik in Bewegung: Neue Ansätze in Europa* (Globaler lokaler Islam), Bielefeld 2016, S. 15–31.

Garant für Pluralität ist, von Voraussetzungen lebt, die er selbst nicht garantieren kann,[35] wird klar, dass eine religiöse Bildung vonnöten ist, die diese Werte aus der Innenperspektive heraus kultiviert. Genau darin zeigt sich die Notwendigkeit, über den eigenen Tellerrand zu blicken bzw. die eigenen Ufer zu verlassen, um Neues zu entdecken.

Zekirija Sejdini

---

35 Vgl. Böckenförde, Ernst-Wolfgang: ‚Die Entstehung des Staates als Vorgang der Säkularisation', in: Böckenförde: *Staat, Gesellschaft, Freiheit: Studien zur Staatstheorie und zum Verfassungsrecht*, Frankfurt am Main 1976, S. 60.

Bacem Dziri

Was ist der Islam – und wenn ja, wie viele?

Aporien der Homogenisierung und Pluralisierung eines Kollektivsubjekts[1]

Eine weitläufige Antwort auf den ersten Teil der Titelfrage dieses Beitrags, die sich an Richard David Prechts berühmten Bestseller anlehnt, lautet schlicht und einfach: Der Islam ist eine Religion. Die in Folge dieser Antwort aufkommenden Äquivalenzketten können Religion nun sowohl als reformiert oder rückständig, patriarchalisch oder emanzipatorisch, demokratiefeindlich oder -kompatibel, friedlich oder gewalttätig etc. einordnen. Kurz: Religion ist damit entweder ‚gut' oder ‚schlecht' bzw. ‚wahr' oder ‚falsch'. Übertragen auf ‚den Islam' lässt sich dieser fortan in einen ‚reformierten Islam', einen ‚rückwärtsgewandten Islam', einen ‚patriarchalischen Islam' usw. ausdifferenzieren, woran sich die zweite prechtsche Teilfrage nach der vermeintlichen Anzahl der ‚Islame' anschließt. Mit der Fassung des ‚Islam' als Religion oder als anderes Kollektivsubjekt werden daher mehrere ‚Islame' generiert.[2] Ganz im Sinne der eingangs angeführten gegensätzlichen Eigenschaften des Religiösen, stehen sich diese ‚Isla-

---

1   Diese Publikation erscheint im Kontext des vom LOEWE-Programm des Hessischen Ministeriums für Wissenschaft und Kunst geförderten Forschungsschwerpunkts „Religiöse Positionierung: Modalitäten und Konstellationen in jüdischen, christlichen und islamischen Kontexten" an der Goethe-Universität Frankfurt und der Justus-Liebig-Universität Giessen. Es ist eine erweiterte Fassung des bereits publizierten Beitrags ‚Religion und Gewalt. Kritik einer semantischen Neuerfindung des Islams', in: Christian Ströbele u. a. (Hg.): *Kritik, Widerspruch, Blasphemie. Anfrage an Christentum und Islam*, Regensburg 2017, S. 120–142.

2   Laut Reinhard Schulze kam die Pluralisierung des ‚Islam' zunächst im englischsprachigen Raum in den 1990er Jahren auf, vgl. Schulze, Reinhard: *Der Koran und die Genealogie des Islam*, Basel 2015, S. 202. Im Arabischen scheinen sich die ‚Islame' vor allem bei frankophonen Maghrebinern durchgesetzt zu haben. Exemplarisch dafür ist die von Abdelmajid Charfi herausgegebene Schriftreihe zu fünfzehn unterschiedlichen ‚Islamen' (*islāmiyāt*), vgl. *Al-Islām wāḥidan wa-mutaʿāddidan* (Der Islam, eins und multipel), Beirut 2010–2016.

me' oftmals in einer agonalen Formation gegenüber.[3] Die Singularität und Determination *eines* Islams wird vor dem Hintergrund essenzialistischer Zuschreibungen auch mit dem Argument abgelehnt, „daß Islam immer Vielfalt bedeutet und es somit ‚den Islam' nicht gibt".[4]

Hier stoßen wir allerdings vor das theologische Problem, dass der ‚Islam' im Arabischen schon allein grammatikalisch nicht in den Plural gesetzt werden kann und zudem im Koran durchaus in determinierter Form vorgegeben wird.[5] Es liegt daher nahe anzunehmen, dass die Quiddität des Islams erst durch dessen Reifizierung als Kollektivsubjekt denkbar wurde.[6] Ernst Feil, dem ausführliche Studien zur Genese des modernen Religionsbegriffs im Sinne eines Kollektivsingulars zu verdanken sind, erwähnt beiläufig, dass es diesen Begriff sowohl unter Juden als auch unter vormodernen Muslimen noch nicht gab.[7] Im 19. Jahrhundert erfährt das europäische Konzept der ‚Religion' innerhalb einer im Entstehen begriffenen Weltöffentlichkeit eine globale Verbreitung, meist unter protestantischem Einfluss.[8] Es waren hier vor allem muslimische Reformer wie Ǧamāl ad-Dīn al-Afghani (gest. 1897) und Muḥammad ʿAbduh (gest. 1905), die prima facie den europäischen Reformern protestantischen Einschlags entgegentraten, bei näherer Betrachtung aber die Konzeptionalisierung des ‚Islams'

---

3   Vgl. Marcotte, Roxanne D.: *Un Islam, des Islams?* (Histoire et Perspectives Méditeranéennes), Paris 2010; Ben Achour, Yadh: *La deuxième Fâtiha, l'islam et la pensée des droits de l'homme*, Paris 2011, S. 179 und S. 272–73.

4   Bauer, Thomas: *Die Kultur der Ambiguität. Eine andere Geschichte des Islams*, Berlin 2011, S. 14.

5   Vgl. Sure 3/19 und 5/3.

6   Vgl. Trein, Lorenz: *Begriffener Islam. Zur diskursiven Formation eines Kollektivsingulars und zum Islamdiskurs einer europäischen Wissenschafts- und Religionsgeschichte*, Würzburg 2015.

7   Vgl. Feil, Ernst: ‚Religion – Begriffsgeschichtliche Analysen und systematische Konsequenzen', in: Hans Michael Haußig/Bernd Scherer (Hg.): *Religion – eine europäisch-christliche Erfindung?*, Berlin/Wien 2003, S. 49–66, hier S. 59. Zum modernen Religionsbegriff vgl. Smith, Wilfred Cantwell: *The Meaning and End of Religion. A New Approach to the Religious Traditions of Mankind*, Minneapolis 1991; Nongbri, Brent: *Before Religion. A History of a Modern Concept*, New Haven/London, 2013.

8   Vgl. Osterhammel, Jürgen: *Die Verwandlung der Welt. Eine Geschichte des 19. Jahrhunderts*, München 2009, S. 1241–1243; Schulze, Reinhard: ‚Islam und Judentum im Angesicht der Protestantisierung der Religionen im 19. Jahrhundert', in: Lothar Gall/Dietmar Willoweit (Hg.): *Judaism, Christianity, and Islam in the Course of History: Exchange and Conflicts*, München 2010, S. 139–164.

als ‚Religion‘ sich mit all ihren Konsequenzen aneigneten und in den muslimischen Reformdiskurs einbrachten.[9] Damit handelten sie sich seitens zeitgenössischer traditioneller Gelehrter vereinzelt den Vorwurf ein, die Protestanten nachzuahmen.[10] Insgesamt aber blieb es im Orient zunächst eher unbeachtet, dass sich Gelehrte unter diesen Vorzeichen auf die Debatte einließen.[11] Anders verhält es sich in der europäischen Öffentlichkeit, in der sich ein Diskurs über den Islam als (nicht) zu reformierende Religion bis in unsere Tage großer Beliebtheit erfreut.[12] Rede und Gegenrede hierzu bilden einen Diskurs, der stark an die ersten Islamdebatten des 19. Jahrhunderts erinnert, wie sie etwa zwischen Ernest Renan (gest. 1892) und al-Afghani, oder zwischen William Muir (1905) und Sayyid Ahmad Khan (gest. 1898) geführt worden sind. Die seitdem erfolgte Fassung des Islams als Kollektivsubjekt aber ist kein Ausweg. Vielmehr führen diese Diskurse in verschiede Sackgassen, wie in diesem Beitrag anhand einiger Beispiele demonstriert werden soll.

In diesem Beitrag steht daher die Konzeptualisierung des Islams als ‚Religion‘ und eine damit zusammenhängende Performanz der ‚religiösen‘ bzw. ‚islamischen Rede‘ im Fokus der Betrachtung, und weniger der Ver-

---

9 Vgl. Robinson, Chase F.: ‚Reconstructing Early Islam: Truth and Consequences‘, in: Herbert Berg (Hg.): *Method and Theory in the Study of Islamic Origins*, Leiden/Boston 2003, S. 110–134, hier S. 101–110; Jung, Dietrich: *Orientalists, Islamists and the Global Public Sphere. A Genealogy of the Modern Essentialist Image of Islam*, Sheffield 2011. Zu ʿAbduh vgl. Buessow, Johann: Re-Imagining Islam in the Period of the first modern Globalization: Muhammad ʿAbduh and his Theology of Unity‘, in: Björn Bentlage u. a. (Hg.): *Religious Dynamics under the Impact of Imperialism and Colonialism. A Sourcebook*, Leiden/Boston 2017, S. 273–320.

10 Vgl. Ghazal, Amal:‚Yūsur al-Nabhānī: Poem of the Short ‚R‘ in Defaming Innovation and Praising the Esteemed Tradition (Lebanon, 1908/09)‘, in: Björn Bentlage u. a. (Hg.): *Religious Dynamics under the Impact of Imperialism and Colonialism. A Sourcebook*, Leiden/Boston 2017, S. 111–124, hier S. 119, 123–24.

11 Vgl. Schäbler, Birgit: *Moderne Muslime. Ernest Renan und die Geschichte der ersten Islamdebatte 1883*, Paderborn 2016, S. 86–89.

12 Vgl. Abdel-Samad, Hamed/Khorchide, Mouhanad: *Ist der Islam noch zu retten? Eine Streitschrift in 95 Thesen*, München 2017. Die Anspielung auf Luther ist auch gegeben bei Ourghi, Abdel-Hakim: *Reform des Islam. 40 Thesen*, München 2017. Ourghi brachte seine Forderungen mit einem „Thesenanschlag" an einer Berliner Moschee an, vgl. Springer, Markus: *Abdel-Hakim Ourghi: Ein Luther des Islam?*, 2017, URL: https://www.srf.ch/kultur/gesellschaft-religion/ist-der-islam-noch-zu-retten (letzter Abruf: 7.12.2017).

such einer alternativen Festlegung, was ‚Islam' eigentlich oder letztendlich ist. Der vorläufig letzte größere Versuch einer solchen alternativen Festlegung wurde von Shahab Ahmed in seinem vieldiskutierten Werk mit dem Untertitel „The Importance of Being Islamic" unternommen, in dem er den Vorschlag unterbreitet, gerade den Widerspruch als konstitutives Moment in die Definition von/des Islam einzubeziehen.[13] Eine Erörterung unter dem Prädikat „The Importance of *Naming* Islamic" würde da viel eher noch die Aporien der Diskurse über den ‚Islam' hervortreten lassen. Insofern als mit Jacques Derrida der Sinn eines Wortes ohnehin nie abgeschlossen ist, kann dieser Beitrag sowohl als Dekonstruktion gegenwärtiger Begriffsverwendungen als auch als Anfechtung aktueller hegemonialer Islamdiskurse verstanden werden. Die ubiquitäre Konzeptualisierung des Islams als Kollektivsubjekt soll anhand eines virulenten Problems veranschaulicht und hinterfragt werden, nämlich der Frage nach dem Verhältnis von Islam und Gewalt. Übertragen auf die Titelfrage lautet diese: Ist der Islam einer Religion der Gewalt? – Und wenn ja, gibt es auch die Alternative des Islams als Religion des Friedens? Oder anders formuliert: Wie verteilen sich Gewalt und Frieden bzw. wie verhält es sich mit der Gewalt und dem Frieden ‚im' Islam?

1.   Der hegemoniale Diskurs einer Gewalt ‚im' Islam

Zunächst ist nochmals in Erinnerung zu rufen, unter welchen Voraussetzungen die Frage „Was ist der Islam?" so beantwortet werden kann, dass im Anschluss daran die vermeintlich sinnvollen Folgefragen nach dessen Fried- bzw. Gewalttätigkeit oder Gut- bzw. Boshaftigkeit überhaupt gestellt werden können. Dies scheint mir sprachlich wie konzeptionell erst dann denkbar, wenn der Islam als Kollektivsubjekt in den Begriffen einer Zivilisation, Kultur oder Religion gefasst wird und als solches *walten* kann. Als ein solcher Agens wird ‚Islam' im öffentlichen Raum semantisiert, wenn ‚ihm' die Frage gestellt wird, ob ‚er' ein Gewaltproblem hat. Die Eigenschaft der Gewalttätigkeit wird so als eine scheinbar sinnvolle Bedeutung dem Begriff Islam eingeschrieben. Zugleich wird aber damit impliziert, dass es

---

13   Ahmed, Shahab: *What is Islam? The Importance of Being Islamic*, Princeton/ Oxford 2016.

eben auch den binären Gegenpart, den ‚friedlichen Islam' geben darf, ja geben muss.[14]

Ganz gleich, ob die Gewalt eine essenzielle oder akzidentielle ‚Manifestation des Islams' ist: Es gelte dieses Gewaltpotenzial *im* Kollektivsubjekt Islam einzudämmen – so der weitläufige Konsens. Dissens kommt bei der konkreten Lokalisierung dieses Potenzials innerhalb des Kollektivsubjekts auf. Damit wird ein weiteres Mal die Suche nach der Gewalt *im* Islam ausgelöst: Sind es Territorien, Verhaltensanweisungen oder Herrschaftssysteme, in denen der Islam hypostasiert wird? Verbildlicht: Hat man sich beispielsweise ein Wesen vorzustellen, natürlich einen Mann, noch genauer: einen Patriarchen, ganz authentisch mit langem Bart und Turban, der despotisch über Gebiete herrscht, die nach ihm benannt werden und der seine Herrschaft über die ganze Welt ausdehnen will? Da es dieses Wesen nun offensichtlich nicht gibt, bleibt noch die Möglichkeit, Gewalt (oder Frieden) in den Moscheen, im Koran, beim Propheten oder in der Tradition ursprungsbedingt zu erschließen. Kausalitätsbeziehungen zwischen dem ursprünglich ‚Islamischen' und dem/den ‚Gewalttätigen' sind so Gegenstand eines vermeintlich kritischen Islamdiskurses geworden. Hier bedarf es der Klarstellung: Es geht in diesem Beitrag nicht um eine Bagatellisierung von Gewaltphänomenen oder eine Revidierung des Friedensgebots[15],

---

14 Vgl. zur Frage „Hat der Islam ein Gewaltproblem?" und den gegenüberstehenden Positionen die Beiträge von Christoph Scholz, *Islam und Gewalt: Streitgespräch zwischen Abdel-Samad und Khorchide*, 2016, URL: https://de.qantara. de/content/islam-und-gewalt-streitgespraech-zwischen-abdel-samad-und-khorchide (letzter Abruf: 7.12.2017); Marie Wildermann, Abdel-Samad und Khorchide. *Zur Freiheit gehört, den Koran zu kritisieren*, 2016, URL: http:// www.deutschlandfunk.de/abdel-samad-und-khorchide-zur-freiheit-gehoert-den-koran-zu.886.de.html?dram:article_id=348014 (letzter Abruf: 7.12.2017); *Terror im Namen Gottes – hat der Islam ein Gewaltproblem? (hart aber fair mit Frank Plasberg)*, 2016, URL: https://www1.wdr.de/daserste/hartaberfair/ faktencheck/faktencheck-126.html (letzter Abruf: 7.12.2017). Zum Ringen um die ‚gute Religion' als Mittel der Friedenswahrung vgl. Müller, Johannes: ‚Religionen – Quelle von Gewalt oder Anwalt der Menschen? Überlegungen zu den Ursachen der Ambivalenz von Religionen', in: Johannes Müller/Michael Reder/Tobias Karcher (Hg.): *Religionen und Globalisierung*, Stuttgart 2007, S. 120–138, hier S. 132–133.

15 Es gibt eine Fülle von Beiträgen einer islamtheologisch begründeten Kritik unterschiedlicher Gewaltphänomene, vgl. Murad, Abdal Hakim: *Bombing without Moonlight. The Origins of Suicidal Terrorism*, Bristol 2008; Al-Islāmiyah, Al-Gamā'ah/Jackson, Sherman A.: *Initiative to Stop the Violence: Sadat's Assas-*

sondern um die Dekonstruktion und Aufdeckung eines Diskurses um den Frieden, der selbst Züge struktureller Gewalt trägt, etwa indem er zu einer weltanschaulichen Reform nötigt und/oder Einbußen der bürgerrechtlichen Souveränität und Sicherheit fordert.[16]

In Teilen des Islamdiskurses zur Gewalt geht es nicht nur um die Frage, ob ein ‚friedlicher Islam‘ *überhaupt* möglich ist, sondern auch – im Falle einer Bejahung[17] – darum, wie dieser aussehen könnte, um als Alternative zum ‚gewaltfördernden Islam‘ zu gelten. An dieser Stelle kommt es zu einer Verschränkung des religions- bzw. islamkritischen Diskurses mit dem Reformdiskurs. Während islamkritische Positionen die Existenz eines friedlichen Islams je nach Grad der Kritik entweder absolut verneinen oder nur unter Voraussetzung größerer, als unwahrscheinlich erachteter Veränderungen für möglich halten, geben sich die Stimmen im Reformdiskurs zuversichtlicher und ambitionierter im Hinblick auf ein Reformprojekt, das zur Verwirklichung eines gewaltfreien Islams beitragen soll.

Beim Thema Gewalt fallen die Diskurse der Religions-/Islamkritik und der Islamreform auf diese Weise oftmals zusammen und setzen dabei ganz selbstverständlich voraus, dass die Kritik der Islamverständnisse und der Religionsgemeinschaften einer Kritik der ‚Religion‘ und in Extension einer Kritik des Islams gleichkommt. Übertragen wir den Begriff der Religionskritik allerdings zurück in genuin islamische Termini, fällt auf, dass es z. B. im gesamten arabischsprachigen Reformdiskurs (und dieser ist angesichts

---

sins and the Renunciation of Political Violence (Mubādarat Waqf al-ʿUnf), New Haven 2015; Lahham, Karim: *Ghandhi, Islam and the Principles of Non-Violence and Attachment to Truth*, Abu Dhabi 2016; Klußmann, Jürgen u. a. (Hg): *Gewaltfreiheit, Politik und Toleranz im Islam*, Wiesbaden 2016; Lumbard, Joseph E.B. (Hg.): *Islam, Fundamentalism, and the Betrayal of Tradition.* Revised and Expanded, Bloomington 2009; Malik, Aftab Ahmad (Hg.): *The State we are in. Identity, Terror and the Law of Jihad*, Bristol 2006; Taghir-ul-Qadri, Muhammad: *Fatwa on Terrorism and Suicide Bombings*, Lahore/London ²2011; Al-Yaqoubi, Shaykh Muhammad: *Refuting ISIS. A Rebuttal of its religious and ideological Foundations*, US. o. O. 2015.

16 Zu den reellen Gefahren des islamkritischen Diskurses vgl. Bade, Klaus J.: *Kritik und Gewalt: Sarrazin-Debatte, ‚Islamkritik‘ und der Terror in der Einwanderungsgesellschaft*, Schwalbach/Taunus 2013.

17 Für eine prinzipielle Ablehnung vgl. Özbe, Ufuk: ‚Kritik der liberalen Auslegungen des Islam. Die Islamdebatte zwischen politischer Zweckmäßigkeit und intellektueller Redlichkeit‘, in: *Aufklärung und Kritik. Zeitschrift für freies Denken und humanistische Philosophie*, 1/2016, S. 1–55.

vieler Missstände ein sehr ausgiebiger) um die sogenannte ‚Kritik des religiösen Denkens' (*naqd al-fikr ad-dīnī*), und nicht um eine ‚Religionskritik' (*naqd ad-dīn*) geht. Hier erweist sich die arabische Sprache als relativ resistent gegenüber der modernen Versprachlichung.[18]

Dies ist nun kein Hinweis darauf, dass dort keine Kritik an den verschiedensten Lehren und Dogmen geübt wird, sondern dass sich die Vergleichskategorien ‚Religion' und *dīn* nicht decken. Eine umfassende Untersuchung unterschiedlichster Konzeptionierungen von Islam nahm der bereits oben erwähnte Shahab Ahmed vor, in der er die blinden Flecken eines Universalität beanspruchenden europäischen Religionsbegriffs herausarbeitete. Als fundamentaler Unterschied zwischen Christen- und Muslimentum erwies sich u. a., dass die Muslime keine den Kirchen gleichende wahrheitsbeanspruchende Institution entwickelt haben. Was als Islam bzw. als Wahrheit erachtet wurde, blieb im Muslimentum ein Abstraktum und damit gewissermaßen offen.[19] Schwer vorstellbar muss daher die Charakterisierung einer spezifisch ‚religiösen Säkularität' erscheinen, welche laut Rüdiger Lohlker für vormoderne muslimische Gesellschaften prägend war und erst durch Homogenisierungsprozesse der Moderne aus den Angeln gehoben wurde.[20]

Daneben beschränkte sich die hier zugrundeliegende Schwierigkeit bei der Konzeptionierung des ‚Islam' natürlich nicht auf die Theologie im

---

18 Vgl. die Titel der Reihe „Kritik des religiösen Denkens" (Silsilat ‚Naqd al-fikr ad-dīnī): Ṣādiq Ǧalāl al-ʿAẓm: Naqd al-fikr ad-dīnī; Muḥammad Arkūn: Qaḍāyā fī Naqd al-ʿAql ad-dīnī. Kayfa nafham al-islām al-yawm; Entsprechend auch die Übersetzung des mit *Naqd al-ḫiṭāb ad-dīnī* betitelte Werk von Nasr Hamid Abu Zaid ins Deutsche, vgl. Abu Zaid, Nasr Hamid: *Islam und Politik. Kritik des religiösen Diskurses*, Frankfurt a. M. 1996.

19 Vgl. Ahmed, Shahab: *What is Islam? The Importance of Being Islamic*, S. 177–245. Ahmed versucht sich selbst an einer komplexen und rege diskutierten Konzeptionierung des Islams, bei der nach seiner Definition auch die Rede von einer „Islamischen Gewalt" theoretisch sinnvoll sein kann. Ahmed dazu weiter: „The point of the designation is *not* that Islam *causes* this violence; rather it is that the violence is made meaningful by the actor in terms of Islam-just as the prodigious violence undertaken by soldiers of democratic nation-states is made meaningful for them and by them in terms of the nation-state, and may, therefore, meaningfully be called 'democratic violence' or 'national violence' (or may meaningfully be designated in terms of the particular nation-state as 'American violence' or 'Israeli violence').", hier S. 452.

20 Vgl. Lohlker, Rüdiger: *Islamisches Recht*, Wien 2012, S. 18–23, passim.

weiteren Sinne, sondern weitete sich auf nahezu alle Disziplinen aus, die sich aus einem bestimmten fachlichen Zugang dem Islam annähern (z. B. Islamische Medizin, Islamische Philosophie, Islamische Architektur, Islamische Geschichte etc.). Das führte dazu, dass innerhalb dieser Fächer ein Problembewusstsein hinsichtlich dieser in der Klammer genannten Bezeichnungen ausgebildet wurde, das im öffentlichen (und nicht nur von Laien geführten) Diskurs um den ‚gewalttätigen‘ respektive ‚friedlichen‘ Islam oder die ‚Islamische Gewalt‘ zu vermissen ist.

Auch im Zusammenhang mit dem Thema Gewalt ist diese Problematik bereits bemerkt worden. Karen Armstrong wies darauf hin, dass das Konzept ‚Religion‘, wie es heute im Westen verwendet wird, kaum hinter das 17. Jahrhundert zurückreicht und nicht wie der *dīn* (ähnlich wie das sanskritische *dharma*) „auf etwas Größeres, Unbestimmteres und Umfassenderes“[21] deutet. Reinhard Schulze definierte nach einer Problematisierung der ‚guten‘ und ‚bösen‘ Religion und der Anwendung dieser Muster auf den Islam Letzteren als Produkt eines normativen Eigensinns der Moderne, was Schulze zu einer weitreichenden Konsequenz führte: „Mithin ist der Begriff ‚Islam‘ eigentlich untauglich, die Verfasstheit der Gesamtheit zum Beispiel koranischer Rede und der mit ihr verbundenen sozialen Praxis zu deuten.“[22] Wenn also aus muslimischer Sicht eine ‚Islamkritik‘ innerhalb der Kategorie ‚Religion‘ unsinnig erscheint, dann nicht (wie gelegentlich unterstellt, weil es an Verständnis mangelt) aus apologetischen Gründen.[23]

Die Vorannahme des Konzepts ‚Religion‘ (zuweilen auch ‚Kultur‘ oder ‚Zivilisation‘) bildet also den epistemischen Rahmen, in dem vom Islam die Rede ist, welcher wiederum *erst dann* in einen ‚moderaten‘ und einen ‚radikalen‘ Islam eingeteilt werden kann. Im vorherrschenden Islamdiskurs wird für das Kriterium einer ‚wirklichen/wahren Religion‘ dabei das

---

21 Armstrong, Karen: *Im Namen Gottes. Religion und Gewalt*, München 2014, S. 13.

22 Vgl. Schulze, Reinhard: *Der Koran und die Genealogie des Islam*, Basel 2015, S. 11–18, hier S. 17.

23 Zu weiteren Bedenken an der Kongruenz von *dīn* und Religion vgl. Karamustafa, Ahmet T.: ‚Islamic Dīn as an Alternative to Western Models of „Religion“‘, eingereicht bei: Richard King: *Theory/Religion/Critique: Classic and Contemporary Approaches*, New York (im Erscheinen), beziehbar nur auf der Plattform acaemia.edu des Autors; das Kapitel ‚Islām. The Concept of Religion and the Foundation of Ethics and Morality‘, in: Syed Muhammad Naquib al-Attas: *Prolegomena to the Metaphysics of Islam. An Exposition of the fundamental Elements of the Worldview of Islam*, Kuala Lumpur 2001, S. 41–89.

Friedens- bzw. Gewaltpotenzial und weniger das Offenbarungs- oder Gottesverständnis angelegt. So wird mal die Gefahr, mal die Chance als „wirkliche Religion" gehandelt, wie Samuel B. Behloul anhand der Schweizer Islamdebatte zeigte. Nach dem 11. September 2001 habe sich im gesamten Westen ein „Islamic Turn" vollzogen, welcher zu spezifisch „islamischen Problemen" nach einer spezifisch „islamischen Lösung" verlange.[24]

So, wie ‚das Säkulare' und ‚die Religion' zunächst einmal diskursive Erfindungen sind, die durch generische Rede verstetigt und materialisiert werden können,[25] verhält es sich auch mit den Kategorien ‚friedlicher Islam' und ‚gewalttätiger Islam' sowie mit allen weiteren Bezeichnungen im semantischen Umfeld dieser Begriffe. Vor dem Hintergrund der Weberschen Feststellung, dass grundsätzlich jede Alltagshandlung aus einem zweck- oder wertrationalen Handlungsmotiv heraus erfolgen kann, ist laut Hans G. Kippenberg „denen zuzustimmen, die die konventionelle Diastase von Politik und Religion bzw. Herrschaft und Heil für unfruchtbar halten."[26] Die konventionelle Annahme, dass Religion essenziell anders ist als der Säkularismus und darüber hinaus, dass Religion inhärent gefährlicher ist als säkulare Ideen und Praktiken, ist in sich selbst eine ideologisch begründete Annahme, die auch dazu genutzt werden kann, verschiedenste Formen von Gewalt auszuüben.[27]

Die Konfiguration des Konzeptes ‚Religion' bedingt also, dass durch den Begriff einer ‚friedlichen Religion' bzw. eines ‚friedlichen Islams' der binäre Gegenpart überhaupt erst gedacht werden kann, und vice versa. Unter diesen Voraussetzungen ist bei Internalisierung dieser Konzeptionierung auch das Missverständnis von historischen Entwürfen vorprogrammiert, wie etwa dem sogenannten ‚Gebiet des Islams' (*dār al-islām*) als Teil einer normativen Ordnung, in dem alleine ‚der Islam' herrschen darf.[28] Auf die konzeptionelle Neuerfindung des Islams verweist außerdem das Antonym

---

24 Behloul, Samuel M.: ‚Introduction', in: Samuel M. Behloul/Susanne Leuenberger/Andreas Tunger-Zanetti (Hg.): *Debating Islam. Negotiating Religion, Europe and the Self.* S. 11–35, hier S. 15–29.

25 Führding, Steffen: *Jenseits von Religion? Zur sozio-rhetorischen ‚Wende' in der Religionswissenschaft,* Bielefeld 2015, S. 184–214.

26 Kippenberg, Hans G.: *Gewalt als Gottesdienst. Religionskriege im Zeitalter der Globalisierung,* München 2008, S. 201.

27 Vgl. Cavanaugh, William T.: *The Myth of Religious Violence: Secular Ideology and the Roots of Modern Conflict,* Oxford 2009.

28 Vgl. Görgün, Tahsin: ‚Religion und Gewalt. Bemerkungen zur Debatte über Kampf oder Dialog der Kulturen und Religionen', in: Johannes Müller/Michael

‚unislamisch', welches einen begrifflichen Neologismus darstellt, kaum mit der semantischen Bedeutung von *kufr* übereinstimmt und vielmehr mit den binären Kategorien ‚religiös, nichtreligiös und säkular' kongruent geworden ist.

Es sind daher nicht zuletzt Muslime im Westen, die sich als Minderheit gerade als Reaktion auf einen vorherrschenden post-9/11-Islamdiskurs und dem ‚Krieg gegen den Terror' das Konzept der Religion samt all den binären Konfigurationen angeeignet und deren semantische Bedeutungen in ihre Rede über den Islam übertragen haben.[29] Der post-9/11-Islamdiskurs führte zu einer weitläufigen Aufteilung der Muslime und des Islams in ‚gut' und ‚böse', wobei ‚guter Islam' maßgeblich an seinem Verhältnis zum ‚bösen Islam' bemessen wird.[30] Man könnte sagen, dass sich in der Abwehr eines ‚gewalttätigen Islams' und dem Eifer an dessen Kritik unter den Vorzeichen eines ‚friedlichen Islams' dieser geradezu neu erfindet.

2. Semantiken des ‚bösen' und ‚guten' Islams

„Schön wäre es, wenn der islamische Terror nur eine Verirrung wäre und der gute Islam auf dem Wege in die Aufklärung sich befände."[31] Ein in derlei Sätzen propagierter ‚guter Islam' wäre in all seinen Spielarten ohne den ‚bösen Islam' als Antagonisten undenkbar, ganz gleich welcher für den ‚wahren Islam' gehalten und protegiert wird. Das zugrundeliegende Paradigma ist in beiden Fällen die Vorstellung eines handelnden Kollektivsubjekts, entweder in individualisierter Form einzelner Vertreter des Islams, oder homogenisiert als eine Art ‚Stamm' oder ‚Generation', der bzw. die aus

---

Reder/Tobias Karcher (Hg.): *Religionen und Globalisierung*, Stuttgart 2007, S. 120–138, hier S. 116–117.

29 Vgl. hierzu die Studie zu bosniakischen und albanischen Muslimen in der Schweiz von Behloul, Samuel M.: ‚Negotiating the ‚Genuine' Religion: Muslim Diaspora Communities in the Context of the Western Understanding of Religion', in: *Journal of Muslims in Europe* 1 (2012), S. 7–26.

30 Exemplarisch dazu Birt, Jonathan: ‚Good Imam, Bad Imam: Civic Religion and National Integration in Britain post-9/11', in: *The Muslim World* 96 (2006), S. 687–705; Peter, Frank: *Training Imams and the Future of Islam in France*, ISIM Newsletter 13 (2003), S. 20–21.

31 Hank, Rainer/Meck, Georg: ‚Die Guten und die Bösen', in: *FAZ*, 20. Dezember 2015, S. 51–52.

vielen einzelnen Repräsentanten, gleichsam kleinen ‚Islamen' (ein weiterer, zum Teil gerechtfertigter Neologismus) besteht.

An dieser Stelle sollen einige kursorische Beispiele für konkrete Vorstellungen und Vorhaltungen gegenüber dem ‚handelnden Islam' genügen, um erstens zu zeigen, dass diese nur dann Sinn ergeben, wenn der Islam als Religion bestehend aus der Summe einzelner Vertreter konzeptioniert oder erwartet wird, und um zweitens zu erkennen, wie eng miteinander verwoben die Diskurse der Islamkritik und der Islamreform sind, in denen unterschiedlichste Semantiken von ‚gut' und ‚böse' zutage treten.

Häufig wird Islam mit einer Reihe von Modalverben verbunden, die allesamt den defizitären Islamdiskurs speisen: „Der Islam braucht mehr Ketzer"[32], „Der Islam braucht einen Martin Luther"[33], „Der Islam braucht eine Reformation"[34], „Der Islam braucht eine kritikfähige Renaissance"[35], „Der Islam braucht eine sexuelle Revolution"[36] und „Der Islam braucht Kritik"[37].

---

32 Abdel-Samad, Hamed: „Der Islam braucht mehr Ketzer", 2015, *Mainpost*, URL: http://www.mainpost.de/regional/franken/Christentum-Faschismus-Islam-Islamismus-Islamkritiker-Ketzer-Koran-Muslime-Propheten-Religionskritiker; art1727,8758123,B::pic16674,6604850 (letzter Abruf: 7.12.2017).

33 Akgün, Lale: „Der Islam braucht einen Martin Luther", 2012, *pro. Christliches Medienmagazin*, URL: http://www.pro-medienmagazin.de/gesellschaft/detail ansicht/aktuell/der-islam-braucht-einen-martin-luther-81448/ (letzter Abruf: 7.12.2017).

34 James, Sabatina: ‚Der Islam braucht eine Reformation', 2013, *kath.net. Katholische Nachrichten*, URL: http://www.kath.net/news/42934 (letzter Abruf: 7.12.2017); Ourghi, Abdel-Hakim: ‚Reformation des Islam Mohammed war ein Mann der Politik und des Schwerts', 2016, *FAZ*, URL: http://www.faz.net/aktuell/feuilleton/debatten/der-islam-braucht-eine-reformation-14407083.html (letzter Abruf: 7.12.2017); Jürgs, Alexander: „Der Islam braucht eine Reformation", 2015, *Welt*, URL: https://www.welt.de/vermischtes/article138276223/Der-Islam-braucht-eine-Reformation.html (letzter Abruf: 7.12.2017).

35 Ourghi, Abdel-Hakim: ‚Religion und Gewalt: Der Islam braucht eine kritikfähige Renaissance', 2015, *Süddeutsche Zeitung*, URL: http://www.sueddeutsche.de/politik/religion-und-gewalt-der-islam-braucht-eine-kritikfaehige-renaissance-1.2309352 (letzter Abruf: 7.12.2017).

36 Ates, Seyran: *Der Islam braucht eine sexuelle Revolution: Eine Streitschrift*, Berlin 2009.

37 Kelek, Necla: „Der Islam braucht Kritik", 2010, *ntv*, URL: http://www.n-tv.de/politik/dossier/Der-Islam-braucht-Kritik-article773513.html (letzter Abruf: 7.12.2017).

So entsteht der Eindruck, als sei der Islam ein bedürftiger Akteur, den man unter Umständen auch mit Gewalt aus seiner Misere befreien müsse. Diese Steigerung mit dem entsprechenden Modalverb findet daher ebenfalls Verwendung: „Der Islam muss sich mit der Gewalt-Frage auseinandersetzen"[38], „Der Islam muss der Gewalt abschwören"[39], „Islam muss sich von gewalttätigen Exzessen reinigen"[40], „Der Islam muss sich reformieren"[41], „Der Islam muss wieder Barmherzigkeit in den Mittelpunkt rücken"[42], „Auch der Islam muss sich der Kritik stellen"[43], „Der Islam muss endlich erwachsen werden"[44] und schließlich: „… Oder der Islam muss verabschiedet werden"[45].

Neben weiteren Modalverben, die hier nicht weiter aufgeführt werden, taucht im Islamdiskurs außerdem der Islam mit einem Willen auf, was die Wesenhaftigkeit des Islams noch deutlicher evoziert: „Der Islam will alles

---

38 ‚Der Islam muss sich mit der Gewalt-Frage auseinandersetzen', 2015, URL: http://www.zocd.de/2015/12/17/der-islam-muss-sich-mit-der-gewalt-frage-auseinandersetzen/ (letzter Abruf: 7.12.2017).

39 Nothöfer, Saskia/Khorchide, Mouhanad: „Der Islam muss der Gewalt abschwören", 2015, *RP.Online*, URL: http://www.rp-online.de/panorama/wissen/der-islam-muss-der-gewalt-abschwoeren-aid-1.5601550 (letzter Abruf: 7.12.2017).

40 ‚Kretschmann: Islam muss sich von gewalttätigen Exzessen reinigen', 2015, *kath.net. Katholische Nachrichten*, URL: http://www.kath.net/news/53176 (letzter Abruf: 7.12.2017).

41 Mansour, Ahmad: ‚Über Islam und Terror. Der Islam muss sich reformieren', 2016, *Der Tagesspiegel*, URL: http://www.tagesspiegel.de/kultur/ahmad-mansour-ueber-islam-und-terror-der-islam-muss-sich-reformieren/13751768.html (letzter Abruf: 7.12.2017).

42 Rochow, Stefan: „Der Islam muss wieder Barmherzigkeit in den Mittelpunkt rücken" Interview mit Ahmad Mansour, 2016, URL: https://www.torial.com/stefan.rochow/portfolio/142020 (letzter Abruf: 7.12.2017).

43 Zschaler, Mathias: „Auch der Islam muss sich der Kritik stellen". Menschen bei Maischberger, 2015, *Spiegel online*, URL: http://www.spiegel.de/kultur/tv/sandra-maischberger-talk-zu-pegida-mit-necla-kelek-und-alfred-grosser-a-1012850.html (letzter Abruf: 7.12.2017).

44 Busemann, Bernd: ‚Der Islam muss endlich erwachsen werden', 2015, *Welt*, URL: https://www.welt.de/debatte/kommentare/article136584841/Der-Islam-muss-endlich-erwachsen-werden.html (letzter Abruf: 7.12.2017).

45 Bernhard, Henry: „… oder der Islam muss verabschiedet werden". AfD in Thüringen, 2016, *Deutschlandfunk Kultur*, URL: http://www.deutschlandradiokultur.de/afd-in-thueringen-oder-der-islam-muss-verabschiedet-werden.2165.de.html?dram:article_id=354732 (letzter Abruf: 7.12.2017).

von oben bestimmen"[46], „Der Islam will uns alle unterwerfen"[47] und „Der Islam will die Frau als Sex-Objekt"[48].

Bei den letzten Beispielen werden dem Islam zunehmend organismische Züge zugeschrieben – ebenfalls ein Merkmal mancher Aussagen in der Islamdebatte im Konnex von Islamkritik und Islamreform: „Dem Islam ist die Gewalt in die Wiege gelegt"[49], „Der Islam ist krank"[50] (und soll/muss daher genesen) oder „Wir haben eine richtige Gewaltseuche im Herzen des Islam"[51].

Semantiken der Eigentlichkeit und Wesenhaftigkeit sind auch den Formulierungen des binären Gegenparts, dem ‚guten Islam', inhärent, wobei auffällt, dass die Aussagen hier vorrangig aus dem vielfältigen Reformdiskurs stammen oder sich auf diesen beziehen: „Der Islam braucht mehr Weiblichkeit"[52], „Das hübsche Gesicht des Islams"[53] oder auch „So freund-

---

46 Dietrich, Kirsten: „Der Islam will alles von oben bestimmen". Hamed Abdel-Samad vergleicht Islamismus und Faschismus. Religionskritik, 2014, *Deutschlandfunk Kultur*, URL: http://www.deutschlandradiokultur.de/religionskritik-der-islam-will-alles-von-oben-bestimmen.1278.de.html?dram:article_id=283189 (letzter Abruf: 7.12.2017).

47 Hetzel, Helmut: ‚Geert Wilders: Der Islam will uns alle unterwerfen', 2008, *Die Presse*, URL: http://diepresse.com/home/politik/aussenpolitik/373109/Geert-Wilders_Der-Islam-will-uns-alle-unterwerfen (letzter Abruf: 7.12.2017).

48 Haas, Barbara: „Der Islam will die Frau als Sex-Objekt", 2015, *Wienerin*, URL: http://wienerin.at/archiv/wienerin/aktuelles/4672113/Frauenrechtlerin-und-Anwaeltin-Seyran-Ates-im-Interview (letzter Abruf: 7.12.2017).

49 Mönninger: „Dem Islam ist die Gewalt in die Wiege gelegt". Ein Gespräch mit dem französischen Schriftsteller Abdelwahab Meddeb über die Quellen des Fanatismus und die überfällige Neuinterpretation des Korans, 2006, *Zeit online*, URL: http://www.zeit.de/2006/39/Interview-Meddeb (letzter Abruf: 7.12.2017).

50 „Der Islam ist krank". das gespräch, 2002, *Frankfurter Rundschau*, URL: http://www.fr-online.de/spezials/das-gespraech--der-islam-ist-krank-,1472610,2884014.html (letzter Abruf: 7.12.2017).

51 Nimmervoll, Lisa: ‚Hamed Abdel-Samad: Wir haben eine richtige Gewaltseuche im Herzen des Islam'. Interview, 2016, *dieStandard.at*, URL: http://derstandard.at/2000046415855/Hamed-Abdel-Samad-Wir-haben-eine-Gewaltseuche-im-Herzen-des (letzter Abruf: 7.12.2017).

52 Murtaza, Muhammad Sameer: ‚Der Islam braucht mehr Weiblichkeit', 2016, *Migazin*, URL: http://www.migazin.de/2015/10/29/der-islam-braucht-mehr-weiblichkeit/ (letzter Abruf: 7.12.2017).

53 Evermann, Heiko: ‚Das hübsche Gesicht des Islams', 2015, *evermann.de*, URL: http://www.evermann.de/das-huebsche-gesicht-des-islams/ (letzter Abruf: 7.12.2017).

lich ist der Islam"[54]. Die wohl gutwillige Absicht, positive Manifestationen von Religion konkret zu illustrieren, verleiht dem Islam als Wesen geradezu menschliche Attribute: „Das sanfte Gesicht des Islam"[55], „das Gesicht des liberalen Islams"[56] oder „Die sanfte Stimme des Islam"[57] und die „liberale Stimme des Islam"[58].

Die Semantiken von ‚gut' und ‚böse' sind also komplementär und gründen beide auf der oben beschriebenen paradigmatischen Konzeptionierung von Islam. Nachdem das Magazin FOCUS in einer Ausgabe über „Die dunkle Seite des Islam"[59] berichtete, erschien es der Redaktion sinnvoll, in einer nachfolgenden Ausgabe auch über „Die helle Seite des Islam" zu schreiben: „Vor einem knappen Jahr veröffentlichte FOCUS die Titelgeschichte ‚Die dunkle Seite des Islam'. Nun begab sich FOCUS-Autor Michael Klonovsky auf die Suche nach der anderen Seite."[60]

Hierin steckt also eine Semantik der Teilbarkeit in ‚gut' und ‚böse', die in vielen Formulierungen als Subtext immer mitzudenken ist: „Ein Teil des Islam sucht den Konflikt mit dem Westen"[61] (Subtext: während ein anderer

---

54 So der Titel auf dem Cover der Crismon, das evangelische Magazin, März 2014, Nr. 3. mit einem Portrait von Mouhanad Khorchide.

55 Grillmayer, Johanna: ‚Das sanfte Gesicht des Islam', *religion.ORF.at*, URL: http://religion.orf.at/stories/2562929/ (letzter Abruf: 7.12.2017)

56 So in der Beschriftung des Titelfotos im Beitrag: ‚Progressive Muslime formieren sich', 2015, *pro. Christliches Medienmagazin*, URL: http://www.pro-medien magazin.de/politik/detailansicht/aktuell/progressive-muslime-formieren-sich-91802/ (letzter Abruf: 7.12.2017).

57 Kopp, Eduard: ‚Die sanfte Stimme des Islam. Islam-Professor Mouhanad Khorchide', 2014, *chrismon. Das evangelische Magazin*, URL: http://chrismon.evan gelisch.de/artikel/2014/die-sanfte-stimme-des-islam-20735 (letzter Abruf: 7.12.2017).

58 Kuhlmann, Jan: ‚Ein Muslim zwischen den Fronten. Der Theologe Mouhanad Khorchide gilt als liberale Stimme des Islam. Nun ist er mitten in einen politischen Konflikt geraten', 2013, *Cicero*, URL: http://www.cicero.de/weltbuehne/islam-Mouhanad%20Khorchide/56099 (letzter Abruf: 7.12.2017).

59 ‚Die dunkle Seite des Islam. Acht unbequeme Wahrheiten über die muslimische Religion', *Focus Magazin*, 3. November 2014.

60 Klonovsky, Michael: ‚Die helle Seite des Islam', 2015, *Focus online*, URL: http://www.focus.de/politik/deutschland/reportage-die-helle-seite-des-islam_id_4955472.html (letzter Abruf: 7.12.2017).

61 ‚Ein Teil des Islam sucht den Konflikt mit dem Westen', 2014, *kath.net. Katholische Nachrichten*, URL: http://www.kath.net/news/48142 (letzter Abruf: 7.12.2017).

Teil friedlich ist), „Selbstbewusste Frauen. Die andere Seite des Islam"[62] (Subtext: Normalerweise sind muslimische Frauen unterdrückt) und die „Fortschrittliche Seite des Islam"[63] (Subtext: Normalerweise ist der Islam rückständig).

Die Konzeptionierung des Islams als Kollektiv mit sowohl guten als auch bösen Vertretern bzw. Anteilen erklärt auch, weshalb bei der Wissensproduktion des Islamdiskurses von Muslimen auch als „Söhne" oder „Töchter" Allahs gesprochen wird. Gott erscheint hier als eine Art Stammvater einer fremden Stammeseinheit, der letztendlich für alle seine Kinder irgendwie Verantwortung trägt oder sich dieser entziehen will: „Allahs ungeliebte Söhne"[64] sowie „Die Töchter Allahs"[65], „Allahs Töchter"[66], „Allahs rechtlose Töchter"[67] oder gar „Die Bräute Allahs"[68]. An diesen Formulierungen macht sich die Diffusion bemerkbar, die sich vollzieht, wenn Islam als Kollektiv gedacht und nicht einmal mehr von Angehörigen/Gesichtern des Islams gesprochen wird, sondern von Söhnen/Töchtern Allahs. Wie bei den Beispielen zuvor gibt es auch hier die andere Seite, die ‚guten Kinder': „Allahs neue Söhne"[69], „Allahs deutsche Töchter"[70] und „Allahs wissbe-

---

62 ‚Selbstbewusste Frauen. Die andere Seite des Islam', 2014, *Stimberg Zeitung*, URL: https://www.stimberg-zeitung.de/nachrichten/region/spendenaktion/weihnachtsspende-2014/Selbstbewusste-Frauen-Die-andere-Seite-des-Islam;art353055,146562 (letzter Abruf: 7.12.2017).

63 ‚Fortschrittliche Seite des Islam', 2016, *Tagblatt*, URL: http://www.tagblatt.ch/ostschweiz/thurgau/kreuzlingen/tz-kr/Fortschrittliche-Seite-des-Islam;art123852,4515949 (letzter Abruf: 7.12.2017).

64 Schaaf, Juli: ‚Allahs ungeliebte Söhne. Homosexualität', 2004, *FAZ*, URL: http://www.faz.net/aktuell/gesellschaft/homosexualitaet-allahs-ungeliebte-soehne-1158990.html (letzter Abruf: 7.12.2017).

65 Brooks, Geraldine: *Die Töchter Allahs*, München 2002.

66 Gürsel, Nedim: *Allahs Töchter*, Berlin 2012.

67 ‚Allahs rechtlose Töchter. Muslimische Frauen in Deutschland' *Der Spiegel* Nr. 47, 15. Oktober 2004.

68 Jusik, Julia: *Die Bräute Allahs: Selbstmordattentäterinnen aus Tschetschenien*, St. Pölten 2004.

69 Dachs, Gisela: ‚Allahs neue Söhne', 2004, *Zeit online*, URL: http://www.zeit.de/2004/27/Reformen_2fNahost (letzter Abruf: 7.12.2017).

70 ‚Allahs deutsche Töchter, zwischen Burka-Streit und Selbstbestimmung, zwischen Islam und IS-Terror – muslimische Frauen in Deutschland. Wie sie leben, was sie denken', Stern Nr. 34, 18. Juli 2016.

gierige Töchter"[71] oder einen Allah, der „kein Diktator, [...] kein strafender Stammvater"[72] ist.

Abgesehen davon, dass Muslime eine solche metaphorische Sprache kaum selbst verwenden würden (man spricht eher von Dienern oder Geschöpfen Gottes), zeigt diese Verwendung, wie aus dem Potenzial eines gedachten Gesamtkollektivs ‚Islam' auf eine Ursache zurückgeschlossen wird. Was in der Vorstellung vieler Muslime wahrscheinlich an Blasphemie grenzt, erscheint anderen als der logische Schluss von einer Menge auf einen Urheber.

Wenn weder begrifflich noch konzeptionell eine Unterscheidung zwischen dem Islam und der Gesamtheit der Muslime gemacht wird (im Gegensatz zum Christen- oder Judentum ist der Begriff des Muslimentums im Deutschen kaum vorhanden), ist der Schritt, irgendwann auf die vermeintlichen Quellen (Gott, den Propheten oder den Koran) zu schließen, nicht mehr weit. Es bleibt festzuhalten, dass die Semantiken von ‚guten' wie ‚bösen' Muslimen, ob als eine heilvolle Alternative oder zu bekämpfende Bedrohung, sich wechselseitig bedingen und durch die Macht einer perpetuierten, generischen Referentialität ‚Islam' neu konstituieren.

3. Modi der Gegenargumente zu einer ‚islamischen Gewalt' oder ‚Gewalt des Islams'

Die Konzeptionierung des Islams als ‚böse' oder ‚gute' Religion zieht sich weiterhin durch die Argumentationsstrategien, die sich gegen die Existenz einer ‚islamischen Gewalt' oder einer ‚Gewalt des Islams' richten und verschiedene Modi eines ‚islamischen Friedens' verfolgen, oder sich gegen eine ‚islamische Gewalt' wenden. Das Unbehagen, das viele Muslime überkommt, wenn von einer ‚islamischen Gewalt' die Rede ist, werden Christen nachvollziehen können, wenn sie sich in einen Diskurs über ‚christliche Gewalt' versetzen können. Es ist diese empathische Überlegung, mit der

---

71 ‚Allahs wissbegierige Töchter', 2015, *Focus online*, URL: http://www.focus.de/ politik/ausland/nahost/politik-und-gesellschaft-allahs-wissbegierige-toech ter_id_4792334.html (letzter Abruf: 7.12.2017).

72 Keller, Claudia: ‚Mouhanad Khorchide: Gott ist kein Diktator', 2012, *Der Tagesspiegel*, URL: http://www.tagesspiegel.de/meinung/mouhanad-khorchide-go tt-ist-kein-diktator/7318626.html (letzter Abruf: 7.12.2017).

Papst Franziskus seine Abneigung über solcherlei Formulierungen bekundete.[73]

Die Bemühungen um Gegenargumente sind also höchst verständlich, nur verfestigen die Erklärungen zum ‚islamischen Frieden‘ oder zum ‚friedlichen Islam‘ die Konzeptionierung des Islams als Kollektivsubjekt. Es ist nicht so, dass es den nachfolgenden Argumenten wider eine ‚Gewalt des Islams‘ an Evidenzen mangelt, aber die Konzeptionierung des Islams als Kollektivsubjekt erklärt zumindest anteilig auch ihren Mangel an Wirksamkeit im öffentlichen Diskurs. Diese Schieflage soll an drei beispielhaften Argumentationsstrategien skizziert werden:

3.1 Das empirische Gegenargument: „Die große Mehrheit der Muslime ist friedlich"

Diese stereotype Formel wird häufig bemüht, um zu demonstrieren, dass der Islam keine gewalttätige Religion ist. Exemplarisch für diese Argumentation sei der vielleicht weltweit umfassendste Versuch genannt, muslimische Meinungen und Stimmen zur Gewalt (und anderen Themen) einzufangen: In der Gallup-Studie, deren Ergebnisse in dem Buch „Who speaks for Islam? What a Billion Muslims really think"[74] präsentiert wurden, ziehen die Autoren das Fazit:

> „Mainstream Muslims, who have been the primary victims of terrorism, are as concerned about extremism, violence, and terror as are Westerners. They, even more than Westerners, believe that they are responsible for fighting extremism and for modernizing their societies."[75]

Allerdings: Selbst wenn statistisch nachweisbar ist, dass der weltweite Terror tendenziell rückläufig ist[76] und dass die überwältigende Mehrheit der Muslime Gewalt ablehnt, ist es aus fundamentaltheologischer Sicht

---

73 Vgl. ‚Papst gegen Gleichsetzung von Islam und Gewalt‘, 2016, *kath.net. Katholische Nachrichten*, URL: http://www.kath.net/news/56196 (letzter Abruf: 7.12.2017).

74 Esposito, John L./Mogahed, Dalia: *Who Speaks for Islam?*, New York 2007.

75 Ebd., S. 162.

76 Allerdings bei gleichzeitig steigender Furcht, was dieses Verhältnis bei nüchtern analytischer Betrachtung absurd wirken lässt, vgl. Pinker, Steven: *Gewalt. Eine neue Geschichte der Menschheit*, Frankfurt ²2016, S. 511–536.

problematisch, von einem ‚Sprechen für den Islam‘ ausgehend Postulate aufzustellen, auch wenn diese empirisch für eine Mehrheit belegt und für den gesellschaftlichen Frieden von Interesse sind. Denn erstens halten die Fundamentaltheologen (*uṣuliyyūn*) bloße Mehrheitsverhältnisse wahrheitstheoretisch für kein hinreichendes Kriterium – selbst nicht bei den Sunniten (*ahl al-sunna*), die in ihrer Lehrausrichtung den Mehrheits- bzw. Gemeinschaftsbegriff (*wa-l-ǧamāʿa,*) namentlich integriert haben. Und zweitens handelt es sich bei ‚dem Islam‘ nicht um eine Religion, und schon gar nicht um ein Kollektivwesen, für das einzelne Entitäten stellvertretend sprechen könnten.

Es ist eben dieses Missverständnis, das erklärt, warum nach terroristischen Anschlägen, die von Personen verübt werden, die sich als Muslime geben (die Markierung ‚islamischer‘ Mittel und ‚unislamischer‘ Ziele gehört zur symbolischen Aufladung des Konflikts), das Verständnis für das Mehrheitsargument zurückgeht. Denn auch wenn die überwiegende Mehrheit der Muslime diese Gewalt ablehnt: Solange Gewalt ‚im Namen des Islams‘ verübt wird, ist offensichtlich, wenn auch schmerzhaft zuzugestehen, dass Gewalt auch mit ‚Islam‘ zusammenhängt.

Es ist eine solche Auffassung von ‚Islam‘, die die so häufig zu vernehmende Wut über die vermeintlich schweigende und in jedem Fall nicht genügend handelnde restliche Mehrheit verständlich werden lässt. „Das hat nichts mit dem Islam zu tun“ titelte der FOCUS nach dem Anschlag am 7. Januar 2015 in Paris auf die Satire-Zeitschrift Charlie Hebdo, um dieses Argument im gleichen Atemzug mit einem in Großschrift geschriebenen „Doch!“ zu entkräften. Und zwischen den beiden Sätzen der Überschrift platzierte das Magazin das Bild einer Kalaschnikow. Im Untertitel erklärt das Blatt dann, „[w]arum Muslime ihre Religion jetzt erneuern müssen“.[77]

Innerislamisch spiegelt sich diese Schieflage in der Auseinandersetzung um das Problem wider, wie sich nach Anschlägen konkret zu positionieren sei. Es geht weniger um die (wiederum von der großen Mehrheit geteilte) Verurteilung von Terrorismus[78], als um die Frage, ob man den

---

77 Focus, Nr. 4, 17. Januar 2015.

78 Die in den deutschen Verbänden organisierten Muslime riefen beispielsweise am 19. September zum Weltfriedenstag unter dem Motto „Muslime gegen Hass und Unrecht“ auf, an dem sich über 2000 Moscheen beteiligten. In sieben Städten gab es zudem Mahnwachen und Friedenskundgebungen, vgl. Verband der Islamischen Kulturzentren e. V.: ‚Muslime stehen auf gegen Hass und Unrecht‘, URL: http://vikz.de/index.php/aktuelle-pressemitteilungen-krm/items/mus

ideellen Zusammenhang der eigenen Religion, Gemeinde oder Person mit dem Terror selbstkritisch aufnehmen und sich entsprechend distanzieren soll, oder ob man sich einer Verbindung der eigenen Religion, Gemeinde oder Person grundsätzlich verwehrt, was formallogisch eine Distanzierung hinfällig werden lassen muss, da man sonst in Kauf nähme, zugeschriebene Zusammengehörigkeit zu bestätigen.[79]

3.2   Das exegetische Gegenargument: „Islam bedeutet Frieden"

Im öffentlichen Diskurs ist es oft unbefriedigend, darauf hinzuweisen, dass der Islam friedlich ist, indem man auf Einzelne oder die Mehrheit der Muslime deutet, da damit noch längst nicht begründet ist, ob diese auch wirk-

---

lime-stehen-auf-gegen-hass-und-unrecht.html (letzter Abruf: 7.12.2017). Die Direktoren aller sechs Standorte der Islamischen Theologie an deutschen Universitäten verurteilten den Extremismus des IS in einer gemeinsamen Erklärung, an die sich weitere Führungspersönlichkeiten der deutsch-muslimischen Community anschlossen, vgl. ‚Stellungnahme der VertreterInnen der Standorte für Islamisch-Theologische Studien in Deutschland zu den aktuellen politischen Entwicklungen im Nahen Osten anlässlich des Kongresses „Horizonte der Islamischen Theologie" an der Goethe-Universität', 2014, URL: http://www.uni-frankfurt.de/51847589/Stellungnahme (letzter Abruf: 7.12.2017). Vgl. zum Thema auch Thielmann, Jörn: ‚Schweigen? – Die deutschen Islamischen Verbände und die Salafisten', in: Thorsten Gerald Schneiders (Hg.): *Salafismus in Deutschland. Ursprünge und Gefahren einer islamisch-fundamentalistischen Bewegung*, Bielefeld 2014, S. 423–432. Auf globaler Ebene gab es den von 126 hochrangigen muslimischen Gelehrten aus über 40 Ländern unterschriebenen *Offenen Brief an Abu Bakr al-Baghdadi*, dem sogenannten Kalifen des IS. In diesem legten sie unmissverständlich und umfangreich dar, warum die Handlungen der Terrorgruppe unislamisch sind. Eine Übersetzung ins Deutsche findet sich unter: ‚Offener Brief an al-Baghdadi und ISIS', 2014, URL: http://madrasah.de/leseecke/islam-allgemein/offener-brief-al-baghdadi-und-isis (letzter Abruf: 7.12.2017).

79 Zu dieser innerislamischen Kontroverse siehe exemplarisch die zwei gegenüberstehenden Positionen von El Masra, Sineb: ‚Die Opferrolle der Muslime in Deutschland nervt', 2014, *Welt*, URL: http://www.welt.de/debatte/kommentare/article132542401/Die-Opferrolle-der-Muslime-in-Deutschland-nervt.html (letzter Abruf: 7.12.2017); und Mustafa, Imad: ‚Distanziert euch nicht!', 2014, Deutschlandfunk Kultur URL: http://www.deutschlandradiokultur.de/islam-distanziert-euch-nicht.1005.de.html?dram:article_id=303137 (letzter Abruf: 7.12.2017).

lich den ‚wahren' Islam repräsentieren oder bloß deswegen (noch) nicht gewalttätig sind, weil sie sich eben *nicht* an den ‚wahren' Islam halten. Dies ist eine aus fundamentaltheologischer Sicht berechtigte Überlegung. Eine Korrelation zwischen der Empirie und dem ‚wahren' Charakter einer Religion wird so häufig bezweifelt und diese Zweifel betreffen nicht nur die Gegenwart, sondern auch die Geschichte: Während sich die Muslime historisch toleranter verhielten, als sie es gemäß ihrer Lehre gedurft hätten, sei das Christentum gewalttätiger gewesen, als es das Gebot der Liebe verlangt habe.[80]

Es herrscht die Meinung, traditionelle Lehren zum Islam seien *ipso facto* gewalttätig: „Muslimische Vertreter in Deutschland müssen sich den Gewalttraditionen der eigenen Religion stellen. Solange dies nicht geschieht, bleiben die Übergänge zwischen konservativen Muslimen, Salafisten und militanten Dschihadisten fließend."[81] Manche exegetischen Auslegungen eines ‚friedlichen Islams' halten daher schon einen nichtreformierten Islam für gewalttätig.[82] In dieser Ausgangsposition verlagert sich der Druck, den Islam als ‚friedliche Religion' gegenüber einer ‚gewalttätigen Religion' herauszustellen, in die Bereiche der Exegese und Theologie und begünstigt in diesem Diskurs von vornherein Reformpositionen, und zwar weniger durch Inhalte, als durch die Funktion.[83]

---

80 Vgl. Müller, Johannes: ‚Religionen – Quelle von Gewalt oder Anwalt der Menschen? Überlegungen zu den Ursachen der Ambivalenz von Religionen', in: Johannes Müller/Michael Reder/Tobias Karcher (Hg.): *Religionen und die Globalisierung*, Stuttgart 2007, S. 120–138, hier S. 125.

81 Schmidt, Judith: ‚EKD-Beauftragter: IS hat mit Islam zu tun'. Interview mit Friedmann Eißler, 2015, *pro. Christliches Medienmagazin*, URL: https://www.pro-medienmagazin.de/gesellschaft/gesellschaft/2015/11/30/ekd-beauftrag ter-is-hat-mit-islam-zu-tun/ (letzter Abruf: 7.12.2017).

82 So Abdel-Hakim Ourghi: „Akzentuiert muss betont werden, dass der nicht reformierte Islam keine Religion des Friedens ist", in: ‚Islamischer Theologe fordert Absage an ‚radikale Koraninhalte', 2015, *CIBEDO*, URL: http://archiv.ci bedo.de/aktuelle25.html (letzter Abruf: 7.12.2017), Mouhanad Khorchide: „Das eigentliche Problem des Islams sind nicht die Extremisten, die sind nur Symptome. Das Problem sind die Reformverweigerer", in: Schenk, Anfrid: „Wir dürfen nicht zusehen". Der Theologe Mouhanad Khorchide über den schwierigen Prozess, den Islam zu reformieren', 2015, *Zeit online*, URL: http://www.zeit. de/2015/42/mouhanad-khorchide-islam-reform-extremisten (letzter Abruf: 7.12.2017).

83 Zu den Umständen und Anfängen der bis heute gängigen Umdeutung des Dschihads und der Betonung des Friedens vgl. Ess, Josef van: *Der Dschihadbe-*

Reinhard Schulze erkannte die narrative Argumentation „Islam bedeutet Frieden" scharfsinnig als „affirmative Genealogie"[84], die sich, wie er beschreibt, seit dem 19. Jahrhundert herausgebildet hat – und ich würde ergänzen: eine, die in den letzten dreißig Jahren massiv an Dichte gewonnen hat. Ihr begegnet Schulze mit einer „negativen Genealogie" und einer Kritik der semantischen Zuordnung von Islam und Frieden. „Wenn muslimische Denker den Islam als Friedensordnung bestimmten", so Schulze weiter, „dann ergibt sich insofern eine paradoxe Situation, als der Islam dann nicht mehr Wahrheitsordnung sein kann".[85]

Obwohl es sich es bei dieser Argumentation um eine vielfach perpetuierte[86] und inhaltlich zurecht ausgefüllte[87] Aussage exegetischer Natur

---

    griff der islamischen Reformer, in: Van Ess: *Dschihad gestern und heute,* Berlin/ Boston 2012, S. 97–116. An weiterer Stelle kommentiert Van Ess, dass diese gutgemeinte Umdeutung durchaus an den kolonialen Kontext erinnert: „Die Situation der Muslime in Europa ist ja im Augenblick der in Indien nach der ‚Mutiny' recht ähnlich.", S. 126.

84   Dieser Zugang beruht auf Hans Joas Interpretation von Ernst Troelschs „Der Historismus und seine Probleme" sowie „Der Historismus und seine Überwindung", vgl. Joas, Hans: ‚Weder Kant noch Nietzsche. Was ist affirmative Genealogie?', in: Joas: *Die Sakralität der Person. Eine neue Genealogie der Menschenrechte,* Berlin 2015, S. 147–203.

85   Vgl. Schulze, Reinhard: ‚Zur Relation von Islam und Frieden', in: Mariano Delgado/Adrian Holderegger/Guido Vergauwen (Hg.): *Friedensfähigkeit und Friedensvisionen in Religionen und Kulturen,* Stuttgart 2012, S. 137–148, hier S. 138.

86   Vgl. Yoldas, Mustafa: „Islam bedeutet Frieden", bei: ‚Bischöfin Kirsten Fehrs, Weihbischof Hans-Jochen Jaschke, Schura-Vorsitzender Musfafa Yoldas, Carola Roloff und Fernando Enns im Gespräch mit Wolfram Weiße, Vertreterinnen und Vertreter aus den Religionen zu Gewaltfreiheit und Gewalt. Ein Podiumsgespräch', in: Fernando Enns/Wolfram Weiße (Hg.): *Gewaltfreiheit und Gewalt in den Religionen: Politische und theologische Herausforderungen,* Münster 2016, S. 29–37, hier S. 35; Mazyek, Aiman: ‚Der Islam – das bedeutet Frieden', in: Mazyek: *Was machen Muslime an Weihnachten? Islamischer Glaube und Alltag in Deutschland,* München 2016, S. 77.

87   Vgl. Ragab, Ab del-Halim: ‚Die Lehre vom ‚ǧihād' im Islam. Eine kritische Diskussion der Quellen und aktueller Entwicklungen', in: Andreas Renz/Stephan Leimgruber (Hg.): *Lernprozess Christen Muslime. Gesellschaftliche Kontexte – Theologische Grundlagen – Begegnungsfelder,* Münster 2002, S. 57–72; Khoury, Adel Theodor: *Mit Muslimen in Frieden leben: Friedenspotentiale des Islam,* Würzburg 2002; Schnurer, Jos: ‚Friede uns [sic!] Hingabe im Islam', in: Joachim Dabisch (Hg.): *Friede und Gerechtigkeit: für eine Friedenspolitik im Dialog,* Oldenburg 2006, S. 15–20; Hübsch, Hadayatullah: *Religion des Friedens,* Frank-

handelt, sei abschließend noch auf ihren Ursprung verwiesen. Dieser liegt nämlich in einer vorranging politisch begründeten Herausstellung und Abgrenzung des Islams als ‚Frieden' vom Islam als ‚Terror'. Eben in dieser binären Wirklogik wurde das Statement von George W. Bush in Konjunktur gebracht:

> „The English translation is not as eloquent as the original Arabic, but let me quote from the Koran itself: In the long run, evil in the extreme will be the end of those who do evil. For that they rejected the signs of Allah and held them up to ridicule. The face of terror is not the true faith of Islam. That's not what Islam is all about. Islam is peace. These terrorists don't represent peace. They represent evil and war."[88]

Wenn al-Baghdadi Jahre später diese Aussage revidiert und postuliert, dass der Islam schon immer eine „Religion des Kampfes" gewesen sei[89], dann stellt sich die Frage, ob der sogenannte ‚Kalif' diese theologische Gegenposition nicht ebenso aus politischem Kalkül verlautbaren ließ. Beide kämpfen um das Recht, für die Ressource ‚Islam' zu sprechen, führen Kriege und bekommen von unterschiedlicher Seite Recht zugesprochen. Islam selbst kann auch hierzu nicht anders als schweigen.

---

furt a. M. 2005; Alboga, Bekir: ‚Islam als Religion des Friedens', in: Reinhard Hempelmann/Johannes Kandel (Hg.): *Religionen und Gewalt, Konflikt- und Friedenspotentiale in den Weltreligionen*, Göttingen 2006, S. 229–238; Abu-Zaid, Nasr: ‚jihad': Sinn und Bedeutung aus der Perspektive der Koranwissenschaft', in: Christine Abbt/Donata Schoeller (Hg.): *Im Zeichen der Religion: Gewalt und Friedfertigkeit in Christentum und Islam*, Frankfurt/New York 2008, S. 14–33; Salameh, Noah/Mohammed Khalil Saleh Khaneh (Hg.): *Frieden im Islam*, Berlin 2008; Kadayifci-Orellana, Ayse S.: ‚Frieden und Gewalt im Islam', in: Reinhold Mokrosch/Thomas Held/Roland Czada: *Religionen und Weltfrieden. Friedens- und Konfliktlösungspotenziale von Religionsgemeinschaften*, Stuttgart 2013, S. 137–156; Mohagheghi, Hamideh/von Stosch, Klaus (Hg.): *Gewalt in den Heiligen Schriften von Islam und Christentum*, Paderborn 2014; Hamdan, Omar: ‚Zur Gewaltdebatte in der klassischen und modernen Koranexegese', in: Ina Wunn/Beate Schneider (Hg.): *Das Gewaltpotenzial der Religionen*, Stuttgart 2015, S. 57–74.

88 „„Islam is Peace" Says President. Remarks by the President at Islamic Center of Washington, D.C.', 2001, URL: https://georgewbush-whitehouse.archives.gov/news/releases/2001/09/20010917-11.html (letzter Abruf: 7.12.2017).

89 Vgl. ‚Islamic State releases 'al-Baghdadi message'', 2015, *BBC* news, URL: http://www.bbc.com/news/world-middle-east-32744070 (letzter Abruf: 7.12.2017).

3.3 Das performative Gegenargument: „Islam ist Frieden"

Die Schwäche der vorherigen Argumentationsweisen liegt darin, dass sie nicht nur zur Relativierung von Wahrheitsansprüchen oder der Aussetzung von Quelltexten nötigt, sondern auch zu einer Performanz von Frieden. Ein weiterer Modus der Argumentation besteht somit darin, Islam nicht bloß zum Frieden zu erklären, sondern dies zudem in irgendeiner Weise zu demonstrieren. Dieser Druck erklärt das bei einigen Muslimen vorzufindende und manchmal ostentative Bestreben, sich friedlich zu geben, oder das Gefühl, trotz knapper Kapazitäten nahezu jeder Einladung zum Dialog freudig nachkommen zu müssen.

Ähnlich verhält es sich mit dem Ausruf „Islam ist Frieden", der in verschiedenen Varianten auf Aufklebern zu finden ist, die auf Fortbewegungsmitteln, Türen und Konsumgütern platziert werden. Es gibt auch Textilwaren, auf denen Verse des Korans mit einem Friedensbezug stehen, oder Songs, in denen gegen Gewalt und für den Frieden gerappt wird.[90] Gleichsam wird bei Friedensgebeten und öffentlichen Friedensbekundungen mit muslimischer Beteiligung viel Wert auf sichtbare religiöse Symbolik gelegt.

Ein weiteres Beispiel für einen performativen Akt gegen die Gewalt bzw. für den Frieden sind die Manifeste und offenen Briefe, die von hochrangigen muslimischen Würdenträgern unterzeichnet werden. Nachdem Papst Benedikt XVI. am 12. September 2006 im Rahmen einer Vorlesung ein missverständliches Zitat zur Gewalt im Islam verwendete, wandten sich 138 muslimische Gelehrte mit einem offenen Brief an den Papst und andere Führer christlicher Kirchen.[91] Viele dieser Gelehrten wandten sich in einem anderen offenen Brief, der von muslimischen 120 Gelehrten unterzeichnet wurde, an Abu Bakr al-Baghdadi, nachdem er sich zum Kalifen ausgerufen hatte.[92] Der

---

90 Vgl. Spenlen, Klaus: *Integration muslimischer Schülerinnen und Schüler: Analyse pädagogischer, politischer und rechtlicher Faktoren*, Münster 2010, S. 261–262.

91 Vgl. *A Common Word Between Us and You*, URL: http://www.acommonword.com/ (letzter Abruf: 7.12.2017).

92 Offener Brief an Dr. Obrahim Awwad al-Badri alias ‚Abu Bakr al-Baghdadi' und an die Kämpfer und Anhänger des selbsternannten ‚Islamischen Staates', URL: www.lettertobaghdadi.com (letzter Abruf: 7.12.2017). Für eine deutsche Übersetzung des Briefes siehe, 2014, URL: http://madrasah.de/leseecke/islam-allgemein/offener-brief-al-baghdadi-und-isis (letzter Abruf: 7.12.2017). Vgl. dazu auch den Kommentar von Amirpur, Katajun: ‚Islam und Gewalt. Der Fundamentalismus der Krieger und der Kritiker', in: Jan-Heiner Türck: *Ster-

Effekt solcher Initiativen der öffentlichen Stellungnahme ist, dass sie als „Sensation"[93] wahrgenommen werden.

Diese Zusammenschlüsse zeigen, dass hochrangige muslimische Gelehrte in gewichtigen Fragen versuchen, mit einer Stimme zu sprechen, und damit eine autoritäre Position einnehmen, mit der man sich an einen Papst oder einen Kalifen wenden kann. Die wichtigste Zielgruppe ist bei diesem öffentlichen Statement aber die allgemeine Öffentlichkeit. Unter Umständen scheint der Druck zu öffentlichen Stellungnahmen so groß zu sein, dass muslimische Institutionen Beschlüsse fassen, die formal ihre Kompetenzen überschreiten. Muslimische Institutionen vollziehen so einen Prozess der Verkirchlichung, was ein weiteres Indiz für die Neuerfindung des Islams in und durch diese Diskurse ist.

Als Beispiel dafür sei auf Terroristen verwiesen, die einen kirchlichen Würdenträger ermordeten oder einen Putsch gegen die Regierung versuchten und damit ein Blutvergießen in Kauf nahmen. In beiden Fällen wurde diesen das öffentliche Totengebet versagt und sie sollen als Mahnmal in ‚Friedhöfen der Schande' begraben werden.[94] Die Verurteilung solcher Untaten ist nicht das Wesentliche. Entscheidend ist vielmehr, dass performative Argumente im islamkritischen Diskurs das Recht außer Kraft setzen, um politische Korrektheit zu demonstrieren.

4. Wider die Versuchungen generischer Referentialität

Mit dem vorher Gesagten soll nicht verkannt werden, dass ein wie auch immer gearteter Bezug von Islam und Gewalt hergestellt wird. Das Augenmerk sollte vielmehr darauf gerichtet werden, dass es einen Diskurs gibt,

---

ben für Gott – Töten für Gott? Religion, Martyrium und Gewalt, Freiburg 2015, S. 42–52, hier S. 45–51.

93 Lau, Jörg: ‚Keine Gewalt. Die Sensation von Istanbul: Muslimische Würdenträger und Intellektuelle verabschieden ein Manifest gegen den fundamentalistischen Terror', 2006, *Zeit online*, URL: http://www.zeit.de/2006/28/Tagung-Muslime (letzter Abruf: 7.12.2017).

94 Vgl. ‚Muslime verweigern Beisetzung von Kirchenattentäter', 2016, *dieStandard.at*, URL: http://derstandard.at/2000042068772/Muslime-verweigern-Beisetzung-von-Kirchenattentaeter-inSaint-Etienne (letzter Abruf: 7.12.2017); ‚Türkei errichtet einen „Friedhof der Verräter"', 2016, *Süddeutsche Zeitung*, URL: http://www.sueddeutsche.de/panorama/nach-putschversuch-tuerkei-errichtet-einen-friedhof-der-verraeter-1.3099601 (letzter Abruf: 7.12.2017).

in dem ein solcher überhaupt hergestellt werden *kann*. Es geht also nicht allein um den Islam als Referenz, sondern auch um die Referentialität, die immer auch eine Identifizierung von, mit, für oder gegen ‚den Islam‘ mit sich zieht.

Das Problem besteht nicht allein darin, dass ein ‚Herr Islam‘ inexistent ist, sondern das gleichzeitig jeder für/gegen (in unserem Fall für den ‚friedlichen‘ respektive ‚gewalttätigen‘) Islam spricht, wie die französische Soziologin Donia Bouzar in ihrem Appell zu Entislamisierung der Debatten eindrücklich gezeigt hat.[95] Stefan Weidner beschrieb dieses Sprechen über, stellvertretend, für oder gegen den Islam als ein Sprechen ohne Mandat.[96] Das Konfliktpotenzial liegt daher nicht ‚im Islam‘ sondern in dem Diskurs, der dieses Phantasma hervorbringt.[97] Durch die Medien, insbesondere durch das Internet, wird dieser großangelegte Neuerfindungsversuch des Islams noch weiter katalysiert.[98] Die Suche nach „Was sagt der Islam über" (z. B. Gewalt) oder „XY (z. B. Gewalt) im Islam" bringt exorbitante Ergebnisse hervor.

Milad Karimi bemerkte in einer Entgegnung dazu kurz und prägnant: „Der Islam ist aber nicht Gott."[99] Van Ess wies darauf hin, dass kein Muslim je von „Allah-Kriegen" in Übertragung der heiligen Kriege gesprochen hat.[100] Und Hamza Yusuf wandte diese Kritik an einer obsessiven Rede über den Islam an muslimische Gemeinschaften, denen er attestierte, dass sie viel mehr über den Islam und wenig über Gott sprechen.[101] Bei einer ande-

---

95   Vgl. Bouzar, Dounia: *‚Monsieur Islam‘ n'existe pas. Pour une désislamisation des débats*, Paris 2004, S. 180–183.

96   Vgl. Weidner, Stefan: *Manual für den Kampf der Kulturen. Warum der Islam eine Herausforderung ist*, Frankfurt am Main 2008, S. 207–11.

97   Vgl. Al-Azmeh, Aziz: *Die Islamisierung des Islam. Imaginäre Welten einer politischen Theologie*, Frankfurt 1996.

98   Vgl. Kalwa, Nina: *Das Konzept „Islam". Eine diskurslinguistische Untersuchung. Deutsche und französische Pressetexte zum Thema ‚Islam'. Die Wirkungsmacht impliziter Argumentationsmuster*, Berlin/Boston 2013.

99   Karimi, Ahmad Milad: ‚Der Islam will die Weltherrschaft: 10 Behauptungen und Antworten‘, 2015, *SRF*, URL: http://www.srf.ch/kultur/gesellschaft-religion/welten-des-islam/der-islam-will-die-weltherrschaft-10-behauptungen-und-antworten (letzter Abruf: 7.12.2017).

100   Vgl. Ess, Josef van: *Dschihad gestern und heute*, Berlin/Boston 2012, S. 60.

101   Dieses Argument habe ich einem seiner Vorträge entnommen: Trotz eingehender Recherche ist es nicht mehr gelungen, die entsprechende Referenz herauszufinden.

ren Gelegenheit bemängelte er den Tribalismus unter Muslimen (als *banū islām*), der aus seiner Sicht den Zweck der Offenbarung konterkariert.[102] Das Konfliktpotenzial besteht aus dieser Perspektive nicht ‚im Islam', sondern in der Identitätsbildung,[103] d. h. in der Identifizierung mit oder gegen den Islam und der darauf aufbauenden Gruppenzugehörigkeit.[104] Die politische Schlussfolgerung aus dieser Überlegung ist, dass es nicht notwendig ist, Muslim zu sein, um Islamist zu sein.

In diesem Beitrag wurde nicht darauf eingegangen, was der Islam *ist*, sondern vielmehr darauf, was er vielfach in einer generischen Sprache *geworden ist*. Als Goethe in einer Zeit, in der man meinte, über die Sprache das Wesen einer anderen Weltanschauung erfassen zu können, den Hafiz sprechen ließ, kam dieser einer Beschreibung des Islambegriffs nahe, dem viele Muslime zustimmen würden:

> Närrisch, dass jeder in seinem Falle,
> Seine besondere Meinung preist,
> Wenn Islam Gott ergeben heißt,
> In Islam leben und sterben wir alle.[105]

Entscheidend scheint mir an diesem Gedicht weniger die Rückführung auf die semantische Bedeutung der Gottergebenheit, die hier als eine universale Gegebenheit erscheint, über die zu streiten absurd sei. Auch die Kondition „wenn" ist nicht mein Punkt. Beachtung gilt vielmehr der Präposition, mit der „Islam" eingeleitet wird. Denn es heißt hier nicht „im Islam", sondern „*in* Islam". Übertragen auf die Rede von der ‚Gewalt im Islam' wäre dies in etwa so sinnvoll (oder sinnlos) wie eine problematisierende Rede von einer ‚Gewalt in der Demut'.

Es ist nicht auszuschließen, dass es eine Gewalt in Demut gibt, aber ich behaupte, dass sie äußerst selten ist. Die Mystiker versuchten oftmals, der Selbstüberhöhung und Identifizierung des Selbst mit etwas Absolutem auf die Schliche zu kommen und jeden noch so subtilen Versuch, sich mit Größerem zu identifizieren, zu entlarven, indem sie die Verhältnisbestimmung

---

102 Shaykh Hamza Yusuf: ‚Islam REJECTS Violence 2/2', URL: https://www.you tube.com/watch?v=Iv8HtUlpHo8 (nicht abrufbar).

103 Vgl. Gabriel, Karl/Spieß, Christian/Winkler, Katja (Hg.): *Religion – Gewalt – Terrorismus. Religionssoziologische und ethische Analysen*, S. 11.

104 Vgl. Sacks, Jonathan: ‚Violence and Identity', in: Sacks: *Not in God's Name: Confronting Religious Violence*, New York 2015, S. 27–43.

105 Weitz, Hans Joachim (Hg.): *Goethe: West-östlicher Divan*, Frankfurt ⁸1988, S. 59.

zwischen dem Menschen und dem Absoluten geraderückten und dadurch den Raum für die Moral eröffneten.[106] Wahrhaftige Gelehrsamkeit sollte daher neben der Aneignung von theoretischem Wissen immer gepaart sein mit einer Schulung zur Demut, um den Fallstricken der Macht zu entkommen. Denn die Deutungshoheit verleiht Macht – und wer Macht hat, der strebt auch danach, mit der Deutungshoheit andere statt sich selbst zu kontrollieren. Es ist dieser retrospektive Blick, aus dem heraus sich das Konzept des Dschihads gegen sich selbst entwickelt hat.[107] Es ist eine Perspektive und Haltung, die den Weg zu einer Selbstentgrenzung *im* Islam verhindert, weil sie *in* Islam nicht sein darf.

Im dschihadistischen Diskurs hingegen ist die Richtung entgegengesetzt. Eine Handlung in Islam wird aufgelöst, weil man sich und/oder andere mit Letzterem gleichsetzt: „Im Dschihadismus wird nicht nur die Priorisierung umgedreht, so dass der kleine Dschihad nun an erster und der große an zweiter Stelle rangiert. Nein, der große Dschihad wird im kleinen aufgehoben."[108] Von dem Vetter und Schwiegersohn des Propheten, ʿAlī b. Abī Ṭālib, wird erzählt, dass er in einem Zweikampf während einer Schlacht seinen Gegner zu Boden streckte und gerade im Begriff war, ihn zu töten, als ihm dieser ins Gesicht spuckte. Darauf steckte ʿAlī sein Schwert in die Scheide zurück, wissend, dass persönliche Rache als Motiv den Kampf für die Sache Gottes aufgehoben hätte.[109] Im Kern steckt dahinter keine Relativierung des Absoluten, etwa indem einzelne koranische Passagen ausgeblendet werden, sondern eine *Selbstrelativierung* im Verhältnis zum Absoluten.

---

106 Vgl. Gingesa, Jeremy u. a.: ‚Thinking from God's perspective decreases biased valuation of the life of a nonbeliever', in: Lee D. Ross: *Proceedings of the National Academy of Sciences*, Bd. 113, Nr. 2.(Januar 2016), S. 316–19. Rauf Ceylan sei für den Hinweis auf diese Studie gedankt.

107 Zu den Anfängen und der Diskussion: Ess, Josef van: *Dschihad gestern und heute*, S. 74–77.

108 Manemann, Jürgen: *Der Dschihad und der Nihilsmus des Westens. Warum ziehen junge Europäer in den Krieg?*, Bielefeld 2015, S. 65. Zu dem Prozess in der Frühzeit vgl. Ess, Josef van: *Theologie und Gesellschaft im 2. Und 3. Jahrhundert Hidschra: eine Geschichte des religiösen Denkens im frühen Islam*, Bd. 1, Berlin 1991, S. 141–147.

109 Vgl. Kippenberg, Hans G./Seidensticker, Tilman (Hg.): *Terror im Dienste Gottes. Die ‚Geistliche Anleitung' der Attentäter des 11. September 2001*, Frankfurt 2004, S. 25–26.

Erol Yildiz

Vom methodologischen Orientalismus zur muslimischen Alltagspraxis

„Ich brauchte niemals Aufklärung darüber, dass das, was ist, nicht alles ist"[1]

1.　Einführung

Für den Migrations- und Integrationsdiskurs im deutschsprachigen Raum spielten seit jeher zwei Differenzkategorien eine zentrale Rolle: die ethnische und die religiöse, die je nach Fragestellung und politischer Lage miteinander verknüpft wurden. Bis heute ist diese Praxis sowohl in wissenschaftlichen Analysen, politischen Diskussionen und medialen Berichten als auch in pädagogischen Diskursen und in der alltäglichen Kommunikation zu beobachten.

Solche Differenzkategorien und ihre spezifische Verknüpfung schaffen eine gewisse Normalität, die als Wegweiser der Wahrnehmung fungiert. Pauschalisierende Aussagen über den Islam und Muslime haben sich im Laufe der Zeit zu einem homogenen Bild, ja sogar zu einer Art Aberglauben verdichtet. Je mehr europäische Gesellschaften im Rahmen globaler Öffnungsprozesse zu einem Ort kultureller und religiöser Diversität werden, desto lauter werden Stimmen, die den Mythos nationaler Homogenität beschwören und die Anwesenheit von Zuwanderern und Muslimen als Gefahr empfinden.[2]

Dieser Beitrag richtet den Fokus auf polarisierende Deutungen nach dem Muster *Wir* (Christen) und *Die* (Muslime) bzw. deren scheinbar neutrale Variante *Einheimische* und *Migranten*, um ihren gesellschaftlichen und politischen Kontext zu enthüllen und die historische Kontinuität hegemonialer Vorstellungen über Islam und Muslime im deutschsprachigen Raum erkennbar zu machen. Dabei geht es nicht um eine systematische Analyse; es soll vielmehr veranschaulicht werden, wie sich Differenzkategorien von

---

1　Kermani, Navid: *Wer ist wir? Deutschland und seine Muslime*, München 2009, S. 10.

2　Vgl. Göle, Nilüfer: *Anverwandlungen: Der Islam in Europa zwischen Kopftuchverbot und Extremismus*, Berlin 2008, S. 10.

Migration, Ethnizität und *Religion* gesellschaftlich formiert haben, welche Gestalt diese Konstruktionen heute annehmen und wie solche Klassifikationen je nach Kontext strategisch kombiniert werden.

2. Methodologischer Orientalismus: das eurozentrische Weltbild als erkenntnistheoretische Basis

„Diese Gleichsetzung von Weltgeschichte mit der westlichen Welt schließt ein, dass das westliche Geschichtsbewusstsein wesentlich selbst-referentiell war und geblieben ist. [...] In einem solchen Verständnis der Welt wurden – und werden – alle anderen Gesellschaften, die sich der Moderne anschließen, darauf festgelegt, ihre Zukünfte im Spiegel westlicher Gegenwart zu entdecken."[3]

Eurozentrische und orientalisierende Deutungen durchziehen weiterhin den öffentlichen Diskurs über Islam und Muslime. Es sind Bilder, die das Verhältnis zwischen ‚Westen‘ und ‚Nicht-Westen‘ historisch stark geprägt haben. Dieses eurozentrische Weltbild gründet auf der Annahme, dass die historische Entwicklung, die als charakteristisch für das westliche Europa und das nördliche Amerika betrachtet wird, ein Konzept ist, an dem die Geschichten anderer Gesellschaften gemessen und (ab)gewertet werden können. Die Besonderheiten und historischen Unterschiede anderer Gesellschaften werden in einer Sprache des Mangels beschrieben und als rückständig behandelt.[4] Der Rest der Welt erscheint aus dieser Sicht als eine Art „misslungene Kopie des Westens"[5]. So ist das europäische *Wir* zu einem universellen Phänomen avanciert, das dazu diente, *Anderen* ihre Perspektiven und Geschichten abzusprechen.[6] „Sie schließen alles aus, was Europa nicht eindeutig nachbildet und als europäisch erkannt

---

3   Wong, Diana: ‚Die Zukünfte der Globalisierung – Überlegungen aus der Perspektive Südostasiens‘, in: Jörn Rüsen/Hanna Leitgelb/Norbert Jegelka (Hg.): *Zukunftsentwürfe: Ideen für eine Kultur der Veränderung*, Frankfurt/Main 1999, S. 53–61.

4   Vgl. dazu Conrad, Sebastian/Randeria, Shalini: ‚Geteilte, Geschichten – Europa in einer postkolonialen Welt‘, in: Conrad/Randeria: *Jenseits des Eurozentrismus: Postkoloniale Perspektiven in den Geschichts- und Kulturwissenschaften*, Frankfurt am Main/New York 2002, S. 9–49.

5   Ong, Aihwa: *Flexible Staatsbürgerschaften*, Frankfurt am Main 2005, S. 47.

6   Chambers, Iain: *Migration, Kultur, Identität*, Tübingen 1996, S. 154.

wird"[7], stellte der französische Romanautor Mathias Enard kürzlich in einem Interview mit der Tageszeitung *Der Standard* fest.

Dieses binäre Denkkonzept, demzufolge nur westliche Gesellschaften als modern, hochentwickelt und fortschrittlich gelten, während der ‚Rest der Welt' als traditionsorientiert, unterentwickelt und zurückgeblieben erscheint, verleiht der Moderne westlicher Provenienz automatisch einen universellen Status. Da die westliche Erfahrung den Maßstab für Normalität und Universalität vorgibt, rücken alle anderen historischen Erfahrungen gewissermaßen als pathologisch, defizitär oder partikular ins Blickfeld.[8]

Die Ausgliederung des als *anders* Wahrgenommenen aus dem universellen *Wir* wurde und wird somit durch die Organisation des europäischen Wissens auch theoretisch festgeschrieben. Wie solche Vorstellungen, Weltbilder und Kollektivsymbole entstehen, wachsen, sich normalisieren und welche Bedeutung sie entfalten, hat Edward Said in seiner bemerkenswerten Studie über den „Orientalismus"[9] eindrucksvoll gezeigt. Die über *den Orient* und damit über *den Islam* über lange Zeiträume hinweg produzierten und in alle Welt verbreiteten Texte repräsentieren nicht die differenzierte Wirklichkeit, sondern bringen kollektive westliche Phantasien zum Ausdruck.[10]

Die Herausbildung solcher Dominanzdiskurse (diskursive Formationen) und deren schrittweise Veralltäglichung und Normalisierung (diskur-

---

7   Reif, Ruth Renée: ‚Mathias Enard: „Immer gibt es einen Orient"', Interview, 2016, *dieStandard.at*, URL: http://derstandard.at/2000043756286/Mathias-Enard-Immer-gibt-es-einen-Orient (letzter Abruf: 21.11.2017).

8   Vgl. Arkoun, Mohammed: ‚Westliche Vernunft kontra islamische Vernunft? Versuch einer kritischen Annäherung', in: Michael Lüders (Hg.): *Der Islam im Aufbruch?: Perspektiven der arabischen Welt*, München 1992, S. 261–274, hier S. 263.

9   Said, Edward W.: *Orientalismus*, Frankfurt am Main/Berlin/Wien 1978 (dt. 1981).

10   Edward Said untersuchte u. a. das akademische Forschungsfeld der Orientalistik, die sich mit der arabisch-islamischen Welt befasste und deren Ergebnisse in Literatur und Kunst breiten Einzug hielten. Er wies nach, auf welche Weise sich eine ‚orientalistische' Denkweise formierte, die auf binären ontologischen und epistemologischen Unterscheidungen gründet. „Orientalismus war eine Methode zur Verdinglichung und Essentialisierung des Anderen [...] und damit ein Versuch, die tief verankerte Überlegenheit der westlichen Welt zu demonstrieren", so das Argument von Wallerstein, Immanuel: *Die Barbarei der anderen: Europäischer Universalismus*, Berlin 2007, S. 87.

sive Praktiken) liefern Belege dafür, wie imaginäre Bilder, Geographien und kolonialistische Haltungen im Umgang mit Migration, Islam und Muslimen strategisch und situativ eingesetzt werden. Ähnlich argumentiert Mohammed Arkoun, wenn er schreibt:

> „Der Raum und die Zeit, innerhalb derer sich die kollektiven Wahrnehmungen ausgebildet haben, das eigene Selbstverständnis formuliert wurde, prägende Weltbilder entstanden, sie sind ganz wesentlich von der westlichen Vernunft geprägt und monopolisiert worden, festgeschrieben in einem wissenschaftlichen Diskurs, den der Westen seit dem 18. Jahrhundert geführt, gestaltet und nach außen abgegrenzt hat."[11]

Die Unterscheidung zwischen ‚modern westlichen' und ‚vormodern traditionellen' Gesellschaften ist nur ein Aspekt eines ganzen Theoriekomplexes. Die Institutionalisierung dieser binären Denkart ist, wie Conrad und Randeria gezeigt haben, als eine gesamteuropäische Angelegenheit zu betrachten.[12] Entsprechend finden wir nicht nur in der Alltagssprache, sondern auch in wissenschaftlichen Abhandlungen, medialen Berichten und politischen Debatten bis heute eine Klassifizierung geografischer Räume mit Begriffen wie *der Westen, der Okzident, die Erste Welt* als das ‚Zentrum', der *Osten, der Orient* oder *die Dritte Welt* dagegen als die ‚Peripherie'.

Diese Geisteshaltung schuf die Koordinaten der gesellschaftlichen Wahrnehmung und erzeugte reale soziale Konsequenzen. Binäre Trennungen nach dem Muster *wir Christen/die Muslime* legten die Grundlage dafür, wie religiöse Orientierungen muslimischer Migranten im europäischen Kontext gedeutet und welche politischen und pädagogischen Konsequenzen daraus gezogen wurden und werden.

3. Der Blick von oben: zum Verhältnis zwischen Medien und Wissenschaft

„Soziale Konflikte, die mit ‚Kultur' und ‚Religion' in Verbindung gebracht werden können, erreichen eine erhöhte öffentliche Aufmerksamkeit und lassen sich vergleichsweise schnell politisieren. Ihnen wird ein Konfliktpotenzial zugeschrieben, welches von vornherein das Kriterium der politischen Rele-

---

11 Arkoun: ‚Westliche Vernunft', S. 265.

12 Conrad u. a.: ‚Geteilte Geschichten', S. 21 f.

vanz zu erfüllen und sie zu Kandidaten für außeralltägliche Dialoge zu machen scheint."[13]

Die Anschläge vom 11. September 2001 haben Konstruktionen des Islam als Feindbild und als Gefahr der westlichen Zivilisation erneut in die Öffentlichkeit gerückt. Die Folgen sind bis heute spürbar: So ist ein ausgeprägter Islam-Mythos entstanden, der nicht nur die medialen, sondern auch die wissenschaftlichen Auseinandersetzungen über Islam und Muslime geprägt hat.[14] „Der Islam wird in einem solchen Diskurs schrittweise zur Inkarnation des Fremden und damit zur Inkarnation von Integrationsbarrieren stilisiert"[15], so benannte Bukow treffend die gesellschaftlichen Konsequenzen. Aktuelle Fluchtbewegungen und Terroranschläge in Europa haben die öffentlichen Debatten über den Islam weiter aufgeheizt und sind inzwischen zum Dauerbrenner in Medien und Wahlkämpfen geworden.

Neben dem inflationär gebrauchten Begriff ‚Menschen mit Migrationshintergrund' taucht in öffentlichen Diskursen zunehmend auch die Bezeichnung ‚Menschen mit muslimischem Hintergrund' auf, die die Bedeutung religiöser Differenz betonen soll. Obwohl diese Bezeichnung auf den ersten Blick neutral erscheinen mag, ergeben sich bei genauerer Beobachtung einige Probleme:

Zunächst werden Personen und unterschiedlichste Lebensstile, die im Alltag oft kaum etwas miteinander zu tun haben, *generalisierend zu einer Kategorie zusammengefasst*. So wird eine *künstliche Gruppe erzeugt*, die schrittweise zum Gegenstand wissenschaftlicher Analysen, politischer Debatten und pädagogischer Maßnahmen geworden ist. Zahlreiche Studien der vergangenen Jahre über Musliminnen und Muslime folgen diesem Schema. Umgekehrt würde es aber kaum jemandem in den Sinn kommen, so pauschal von ‚Menschen mit christlichem Hintergrund' zu sprechen und zahlreiche Studien zu Christen bzw. christlichen Lebenswelten durchzuführen. Franz Hamburger brachte es ironisch auf den Punkt: „Beispielsweise gehört zu einer interkulturellen Woche im Kindergarten selbstverständlich der Besuch in einer Moschee oder in einer türkischen Familie

---

13 Radtke, Frank-Olaf: *Kulturen sprechen nicht: Die Politik grenzüberschreitender Dialoge*, Hamburg 2011, S. 98.

14 Vgl. Bukow, Wolf-Dietrich: ‚Der Islam – ein bildungspolitisches Thema', in: Wolf-Dietrich Bukow/Erol Yildiz (Hg.): *Islam und Bildung*, Wiesbaden 2003, S. 57–80, hier S. 63 ff.

15 Ebd., S. 62.

dazu, während keine deutsche Familie auf die Idee käme, ihre Wohnung zum Kennenlernen ihrer ‚deutschen Sitten' zu öffnen."[16]

In diesem Zusammenhang wird *religiöse Differenz hervorgehoben und überbetont*, um auf spezifische Probleme oder Konflikte mit Islam oder Muslimen zu verweisen.

Dabei scheint das bisher im Migrationskontext bekannte Paradigma der Kulturdifferenz von ethnisch-nationalen Kategorien abzurücken und durch das Paradigma religiöser Differenz ersetzt zu werden, was in der Fachliteratur unter dem Vorzeichen der „Muslimisierung der Gesellschaft" in Verbindung mit „muslimischen Parallelgesellschaften" diskutiert wird.[17] Auf diese Weise sind aus Gastarbeitern erst Südländer, dann Ausländer und nun Muslime geworden und eine vermeintlich ‚muslimische Andersartigkeit' scheint als relevante gesellschaftliche Kategorie über Generationen hinweg fixiert.

Aus dieser Logik heraus wird bei muslimisch orientierten Jugendlichen und Heranwachsenden, auch wenn sie seit Generationen in Österreich oder Deutschland leben, eine völlig andere Erfahrungswelt vermutet, ein diskrepantes Erfahrungswissen, das als schwer vereinbar gilt mit dem der ‚einheimischen Jugendlichen', welches dagegen zur Norm erhoben wird. Daraus werden Problemfelder definiert, die in der Regel wissenschaftlichen Analysen dienen und an denen sich politische und soziale Maßnahmen orientieren. „Über ihren Namen werden sie auf die Herkunft ihrer Eltern gepolt, bekommen das Label ‚Migrationshintergrund' und gelten somit als nicht vollständig integriert und nicht als Bürger anerkannt"[18], so Nilüfer Göle.

Freilich wird die besondere Bedeutung der familiären Herkunft für biographische Orientierungen im Allgemeinen hervorgehoben, aber nicht in Bezug auf muslimisch geprägte Familien, bei denen mehr oder weniger explizit davon ausgegangen wird, dass sie durch ihre herkunftsspezifische und religiöse Orientierung prinzipiell nicht in der Lage sind, ihre Kinder angemessen zu unterstützen. So werden muslimisch orientierte Familien gegenüber einheimischen automatisch als defizitär dargestellt. Es

---

16 Hamburger, Franz: *Abschied von der interkulturellen Pädagogik: Plädoyer für einen Wandel sozialpädagogischer Konzepte*, Weinheim/München 2009, S. 130.

17 Vgl. kritisch dazu Schiffauer, Werner: *Parallelgesellschaften: Wie viel Wertekonsens braucht unsere Gesellschaft? Für eine Kluge Politik der Differenz*, Bielefeld 2008.

18 Göle, Nilüfer: *Europäischer Islam. Muslime im Alltag.*, Berlin 2016, S. 256.

wird eine Differenz konstruiert, die kaum mit den Lebenswirklichkeiten der Betreffenden korrespondiert, die aber besonders wirkmächtig ist und resistent erscheint gegenüber alternativen Perspektiven. Ein solches Differenzdenken hat einen nicht zu unterschätzenden *Realitätseffekt*: Es generiert Möglichkeiten der Wahrnehmung und lässt andere Lebens- und Wirklichkeitskonstruktionen außen vor.

In der Folge wird dann die besondere Bedeutung des ‚Dialogs mit dem Islam' oder mit ‚dem islamischen Kulturkreis' beschworen – Religionen oder Kulturen, die anscheinend wie Kollektivakteure handeln und denken. „So wenig Kulturen kämpfen, so wenig sprechen sie"[19], hat Frank-Olaf Radtke dem treffend entgegnet.

Es steht außer Frage, dass die Massenmedien einen nicht zu unterschätzenden Einfluss auf das öffentliche Bild von Migration, Islam und Muslimen ausüben. Navid Kermani hat festgestellt, dass die mediale Berichterstattung schon längst das Format einer Kampagne angenommen hat, insbesondere was die Bildsprache betrifft.[20] In weiten Teilen der Berichterstattung herrscht ein dramatischer Grundton. Vor allem junge Muslime tauchen in negativen Zusammenhängen von Gewalt, Kriminalität und Fundamentalismus auf – und nicht mehr nur männliche Jugendliche sind hiervon betroffen: „Jung, weiblich, gewaltbereit", titelte etwa die österreichische Tageszeitung *Der Kurier* vom 21. September 2014.[21]

In visueller Hinsicht, auf der Ebene der Bildrepräsentationen, entfaltet sich eine Breitenwirkung, die nicht immer plakativ bedrohlich wirkt, sondern auch in subtileren Motiven in Erscheinung tritt. Betende Männer werden meist von hinten oder oben herab abgelichtet, selten auf Augenhöhe – eine totalisierende Perspektive, die den Verfremdungseffekt verstärkt. Verhüllte Frauen sorgen für beunruhigende Assoziationen, etwa wenn es in der *Wiener Zeitung* alarmierend heißt: „Tolerant bis zur Selbstaufgabe? Die Konfrontation mit islamischen Migranten und deren Kultur sollte die Europäer dazu veranlassen, die christlichen Wurzeln ihrer Wertvorstellungen wieder ernster zu nehmen"[22]. Obwohl in diesem Artikel versucht wird, das Thema Islam differenzierter anzugehen, überwiegt auch hier ein negativer Grundton, den der zitierte Titel bereits überdeutlich angestimmt hat.

---

19 Radtke: *Kulturen sprechen nicht*, S. 44.

20 Vgl. Kermani: *Wer ist wir?*, S. 37.

21 Schlagzeile der Tageszeitung *Der Kurier* vom 21.09.2014.

22 Petrowsky, Martin G.: ‚Tolerant bis Selbstaufgabe?', in: *Wiener Zeitung*, 22. Mai 2010.

Einen radikaleren Ton schlägt Peter Rabl in der Tageszeitung *Die Presse* an. Er kommentiert ein Interview mit dem türkischen Botschafter Tezcan vom November 2010, das in Österreich eine Welle der Empörung ausgelöst hatte, die schließlich zur Abberufung des Botschafters geführt hat. Rabl greift – aus dem Zusammenhang gerissen – die Aussage des Botschafters auf, die Türken lebten nicht nach der „westlich merkantilistischen Denkweise", sondern „nach der islamische Philosophie: Was immer du hast, von Gott gegeben, ist genug für dich." Rabl kommentiert sarkastisch: „In einer breiten Unterschicht von türkischen Zuwanderern ist das allerdings nicht von Gott gegeben, sondern vom österreichischen Sozialstaat, der ganze Clans arbeitsloser Türken bis zur dritten Generation mit und ohne Staatsbürgerschaft finanziert"[23].

Es lohnt sich, den Wortlaut des Interviews, auf das sich der scharfzüngige Kommentar bezieht, einmal nachzulesen, denn es liefert geradezu ein Paradebeispiel für einen ‚methodologischen Orientalismus', der die gesamte Fragestellung des Interviews durchzieht. Mit negativen Prämissen, Unterstellungen und provozierender Gesprächsführung werden ein Grundton und eine Richtung vorgegeben, die man in jedem ‚normalen' Gespräch als respektlos empfinden würde.[24] Dass zwar die Kritik des Botschafters am Umgang mit Muslimen in Österreich öffentliche Empörung und politische Verstimmungen auslöste, nicht aber die Interviewführung selbst, oder etwa die gesellschaftlichen Umstände, die er nicht ohne Grund kritisiert hatte, ist in diesem Zusammenhang irritierend.

Sehen und Wahrnehmen sind keine passiven, sondern aktive Prozesse. Im Alltag werden immer gewisse Bilder und Deutungsmuster übernommen, da nicht jeder alle Details selbst reflektieren muss. Der negative Islamdiskurs dirigiert auf diese Weise den Blick; er bestimmt, was wir sehen und was wir übersehen.

„Die Medien mit ihrer Art, die Präsenz des Islam zu behandeln, intensivieren die visuellen Eindrücke und verschärfen in den Debatten den polemischen Aspekt. Die islamischen Erscheinungsformen werden in ihrer exzessiven Übertreibung dargestellt, und die Andersartigkeit wird so als eine absurde Entartung präsen-

---

23 Rabl, Peter: ‚Undiplomatisches von einem Diplomaten', in: *Die Presse*, 14. November 2010.

24 Vgl. Ultsch, Christian: ‚Tezcan: „Warum habt ihr 110.000 Türken eingebürgert?"', Interview mit dem türkischen Botschafter Kadri Ecved Tezcan, 2010, URL: https://diepresse.com/home/innenpolitik/608981/Tezcan_Warum-habt-ihr-110000-Tuerken-eingebuergert (letzter Abruf: 19.09.2017)

tiert. Die rationalen Aspekte einer öffentlichen Debatte werden durch Sensationen, Skandale und überzogene Stellungnahmen ersetzt."[25]

Nicht nur in den unterschiedlichen Medienformaten werden Islam-Bilder produziert. Oftmals befeuern sich mediale Berichterstattung und akademische Forschung gegenseitig. Der Begriff ‚Parallelgesellschaft' ist zwar durch die Medien salonfähig geworden, bei genauerer Betrachtung aber eine wissenschaftliche Erfindung. Er wurde in Deutschland zum ersten Mal in einer Studie von Wilhelm Heitmeyer, Joachim Müller und Helmut Schröder mit dem Titel „Verlockender Fundamentalismus"[26] verwendet, in der eindringlich vor der Bildung muslimischer ‚Parallelgesellschaften' gewarnt wurde.[27] Seitdem führt dieser Begriff ein Eigenleben und hat eine negative Assoziationskette in Gang gesetzt. Aus den Debatten über Migration, Islam oder Integration ist er kaum mehr wegzudenken.

Wie dieses Wissen zum Ausgangspunkt weiterer wissenschaftlicher Beobachtungen und Einschätzungen werden kann, zeigt sich beispielsweise an einer quantitativen Studie aus dem Jahr 2011 über „Kirchen im weltanschaulichen Pluralismus" in Österreich, in der auch Muslime befragt wurden. In der Studie stehen christliche Gläubige im Mittelpunkt, Muslime in Österreich kommen nur punktuell vor. Problematisch erscheint dabei, wie schnell auf dieser Basis Generalisierungen vorgenommen werden – wenn auch unter dem vermeintlich positiven Vorzeichen eines dynamischen Wandels. Muslime in Österreich werden zunächst als ‚vormodern' eingestuft, ihnen wird pauschal eine religiöse ‚Unterwerfungsbereitschaft' unterstellt. Bei der zweiten Generation der Muslime löse sich diese jedoch schrittweise auf:

„Außerordentlich dynamisch verläuft die Entwicklung unter den zugewanderten Muslimen. Diese kommen mit einer überaus unterwerfungsbereiten Gläubigkeit nach Österreich. Deren mitgebrachte Lebenshaltung – wir sehen dies am Beispiel der Geschlechterrollen – ist nachhaltig von ihrer ‚vormodernen' Heimatkultur (zumeist Anatolien) geprägt. Aber schon bei den jüngeren

---

25   Göle: *Europäischer Islam*, S. 260.

26   Heitmeyer, Wilhelm/Müller, Joachim/Schröder, Helmut: *Verlockender Fundamentalismus: Türkische Jugendliche in Deutschland*, Frankfurt am Main 1997.

27   Vgl. kritisch dazu Bukow, Wolf-Dietrich/Ottersbach, Markus (Hg.): *Fundamentalismusverdacht. Plädoyer für eine Neuorientierung der Forschung im Umgang mit allochthonen Jugendlichen*, Wiesbaden 1999.

Muslimen in der ersten Generation, noch mehr aber bei den Angehörigen der zweiten Generation, gerät diese Unterwerfungsbereitschaft in Auflösung."[28]

Fehlende Identifikation mit der österreichischen Gesellschaft, Tendenzen zur Abschottung und die Bildung von ‚Parallelgesellschaften' sind über viele Jahre hinweg zu einem Standardvorwurf geworden, der immer wieder seinen Weg in wissenschaftliche Studien gefunden hat. Schon in den einleitenden Sätzen einer quantitativen Integrationsstudie, die im Jahr 2009 im Auftrag des Innenministeriums in Österreich durchgeführt wurde, stellen die Autoren ihre Diagnose auf: „Die entsprechenden Punkte dürften einander verstärken, so dass hier durchaus Ansätze einer Parallelgesellschaft vorfindbar sind. Dies gilt im Übrigen gerade für Angehörige der zweiten Migrantengeneration."[29]

Genügend Beispiele lassen darauf schließen, dass binäre Trennungen von *Wir Christen* versus *Die Muslime* nicht nur durch mediale, sondern auch durch wissenschaftliche Praxis reproduziert und verstärkt werden.[30] Sind solche Mythen erst etabliert, werden damit langlebige soziale Kategorien produziert, die wiederum als Basis für weitere Untersuchungen dienen. Bei der Herausbildung eines negativen Islambildes in Medien, Wissenschaft und Alltag und in vielen anderen gesellschaftlichen Bereichen, ob Politik oder Polizei, Strafvollzug oder Sozialarbeit, sind komplexe Mechanismen von Hierarchie und Kontrolle am Werk, die oft im Verborgenen bleiben. Betrachtet man den westeuropäischen Islamdiskurs in seinen Einzelheiten, werden diverse Verschränkungen konkret: Hier finden sich Schlagzeilen, Bilder und Begriffe, die in ihrer Permanenz und Eindringlichkeit zu einer routinierten Deutung des Islam und des muslimischen Alltags führen. Es besteht ein Macht-Wissen-Komplex, der in Anlehnung an Michel Foucault ein ‚Islam-Dispositiv' genannt werden kann, eine Art Rezeptwissen, das die Wahrnehmung kanalisiert und in den verschiedenen sozialen Praktiken funktioniert.[31] Dieses Dispositiv macht Menschen als eine vermeintlich homogene Gruppe ausfindig, die in der Folge als prinzipiell fremd und

---

28   Zulehner, Paul M.: *Verbuntung: Kirchen im weltanschaulichen Pluralismus*, Ostfildern 2011, S. 316 f.

29   Ulram, Peter A.: *Integration in Österreich. Einstellungen, Orientierungen und Erfahrungen von MigrantInnen und Angehörigen der Mehrheitsbevölkerung*, Wien 2009, S. 5.

30   Vgl. Beck-Gernsheim, Elisabeth: *Wir und die Anderen*, Frankfurt am Main 2007.

31   Vgl. Foucault, Michel: *Wahnsinn und Gesellschaft: Eine Geschichte des Wahns im Zeitalter der Vernunft*, Frankfurt am Main 1973.

problematisch definiert werden kann. So erzielt die Objektivierung des Anderen eine normierende Wirkung, die tief in die Alltagspraxis hineinreicht. Die ethnische oder religiöse Fokussierung von sozialen Problemen konstruiert schließlich ihre eigene Wirklichkeit und stellt als *sich selbst erfüllende Prophezeiung* die Grundlage für weitere Interventionen dar – es entsteht eine Art *hermeneutischer Zirkel*.

Solche Deutungsmuster laufen auf eine Entkontextualisierung religiöser Zugehörigkeiten und Praktiken im Alltag hinaus und blenden Pluralität, Mehrdeutigkeit und Differenziertheit religiöser Orientierungen aus. Religiöses und nichtreligiöses Alltagshandeln der so konstruierten Gruppen wird dann als ‚muslimisch‘ und dieses geradezu reflexartig als Desorientierung bzw. als desintegrativer Faktor gewertet.[32]

4.   Der Blick ‚von unten‘: Eine andere Art des Sehens

„Ich bin Muslim, ja – aber ich bin auch vieles andere. Der Satz ‚ich bin Muslim‘ wird also in dem Augenblick falsch, ja geradezu ideologisch, wo ich mich ausschließlich als Muslim definiere – oder definiert werde. Deshalb stört es mich auch, dass die gesamte Integrationsdebatte sich häufig auf ein Für oder Wider des Islam reduziert – als ob die Einwanderer nichts anderes seien als Muslime. Damit werden alle anderen Eigenschaften und Faktoren ausgeblendet, die ebenfalls wichtig sind: woher sie kommen, wo sie aufgewachsen sind, wie sie erzogen wurden, was sie gelernt haben"[33]

Generalisierende Deutungen verkennen die unterschiedlichen Bedeutungen, die religiöse Bezüge in der konkreten Alltagspraxis für den Einzelnen haben können. Differenzierte Analysen zeigen dagegen, dass religiöse Orientierungen vielfältig geworden sind und in der Lebenspraxis der Menschen nur einen Aspekt unter anderen darstellen.[34] Für die Analyse von Religiosität unter Muslimen und deren Bedeutung für ihre Lebenskonst-

---

32   Siehe exemplarisch die bis heute viel beachtete Studie von Wilhelm Heitmeyer u. a.: *Verlockender Fundamentalismus*; kritisch dazu vgl. Bukow u. a.: *Fundamentalismusverdacht*.

33   Kermani: *Wer ist wir?*, S. 19.

34   Vgl. Yildiz, Erol: ‚Ein Ausflug in die Alltagspraxis migrantischer Jugendlicher‘, in: Brigit Allenbach u. a. (Hg.): *Jugend, Migration und Religion*, Baden-Baden 2011, S. 115–134, hier S. 115 ff.; Wensierski, Hans-Jürgen von/Lübcke, Claudia: *„Als Moslem fühlt man sich hier auch zu Hause": Biographien und Alltagskulturen junger Muslime in Deutschland*, Opladen u. a. 2012.

ruktionen erscheint es sinnvoll, zunächst die gesellschaftlichen bzw. lokalen Kontexte, in denen sie sich bewegen, zum Ausgangspunkt zu nehmen.

Die differenzierte Studie von Nilüfer Göle zum Thema „Muslime im Alltag" in verschiedenen europäischen Ländern belegt eindrucksvoll, dass es auch andere Perspektiven gibt, aus denen Alltagspraxen von Muslimen untersucht, gesellschaftlich kontextualisiert und theoretisch interpretiert werden können. In der Studie wird zunächst die künstliche Trennung in die Kategorien *Wir* und *die Anderen* ad acta gelegt und von kollektivierenden Bildern Abschied genommen. Es werden die unspektakulären Alltagspraxen gewöhnlicher Muslime zum Ausganspunkt genommen und theoretisch weitergedacht.

> „Um den Horizont des Möglichen auszuloten, haben wir auf experimentellem Weg nach einer anderen Verbindung zwischen den Individuen gesucht. [...] In den Diskussionsrunden konnte man die Akteure in ihrer Vielschichtigkeit präsentieren, anstatt sie in gegensätzliche Kategorien – wie etwa ‚Muslime' und ‚Europäer' einzuordnen."[35]

Eine ähnliche Vorgehensweise finden wir in der ethnographischen Studie von Werner Schiffauer über die islamische Organisation Milli Görüs in Deutschland. Hier wird eine praxistheoretische Perspektive eingenommen, um zunächst begreifbar zu machen, wie die religiöse Praxis ihre Eigenlogik entfaltet und wie sie immer wieder implizit auf das Denken zurückwirkt.[36] Bezüglich der jungen Generation von Muslimen, die sich Milli Görüs zugehörig fühlen, spricht er von einer „postislamistischen Generation"[37], die nicht – wie ihre Eltern oder Großeltern – eine Art „defensive Religiosität"[38] praktizieren würde, wie sie sich in den Hinterhof-Moscheen der ersten Generation entwickelte, sondern eine bewusst reflexive. Diese Generation habe eine „diasporische Identität"[39] entwickelt, so Schiffauer. Die Angehörigen dieser Generation nutzen Elemente unterschiedlicher Kulturen, Traditionen, Sprachen und Geschichten, die sie aufeinander beziehen, miteinander verbinden und in die Alltagspraxis übersetzen. Man könnte in

---

35 Göle: *Anverwandlungen*, S. 72–73.
36 Vgl. Schiffauer, Werner: *Nach dem Islamismus: Die Islamische Gemeinschaft Milli Görüs; eine Ethnographie*, Frankfurt am Main 2010, S. 26.
37 Ebd., S. 327.
38 Ebd., S. 328.
39 Ebd., S. 360.

diesem Zusammenhang von ‚religiösen Transtopien' sprechen. Damit sind Räume gemeint, die durch solche Übersetzungspraktiken entstehen.[40]

Wie Nikola Tietze in ihrer vergleichenden Studie herausgearbeitet hat, die sich auf Deutschland und Frankreich bezieht, kann es beispielsweise unterschiedliche Motive geben, warum sich jemand dem Islam zugewandt hat, warum beispielsweise eine junge Frau, die in Deutschland geboren und aufgewachsen ist, gegen den Willen ihrer Eltern plötzlich ein Kopftuch anlegt.[41] Das Kopftuch kann Ausdruck einer kulturellen Orientierung, einer transnationalen Zugehörigkeit sein, die vor allem im Kontext von Migration entsteht.[42] Der eine ist Muslim, weil er aus einem gläubigen Elternhaus stammt. Eine andere bekennt sich zum Islam, obwohl ihre Eltern nicht religiös sind und sie äußerst liberal erzogen haben. Für wieder andere wird die Orientierung am Islam zu einer politischen Strategie, dient zur Forderung nach gesellschaftlicher Anerkennung und Gleichberechtigung.

In diesem Kontext können religiöse und ethnisch-kulturelle Positionierung und Selbstinszenierung als strategische Handlungen in der Auseinandersetzung mit den gesellschaftlichen Verhältnissen vor Ort betrachtet werden. Religiosität dient hier als Verhandlungsstrategie. Es gibt Jugendliche, die ihre religiöse Orientierung im Alltag ganz pragmatisch einsetzen, zum Beispiel, um Zugang zu bestimmten Ressourcen zu erhalten, etwa zu sozialen Einrichtungen und Angeboten in Moscheen, zu kostenlosem Mittagessen oder Ähnlichem. Auch Vorbilder in Familie und Freundeskreis spielen eine Rolle.

Die oben beschriebene Normalisierung des Islam-Mythos scheint jedenfalls nicht ohne Folgen für die Verortungsprozesse von Jugendlichen aus zugewanderten Familien geblieben zu sein. Oft fühlen sie sich in unterschiedlichen Alltagssituationen dazu genötigt, sich mit Zuschreibungen und Stigmatisierung auseinanderzusetzen und Position zu beziehen. In diesen Auseinandersetzungen werden eigensinnige Selbstentwürfe sichtbar, die nur aus dem beschriebenen Kontext heraus plausibel erschei-

---

40   Vgl. Yildiz, Erol: *Die weltoffene Stadt*, Bielefeld 2013.

41   Vgl. Tietze, Nikola: *Islamische Identitäten: Formen muslimischer Religiosität junger Männer in Deutschland und Frankreich*. Teilw. zugl.: Marburg, Univ., Diss. u. d. T.: Tietze, Nikola: *Islam – ein Subjektivierungsmodus in der Moderne*, Hamburg 2001.

42   Vgl. Nökel, Sigrid: *Die Töchter der Gastarbeiter und der Islam*, Bielefeld 2002.

nen.[43] So werden etwa religiöse Zuschreibungen übernommen und in eine politische Aussage umfunktioniert. Mit anderen Worten heißt das: Junge Musliminnen und Muslime scheinen paradoxerweise in ihren Selbstbildern genau jene Konzepte zu übernehmen, die in der Gesellschaft als Ausschlussmechanismen fungieren und benutzen diese als gemeinsame Basis für ihren Widerstand gegen die erfahrene Ausgrenzung.[44]

Die Hinwendung der zweiten oder dritten Generation zum Islam kann jedenfalls unterschiedliche Gründe haben. Ein gemeinsamer Nenner ist dabei die Suche nach einem eigenen Raum, nach einem „dritten Raum"[45] zwischen oder jenseits der Pole von hier und dort, einheimisch und fremd. In diesem Raum, einer Transtopie, können alte und neue Erfahrungen, unterschiedliche kulturelle Elemente zusammengefügt und synthetisiert werden. Dabei kann es sich auch um einen individuellen Suchprozess handeln. Religiöse Regeln werden nicht einfach mechanisch befolgt. Vielmehr scheint es charakteristisch für die zweite und dritte Generation von Musliminnen und Muslimen zu sein, dass sie religiöse Gebote eigenständig interpretieren, indem sie sich mit den Lebensumständen in Österreich oder Deutschland auseinandersetzen und daraus ihre eigenen Lebensentwürfe und Zukunftsvisionen entwickeln.[46]

Auch die Ergebnisse einer aktuellen Studie zur muslimischen Diversität in Österreich zeigen, wie variationsreich, komplex und vielschichtig die Alltagswirklichkeit tatsächlich ist, wie unterschiedlich der Islam wahrgenommen, interpretiert und in die Lebenspraxis übersetzt wird.[47]

Darüber hinaus verfügen die jungen Generationen über ein geschärftes Bewusstsein für Islambilder in Medien und Alltag. Aufmerksam nehmen sie die Auswahl der Schlagzeilen und Bildmotive der Agenturen wahr. Sie bilden mit der Zeit ein Feingefühl für die Negativeffekte öffentlicher Repräsentationen aus, für Subtexte, subtile Untertöne und Darstellungskonventionen. Sie haben längst damit begonnen, diese aufzudecken und Gegenar-

---

43   Yildiz, Erol: ‚Jung, muslimisch, postmigrantisch. Vom öffentlichen Diskurs zur Alltagspraxis', in: *KuckKuck. Notizen zur Alltagskultur* 17 (2017), H. 1, S. 44–48.

44   Vgl. Spielhaus, Riem: *Wer ist hier Muslim?: Die Entwicklung eines islamischen Bewusstseins in Deutschland zwischen Selbstidentifikation und Fremdzuschreibung*, Würzburg 2011.

45   Vgl. Bhabha, Homi K.: *The location of culture*, London u. a. 1994.

46   Vgl. Schiffauer: *Nach dem Islamismus*, S. 265.

47   Vgl. Aslan, Ednan/Kolb, Jonas/Yildiz, Erol: *Muslimische Diversität. Ein Kompass zur religiösen Alltagspraxis in Österreich*, Wiesbaden 2017.

gumente zu formulieren – Handlungsstrategien, die einen reflexiven und performativen Charakter haben und für sie zum zentralen Ausgangspunkt selbstbestimmter Repräsentationspraxen werden.[48]

5. Zur Relevanz einer kontrapunktisch non-dualistischen Perspektive

> „Ich sage von mir: ich bin Muslim. Der Satz ist wahr, und zugleich blende ich damit tausend andere Dinge aus, die ich auch bin und die meiner Religionszugehörigkeit widersprechen können."[49]

Aus dem ‚Blick von oben' bleibt unerkannt, wie sich Muslime selbst sehen, sich gesellschaftlich verorten, welche religiösen Orientierungen sie aufweisen, welche Elemente sie nutzen, welche neuen Lebensentwürfe sichtbar werden oder auf welche Weise sie sich mit den objektiven gesellschaftlichen Bedingungen auseinandersetzen. Es bleibt unerkannt, wie sie daraus eigene, subjektive Lebensstrategien entwickeln und religiös orientierte Handlungsräume schaffen und wie auf diese Weise religiöse Transtopien entstehen können.

Dass in den zunehmend globalisierten und durch Migration und Diversität geprägten Gesellschaften scheinbare (religiöse) Differenzen immer hybridere Formen annehmen und ihnen damit jede kategorische Relevanz für gesellschaftliche Konstruktionen abzusprechen ist, scheint sich als Erkenntnis noch längst nicht durchgesetzt zu haben.

Daher braucht es Ansätze, die sich kritisch mit etablierten Wissensordnungen zu Migration, Islam und Muslimen auseinandersetzen und die Lebenswirklichkeit der Menschen zum Ausgangspunkt des Denkens machen. Dies erfordert eine „kontrapunktische Lektüre"[50], wie sie Edward Said vorgeschlagen und praktiziert hat. Ein solches Gegen-den-Strich-Lesen bedeutet auch, binäre Konstruktionen in Frage zu stellen und den Fokus auf Ambivalenzen, Verschränkungen, Überschneidungen und Übergänge zu richten, auf geteilte und verschwiegene Geschichten, wodurch andere Lebenswirklichkeiten, Handlungsräume und religiöse Praktiken sichtbar werden. Der kontrapunktische Blick dekonstruiert nicht nur die hegemo-

---

48 Vgl. dazu Göle: *Europäischer Islam*; Aslan u. a.: *Muslimische Diversität*, S. 223 ff.
49 Kermani: *Wer ist wir?*, S. 17.
50 Said, Edward W.: *Culture and Imperialism*, London 1994, S. 112.

niale Normalität, sondern eröffnet neue Perspektiven auf marginalisierte, nicht erzählte Geschichten, alltägliche Erfahrungen und unspektakuläres Alltagshandeln. Es geht um die „Archive des Schweigens"[51], das Ausgelassene, Vergessene, an den Rand Gedrängte – kurz gesagt: um ignorierte Migrationserfahrungen und religiöse Alltagspraktiken.

,Den Islam' und ,den Westen' als Gegensätze zu betrachten, erzeugt nicht nur ein Differenzdenken, das mit einer spezifischen Normalität einhergeht, sondern bildet vor allem eine erkenntnistheoretische Barriere und hindert uns daran, Übergänge und Überschneidungen zu erkennen und daraus zeitgemäße globale, europäische wie gesamtgesellschaftliche Folgerungen zu ziehen.

In den letzten Jahren ist in Europa eine Debatte über den ,Euroislam' entstanden, dessen Anerkennung und Institutionalisierung als Lösung favorisiert wird,[52] ohne dass aber genau gesagt wird, was darunter zu verstehen ist. Wenn auch anders intendiert, erzeugt diese Debatte eine neue Differenzlinie zwischen besseren ,Euromuslimen' und problematischen ,Nicht-Euromuslimen'. „So viele Möglichkeiten es gibt, sich als Europäer zu identifizieren, so viele Möglichkeiten muss es geben, sich als europäischer Muslim oder als muslimischer Europäer zu begreifen", kann man dieser Entwicklung mit Kroissenbrunner entgegnen.[53]

Vieles spricht für eine kontrapunktisch non-dualistische Perspektive[54], die Migration und Sesshaftigkeit, Muslime und Nicht-Muslime, ,einheimisch' und ,mehrheimisch' zusammendenkt und auf dieser Grundlage argumentiert. Wir brauchen eine Revision der konventionellen Migrations-, Integrations- und Islamforschung, ihrer Subjektkategorien und Forschungsdesigns, eine *selbstkritische Forschung*, die Abschied nimmt von sich selbst reproduzierenden Analysen über Migranten und Muslime, von Studien, die wesentlich zur Verfestigung und Normalisierung von Differenzdenken und Rezeptwissen beigetragen haben.

Abschließend bleibt zu sagen: Die Gesellschaft besteht aus Menschen, die *da* sind, unabhängig davon, wo sie herkommen und welche kulturelle oder religiöse Orientierung sie aufweisen. *Das* ist der Ausgangspunkt

---

51 Le Goff, Jacques: *Geschichte und Gedächtnis*, Frankfurt am Main 1992, S. 72.

52 Vgl. Aslan, Ednan: *Islamische Erziehung in Europa*, Wien 2009.

53 Kroissenbrunner, Sabine: ,Islam in Österreich und Europa', in: *Hintergrund 44. Moscheen heute*, Wien 2009, S. 45–51, hier S. 45.

54 Vgl. dazu den philosophischen Ansatz von Mitterer, Josef: *Das Jenseits der Philosophie: Wider das dualistische Erkenntnisprinzip*, Weilerswist 2011.

– und nicht die wertende Unterscheidung zwischen Einheimischen und Zugezogenen oder Muslimen und Nichtmuslimen. Letztendlich geht es um Gleichberechtigung, Anerkennung und Respekt für Differenz und um Überwindung von Stigmatisierung. Es geht vor allem darum, alle Menschen an der Gestaltung der Zukunft zu beteiligen.

Vielleicht sind wir auf dem Weg zu einem postokzidentalen Europa, in dem eine neue ‚Topographie des Religiösen' entsteht, die uns zukünftig neue Ideen und Visionen ermöglichen wird.

Halima Krausen

Islam und Geschlechtergerechtigkeit

Geschlechtergerechtigkeit ist ein weites Feld mit vielen Aspekten, die sowohl im Westen als auch in der islamischen Welt lebhaft diskutiert werden, sowohl an der Basis als auch in Fachkreisen. In diesem Beitrag sollen Fragen nach den Geschlechterrollen herausgegriffen werden, vor allem im Hinblick auf den privaten und öffentlichen Bereich. Diese Thematik wird oft aus einer soziologischen Perspektive heraus betrachtet, indem man existierende Strukturen und Kanäle der Interaktion zwischen Männern und Frauen in Familie und Gesellschaft untersucht oder Probleme von Sicherheit und sexueller Kontrolle analysiert, besonders wenn sie den Aktivitätsspielraum von Frauen einengen. Es wird auch aus rechtlicher Perspektive diskutiert; dies geschieht bisweilen als Versuch, Orientierung zu finden, sei es in einem angenommenen, ideal gedachten islamischen Rechtssystem oder in einem, das tatsächlich in einem muslimischen Land in Kraft ist, und um Lösungen zu finden für Fragen der Eheschließung, Scheidung, Erbschaft oder der häuslichen Gewalt. Relevant scheint das besonders dann, wenn ein Konflikt besteht zwischen westlichen Normen und Erwartungen und dem, was als islamisch empfunden wird. Eine ähnliche Diskussion kann auch durch Anregungen zustande kommen, überlieferte Rechtsnormen zu reformieren, sei es aufgrund eines wahrgenommenen Missstandes, oder auf eine Herausforderung ‚von außen‘ hin. In jüngster Zeit finden sich zunehmend Veröffentlichungen muslimischer Frauen, die weniger über Gleichstellungsfragen sprechen, als vielmehr – voll im öffentlichen Leben stehend – an Lehre und Forschung in den Bereichen Theologie und Recht beteiligt sind. Auf der anderen Seite gibt es verschiedene philosophische Versuche, Phänomene in muslimischen Gesellschaften zu erklären, die auf spezifischen anthropologischen Prämissen beruhen. Dementsprechend liegen die Schwerpunkte der jeweiligen Ansätze auf Unterschieden oder Gemeinsamkeiten zwischen Frauen und Männern, oft mit dem Versuch, eine bestimmte Einstellung zu ihren gleichen oder ungleichen Aufgaben in der Gesellschaft zu rechtfertigen. Im Zusammenhang mit Erziehung und Bildung werden uns zahlreiche muslimische Frauen und ihre individuellen Errungenschaften in der Geschichte vorgestellt, etwa Theologinnen, Wissenschaftlerinnen, Autorinnen, Händlerinnen oder Politikerinnen – wobei allerdings die Frage, wie diese Frauen ihre Position erreicht haben, kaum ausführlich angesprochen wird. Schließlich gibt es auch verschiedene Visionen von Männern und Frauen, die konstruktiv und friedlich in einer idealen Gesellschaft der Zukunft zusammenarbeiten, in einer Utopie namens Islam, die viel Platz für Träume und hohe Ziele bietet.

Während also heute eine wachsende Menge an Informationen zu den Rollen der Frauen im Islam zur Verfügung steht, die das Hauptaugenmerk auf die *theoretischen* Möglichkeiten richten, die Frauen in der islamischen Welt offenstehen, treffen Frauen im *praktischen Alltag* immer noch auf verschiedene Hindernisse, sobald ihr Lebensweg sie in den öffentlichen Bereich führt. Dies geschieht beispielsweise durch eine direkte Weigerung, Frauen Zutritt zu Räumen oder Veranstaltungen zu gewähren, etwa in manchen Moscheen, oder durch Proteste bestimmter Gruppierungen gegen Frauenaktivitäten. Daraufhin kommt leicht eine öffentliche Debatte zustande. Aber gewöhnlich sind solche Hindernisse nicht konkret und stellen nicht notwendigerweise Grenzen dar, die ‚in den Büchern‘ als *Fiqh*-Regeln oder soziale Verhaltensnormen klar definiert sind, sondern sie sind eher indirekte Barrieren, die sich in Ausdrucksweisen zeigen wie „Mädchen/ Frauen tun das in unserer Gesellschaft nicht", oder „Was sollen die Leute sagen?", oder in Gefühlen, die dadurch transportiert werden, dass beispielsweise die Frauenräume in Moscheen meist weniger geräumig und einladend oder weniger ästhetisch gestaltet sind. Auch steht die Befürchtung im Raum, ein engagiertes Mädchen fände keinen passenden Ehepartner (und infolge ihres Engagements möglicherweise auch ihre Geschwister nicht). Hinderlich kann auch das allgegenwärtig herumspukende Konzept der Geschlechtertrennung in öffentlichen Zusammenkünften als Absicherung gegen ‚moralische Korruption‘ sein, das erstaunlicherweise zunehmend auch bei der jüngeren Generation wieder zu beobachten ist. Indirekte Barrieren treten in endlosen heißen Debatten über Kopftücher, Burkinis und Gesichtsschleier zutage, oder in vagen Verdächtigungen gegen Frauen, die für ihre öffentlichen Aktivitäten bekannt sind. Andererseits spiegeln sich die Barrieren auch wider in den leidenschaftlichen Versuchen von Frauen, ihr Recht auf Privatsphäre gegen den wahrgenommenen Druck in der modernen Gesellschaft zu verteidigen, das, was nicht öffentlich in Erscheinung tritt, als nicht-existent zu behandeln. Die Wurzeln solcher Hemmschwellen liegen in einer verinnerlichten Vorstellung, die Frauen mit der Privatsphäre des Heims und ihrer ‚biologischen Rolle‘ assoziiert und Männer mit öffentlichen Funktionen, mit dem „feindlichen Leben" draußen, wie es Friedrich Schiller in der „Glocke" formulierte – einer Vorstellung, die eine

Doppelmoral hervorgebracht und, ins Extrem getrieben, oft die Hälfte der Gesellschaft daran gehindert hat, ihr Potenzial voll auszuschöpfen. Während also in der Theorie den Frauen sehr viele Möglichkeiten offenstehen, ist das reale Leben oft ein Hindernislauf.

Was ist also erforderlich, um die gottgegebenen Rechte der Frauen im gesellschaftlichen, intellektuellen und spirituellen Raum umzusetzen und ihre aktive und konstruktive Teilnahme am Gesellschaftsleben zu ermöglichen?

Eine mögliche Vorgehensweise könnte es sein, die öffentliche Meinung und all jene Barrieren zu ignorieren, die nicht auf einer rationalen Ebene bewältigt werden können – einfach das zu tun, was man als richtig erkannt hat, selbst wenn es unkonventionell ist. Das erfordert etwas, was als ,Tawhidi-Mut'[1] bezeichnet werden kann: Es gibt keine Autorität außer dem eigenen Gewissen, kein Gericht außer dem letztendlichen! Dies ist bestenfalls ein einsamer Weg, der gesunde Diskussionen auslösen und zu allmählichen Veränderungen führen kann. Allerdings besteht auch immer wieder ein Risiko für Einzelpersonen und Solidaritätsgruppen, als zu provokativ empfunden und mit feindseligen Reaktionen konfrontiert zu werden, wie Ausgrenzung, Belästigung oder sogar Strafverfolgung wegen eines Gesetzesverstoßes. Solche Reaktionen können im Laufe der Zeit durchaus auch wieder einen Prozess von Debatte und Veränderung auslösen, aber erst nach einer schmerzhaften Konfrontation. Insgesamt ist es aber über die Ebene von Diskussionen in Reaktion auf brennende Fragen und die Ebene mutiger Einzelaktionen hinaus notwendig, einen Prozess des ganzheitlicheren Neudenkens einzuleiten, der Hintergrund und Kontext der islamischen Tradition erkundet und es ermöglicht, sie von innen her auf eine Weise zu rekonstruieren, die sowohl ihrem Geist entspricht als auch Möglichkeiten eröffnet, in der Zukunft einen konstruktiven Beitrag zur gesamten menschlichen Gesellschaft zu leisten.

Ich möchte dies veranschaulichen, indem ich anhand von Beispielen einige Aspekte meiner Arbeit in Gemeinde und Erwachsenenbildung vorstelle, die meiner Ansicht nach wichtig sind für die religiöse Bildung

---

1 *Tawhid*: theologischer Begriff für die Einheit Gottes, hier auch verstanden als die letztendliche Gewissensinstanz, in Anlehnung an eigene Erfahrungen sowie auch an Amina Waduds Begrifflichkeit vgl. Wadud, Amina: ,The Ethics of Tawhid over the Ethics of Qiwamah', in: Ziba Mir-Hosseini/Mulki Al-Sharmani/Jana Rumminger: *Men in Charge? Rethinking Authority in Muslim Legal Tradition*, London 2015, S. 256–274.

insgesamt, für die Weiterentwicklung von Ethik und Recht sowie für die Ausbildung zukünftiger Führungskräfte und Erzieher, nämlich 1) die Wiederentdeckung schwieriger Textpassagen und ihrer Zielrichtung, 2) Überlegungen zu Leitprinzipien und Zielsetzungen des Rechts, sowie 3) die Betrachtung des theologischen Hintergrundes.

1. Die Wiederentdeckung schwieriger Textpassagen und ihrer Zielrichtung

Seinem Namen gemäß ist der Koran höchstwahrscheinlich das Buch, das von Muslimen am häufigsten gelesen wird. Gleichzeitig ist er allerdings mit einer beträchtlichen Herausforderung verbunden: Durch häufiges Lesen kommt man leicht zu der Annahme, den Inhalt gründlich genug zu kennen. Vertraute Lesegewohnheiten und etablierte Methoden lassen allmählich eine Tradition entstehen, in der man sich wohlfühlt und im internen Kreis austauscht. Gerade dadurch besteht aber das Risiko, zum Gefangenen der eigenen, ansonsten grundsätzlich nützlichen Denkstrukturen zu werden. Daher ist es angebracht, gelegentlich ungewohnte Perspektiven und Interpretationen mit in Betracht zu ziehen, die vielleicht die eine oder andere Frage oder Einsicht auslösen können. So erlebe ich es häufig in der interdisziplinären und interreligiösen Arbeit oder im Dialog mit anderen Lesern auf einer Entdeckungsreise[2], auf der ich nicht notwendigerweise gezielt nach Antworten oder Lösungen suche, sondern neue Dimensionen im Text selbst erkunden möchte.

In diesem Zusammenhang möchte ich einen Blick auf das Beispiel von Surat an-Nur (Sure 24/1–24)[3] werfen.

Nachdem zu Beginn der Freude über den schönen Namen der Sure Ausdruck verliehen wird, der an den bekannten und oft rezitierten Lichtvers (Vers 35) anknüpft, wird die Aufmerksamkeit des Lesers unmittelbar daran anschließend auf ein problematisches und unangenehmes Thema gelenkt: Unzucht und die möglichen Rechtsfolgen davon, geahndet mit einem Strafmaß von einhundert Schlägen für beide Beteiligten (ungeachtet gewisser

---

2 Vgl. Krausen, Halima: *Interfaith Text Study. Some Experiences.* 2016, URL: htt ps://www.academia.edu/25981548/Interfaith_Text_Study_-_Some_Experien ces (letzter Abruf: 05.04.2017)

3 Direkte Zitate aus islamischen Quellenschriften sind grundsätzlich in meiner eigenen Übersetzung wiedergegeben.

Vorkommnisse in einigen muslimischen Ländern ist weder an dieser Stelle noch anderswo im Koran Steinigung für Unzucht vorgesehen – dies wird vielmehr aus externen Quellen konstruiert, wie etwa aus den biblischen Schriften und der Hadithliteratur). Moderne Exegeten, soweit sie nicht die Idee von Körperstrafen als archaisch und überholt ablehnen, weisen normalerweise schnell darauf hin, dass die Beweislast von vier Augenzeugen für den wirklichen Tatbestand eigentlich zu schwer ist, um jemals einen realen Fall vorlegen zu können, und es somit nahezu unmöglich ist, jemanden dafür zu verurteilen. Liest man im Text weiter, fällt auf, dass das Strafmaß für Verleumdung, das dann gilt, wenn kein Beweis durch die vier Zeugen erbracht werden kann, fast ebenso hart und demütigend ist: achtzig Schläge sowie der dauerhafte Verlust der Glaubwürdigkeit als Zeuge. So wird es jedenfalls meist als ‚das Gesetz‘ akzeptiert, manchmal gefolgt von ausführlichen Kommentaren zum Treuebruch in einer engen Beziehung, der sehr schmerzhaft ist und eine ernsthafte Reaktion erfordert, oder von Hinweisen auf den ‚Schutz des Grundwertes Familie‘ – und beides kann sicherlich in sich selbst zutreffend sein.

In einem ähnlichen Tenor lesen wir anschließend von der Prozedur von *li'ân*, wenn ein Ehemann seine Frau der Unzucht bezichtigt, ohne dass Zeugen dafür vorhanden sind: Der Mann soll viermal schwören, dass er die Wahrheit sagt, gefolgt von einem fünften Schwur, der eine Herabrufung von Gottes Fluch auf ihn selbst beinhaltet, falls er lügt; danach soll die Frau viermal schwören, dass er lügt, gefolgt von einem fünften Schwur, der eine Herabrufung von Gottes Zorn auf sie selbst beinhaltet, falls er die Wahrheit sagt. Der Fall ist somit unentschieden und unentscheidbar, und das Paar wird geschieden, ohne dass jemand für Unzucht oder Verleumdung bestraft wird. Obwohl die Prozedur in der Theorie in den Rechtswerken abgehandelt wird, habe ich den Eindruck gewonnen, dass sie kaum jemals in der muslimischen Welt angewandt wurde. Stattdessen findet man eher Medienberichte über Männer, die das Recht in die eigenen Hände nehmen, oder zweifelhafte Fälle, in denen der Nachweis kriminell vernachlässigt oder zum Nachteil der Frau einseitig ausgelegt wurde. Der Text wird natürlich als Teil des Korans akzeptiert, aber es tauchen nahezu keine weiterführenden Fragen dazu auf, obwohl es zwei Aspekte gibt, hier eigentlich ‚Nebensachen‘, die man aber aufmerksam betrachten sollte:

Erstens: Sowohl der anklagende Ehemann als auch seine beschuldigte Ehefrau schwören, dass ihre Aussagen zur Sache wahr sind, das heißt, dass sie als Zeugen in ihrem eigenen Fall angehört werden. Das bedeutet: Der männliche Zeuge und die weibliche Zeugin werden hier als gleichwertig betrachtet – eine Tatsache, die sich diejenigen vor Augen führen sollten, die behaupten, eine Zeugin müsse allgemein und grundsätzlich durch eine andere Frau ergänzt werden, „die sie erinnert, wenn sie vergißt"[4].

Zweitens: Tatsächlich gibt es eine Überlieferung, die die Trennung eines Ehepaares durch *li'ân* beschreibt. Sie fährt fort mit der Information, dass danach ein Kind geboren wurde, das eher dem Mann ähnelte, mit dem die Frau angeblich Ehebruch begangen hatte, als ihrem Ehemann. Wir hören hier aber weder von einer nachträglichen Verfahrensaufnahme und Bestrafung noch von einem weiteren Kommentar seitens des Propheten, sondern es wird lediglich gesagt, dass das Kind nach seiner Mutter genannt wurde.[5] Der Ausgang ist also offengelassen.

Die daraus folgenden möglichen Rechtsfragen könnten in einem weiteren Aufsatz näher diskutiert werden. An dieser Stelle soll aber in eine andere Richtung weitergedacht werden: Tatsächlich kann es sein, dass Leser, deren Verstand immer noch mit der Herausforderung der Rechtsfragen beschäftigt ist, hier aufhören zu lesen oder die folgenden Abschnitte übersehen, die sie weiterführen und mit dem eigentlichen ‚Offenbarungsanlass' verbinden, wodurch ein Einblick in die Zielrichtung des Textes eröffnet wird. Die Hintergrundgeschichte der besagten Abschnitte ist bekannt als der „Zwischenfall der großen Lüge", den ich hier kurz zusammenfassen möchte:[6] Aisha, die Ehefrau des Propheten Muhammad, die ihn auf einer Reise begleitete, vergaß bei einer Rast ihre Halskette an einem Brunnen, wo sie sich erfrischt hatte, und während sie sie holen ging, brach die Karawane auf, ohne dass jemand ihre Abwesenheit bemerkte. Sie hielt sich also im Schatten in der Nähe des Brunnens auf, bis ein junger Mann aus der Nachhut sie fand und nach Hause brachte. Ein alltäglicher Zwischenfall, sollte man meinen. Aber in böswilligen Gemütern wurde die Phantasie aktiv. Es entstanden Gerüchte über die hübsche junge Frau des Propheten

---

4   Vgl. die Anweisungen für das Verfahren bei der Aufnahme eines Darlehens in Sure 2/282, die auch in den Rechtssystemen der heutigen islamischen Welt oft verallgemeinert werden.

5   Nach einer prophetischen Überlieferung von Sahl ibn Sa'd in *Sahih Muslim*, Nr. 3554; eine englische Übersetzung findet sich unter *The Online Qur'an*, URL: http://www.theonlyquran.com/hadith/Sahih-Muslim/?volume=9&chapter=10 (letzter Abruf: 05.04.2017).

6   Guillaume, A.: *The Life of Muhammad: A Translation of Ibn Ishaq's Sirat Rasul Allah*, Karachi 1998 (Erstausgabe 1955).

und einen gutaussehenden jungen Mann und die große einsame Wüste – die Geschichte sprach sich bald herum, zunehmend ausgeschmückt in einer Art und Weise, die nicht nur den persönlichen Ruf Aishas und des Propheten schädigte, sondern auch den Frieden in der Gemeinschaft bedrohte, bis sich selbst der Prophet verunsichert fühlte durch wohlgemeinte Ratschläge, sich von seiner Frau zu trennen, um weiteren Schaden zu verhindern.

Diese Situation wird in der Sure angesprochen, und was dann in einem langen ausführlichen Abschnitt folgt, ist nicht ein weiser Rat an Frauen wie Aisha, lieber im Schutz ihres Heims zu bleiben, als sich der Mühsal des Reisens auszusetzen, auch keine Ansprache an Männer wie Muhammad, dass es keine gute Idee sei, ihre Frau mit auf Reisen zu nehmen, noch ein Rat für Männer wie den jungen Burschen der Nachhut, doch den Ehemann oder einen anderen Verwandten einer Frau zu benachrichtigen, die in der Wüste zurückgeblieben ist, damit sie sie abholen kommen. Vielmehr folgt in den Versen 12–23 ein scharfer Tadel, der an die Gemeinschaft gerichtet ist:

> Als ihr davon hörtet, warum haben da die gläubigen Männer und Frauen nicht das Beste vermutet und gesagt: „Dies ist eine offenkundige Lüge"? (12) Warum haben sie nicht vier Zeugen dafür gebracht? Da sie keine Zeugen gebracht haben, sind sie vor Gott die Lügner. (13) ... Als ihr es mit euren Zungen übernahmt und mit euren Mündern Dinge sagtet, von denen ihr kein Wissen hattet, hieltet ihr es für eine leichte Sache, während es vor Gott schwerwiegend war. (15) Warum sagtet ihr nicht, als ihr es hörtet: „Es steht uns nicht zu, darüber zu reden. Verherrlicht bist Du! Dies ist eine üble Verleumdung!" (16) Gott ermahnt euch, so etwas nie wieder zu tun, wenn ihr Gläubige seid. (17) ... Für diejenigen, die wollen, dass sich Schändlichkeit unter den Gläubigen verbreitet, gibt es schweres Leid in dieser Welt und im zukünftigen Leben. Gott weiß, und ihr wisst nicht. (19)

Die Schwere des Vergehens wird in einem allgemeiner gefassten Verbot von Verleumdung, übler Nachrede und anderen Einmischungen in die Privatangelegenheiten und Würde anderer in Sure 49/12 aufgegriffen:

> Ihr die ihr glaubt, vermeidet viel Misstrauen, denn manches Misstrauen ist ein Vergehen. Und spioniert nicht und redet nicht schlecht übereinander. Würde jemand von euch etwa gern das Fleisch seines toten Bruders essen wollen? Ihr würdet das sicher abscheulich finden. Und seid gewissenhaft vor Gott: Gott ist sich zuwendend, barmherzig.

Üble Nachrede und Verleumdung werden hier mit Kannibalismus verglichen – auch im Deutschen sprechen wir von Ruf*mord*, um die Schwere dieses schädlichen Verhaltens zu betonen, das nichtsdestotrotz die ‚Lieblingssünde' der Gemeinschaft ist. Surat an-Nur (Sure 24/23) spricht dasselbe Problem an mit der Betonung auf Frauen:

> Diejenigen, die keusche, achtlose gläubige Frauen verleumden, sind in dieser Welt und im zukünftigen Leben verflucht, und sie erwartet schweres Leid.

Diese Botschaft bestätigt offensichtlich nicht die gewöhnlichen Stereotypen, die Frauen mit dem privaten und Männer mit dem öffentlichen Bereich assoziieren. Sie fordert auch nicht ein allgemeines Prinzip der Geschlechtertrennung bei Zusammenkünften. Wie wir in späteren Abschnitten dieser Sure erfahren, haben sowohl Männer als auch Frauen ein Anrecht auf Privatsphäre, das zu respektieren ist, indem man z. B. nicht den privaten Wohnraum ohne ausdrückliche Erlaubnis betritt und Zeiten der Ruhe und Zurückgezogenheit achtet. Vielmehr verurteilt der Abschnitt die Verbreitung von Misstrauen und Skandalen und die Verdächtigung von Frauen, die sich im öffentlichen Bereich bewegen. Nicht Frauen werden hier als Ursache der Verdorbenheit identifiziert, sondern ein Verhalten, das durch Verdächtigungen und unsaubere Phantasien Misstrauen in der Gesellschaft wachsen lässt.

Dies wirft ein völlig anderes Licht auf spätere Abschnitte derselben Sure, in denen es um respektvolles Verhalten zwischen Männern und Frauen geht, und auf einen Aspekt, der im gegenwärtigen Diskurs fast schon den Status eines Identitätskriteriums, wenn nicht sogar eines Glaubensartikels angenommen hat: der Rat an Frauen, ihre Reize nicht zur Schau zu stellen. Unter dem Gesichtspunkt der scharfen Kritik an der Verleumdung von Frauen, die in der Öffentlichkeit tätig sind, deutet dieser Rat eher auf eine gesunde Mitte hin zwischen der Forderung, körperliche Merkmale aus dem Gesichtsfeld zu verbannen, und der Überbetonung physischer Reize – eine Mitte, die es Männern und Frauen ermöglicht, auf vernünftige und konstruktive Weise in der Gesellschaft zusammenzuarbeiten.

2. Überdenken von Leitprinzipien und Zielsetzungen des Rechts

Wenn wir nun zu Ethik und Recht zurückkommen, dann muss der *ij-tihâd*[7], den wir heute brauchen – sowohl für die Geschlechtergerechtigkeit als auch für andere Bereiche wie z. B. Fragen der Wirtschafts- und Wissenschaftsethik – mehr sein als nur ein Flickwerk, das einzelne Regeln auszubessern versucht, die bei der Traditionsentwicklung entgleist sind, ihren Sinn verloren haben, zum Selbstzweck geworden sind oder durch die Entwicklung des modernen Sozialsystems herausgefordert werden. Wir brauchen zeitgemäße Wege, unsere ethischen und rechtlichen Werte und Normen auszudrücken und umzusetzen. Dazu müssen wir sowohl unsere Quellen und Methoden als auch unsere gesellschaftliche Realität betrachten und relevante Fragen stellen.

Zur Zeit des Propheten war die Gesellschaft noch nicht so komplex wie heute und es standen viele Mittel zu Information und Kommunikation noch nicht zur Verfügung, die wir heute als selbstverständlich hinnehmen, die aber die Welt noch komplexer werden lassen. Aber selbst damals hatte die Gesellschaft ihre eigenen Schwierigkeiten, denn sie bestand aus verschiedenen Stammesverbänden mit unterschiedlichen Strukturen. Einzelne Gefährten des Propheten wie Salman, der Perser, und Bilal, der Afrikaner, stammten sogar aus anderen Kontinenten und Kulturkreisen. In den internationalen muslimischen Studentenvereinigungen der späten 1960er und der 70er Jahre wurde immer wieder stolz auf diese Diversität hingewiesen, um die ‚antirassistische Haltung des Islam' zu demonstrieren. Die Gesellschaft, wie sie sich nach der „Verfassung von Madinah"[8] darzustellen scheint, wurde auch oft als ein frühes Beispiel für die Integration verschiedener, oft sogar miteinander verfeindeter Gesellschaftsgruppen in einen ausgewogenen Stadtstaat hervorgehoben. Nun ist es sicher selektiv und willkürlich, solche politischen Einzelmaßnahmen so stark zu betonen, aber dennoch bieten sie einige Denkanstöße: Der Prophet hatte keine vorgefasste, am Reißbrett entworfene Gesellschaftsideologie, die er seinen Zeitgenossen aufdrängte, sondern eine Vision von *islah* – einer ausgewogenen gewachsenen Ordnung, die eine Grundlage für Frieden sein kann.

---

7   Rechtsfindung nach Grundsätzen der islamischen Rechtswissenschaft

8   Der Begriff bezieht sich auf einen Bündnisvertrag zwischen den Stammesverbänden von Yathrib/Madinah, den Muhammad nach seiner Auswanderung 622 n. Chr. aushandelte.

Später erarbeiteten die Gelehrten eine Terminologie und Gedankensysteme, um nicht nur Möglichkeiten zu bieten, durch Analogieschlüsse neue Regeln für neue Situationen zu generieren, sondern auch, um Perspektiven für diese Entwicklung aufzuzeigen. Die rechtlichen, theologischen und philosophischen Begriffe, die wir heute ganz selbstverständlich verwenden, wurden von Gelehrten der frühen Jahrhunderte geprägt, die damit Einsichten kommunizieren wollten, die nicht in eine einfache ‚Gebrauchsanweisung' gepresst werden konnten. Da es kein ‚Patentrezept' für das richtige Begriffsverständnis gibt, kann weder der Koran noch irgendeine andere Offenbarungsschrift als Nachschlagewerk für Problemfälle benutzt werden, sondern sie sind als eine Quelle für beständiges neues Nachdenken zu betrachten. Sie geben Einblick in eine umfassende Vision von einer organischen Einheit der menschlichen Gesellschaft, die als Friede bezeichnet wird. Sie definieren einen Satz von ethischen Grenzwerten wie Mord, Diebstahl oder Betrug, die eindeutig Hindernisse auf dem Weg zum Frieden sind. Und sie stellen Leitprinzipien vor, sowohl in Begriffen menschlicher Charaktereigenschaften als auch in Regeln, die auf Probleme angewendet werden können, die nicht in der Offenbarungsschrift selbst dargestellt werden, sondern in den Berichten von ihrer Zeitgeschichte.

Im klassischen muslimischen Denken wurde die Vorstellung von einer allgemeinen Richtung als *Maqâsid ash-Sharî'ah* bezeichnet, als die ‚Zielsetzungen des Rechts'. Man verstand das so, dass es nicht Gott ist, der Regeln und Prinzipien braucht, sondern die menschliche Gesellschaft, um auf eine Weise zu funktionieren, die zu „Glück in beiden Bereichen" führt: zu materiellem und spirituellem Wohlergehen – ein Rechtsprinzip, das aus der häufigen Anspielung im Koran auf „Gutes in dieser Welt und Gutes im zukünftigen Leben" (Sure 2/201) abgeleitet ist. Allgemeine Leitprinzipien wurden identifiziert und systematisch zu einer Rechtsmethodologie verarbeitet, darunter z. B. die Schlüsselwerte Leben, Eigentum und Würde als geheiligte Werte für jedes Individuum auf der Grundlage der überlieferten Abschiedspredigt des Propheten.[9] Man achtete auf Charakterbildung hin zu Wahrhaftigkeit, Ehrlichkeit, Großzügigkeit, Keuschheit, Geduld oder Demut, die übrigens im Koran (Sure 33/35) als für Männer und Frauen gleichermaßen gültig erwähnt werden. Während man sich davor hüten sollte, voreilig Schlussfolgerungen für eine oberflächliche Gleichheit von Männern und Frauen zu ziehen und alle Unterschiede zu ignorieren, sollte

---

9   In verschiedenen Versionen überliefert in den Hadithsammlungen *Sahih Muslim, Sunan Abi Dawud,* und *Sunan Ibn Majah.*

der Text doch ein wirksames theoretisches Gegenmittel zur Doppelmoral sein. Damit sind wir beim Problem von Gerechtigkeit im Allgemeinen angelangt, das Menschen durch die Zeitalter hindurch begleitet: Wie kann sowohl die Gleichheit als auch die Verschiedenheit der Menschen auf eine Weise berücksichtigt werden, dass eine ausgewogene Situation entsteht, die konstruktives Zusammenleben fördert, Konflikte möglichst vermeidet und eine sinnvolle Anerkennung sozialer Rollen zulässt, wo es die gesellschaftliche und wirtschaftliche Lage erfordert?

Heute habe ich den Eindruck, dass solche Konzepte allzu oft als bloßer ‚philosophischer Überbau' marginalisiert werden, als etwas für Menschen, die sich den Luxus der Philosophie leisten können, wenn dringende Herausforderungen dazu die Zeit lassen. Statt sich mit einer solchen Einstellung selbst Hindernisse für ein vertieftes Verständnis in den Weg zu legen, wäre es nützlicher, diese Prinzipien und Visionen ernst zu nehmen als Kriterien für eine Überarbeitung der islamischen Tradition – einschließlich situationsbezogener Regelungen wie beispielsweise zur Polygamie oder Erbschaft, die leicht ihren Sinn verlieren können, wenn sie aus dem Zusammenhang herausgenommen und als Selbstzweck betrachtet werden. Die allgemeinen Grundprinzipien können auch dann immer noch Leitlinien dafür bieten, ethisches und rechtliches Denken der Muslime in der Komplexität des modernen Lebens weiterzuentwickeln, wenn sie als solche nicht mehr aktuell sind, wie beispielsweise die Anweisungen in Verbindung mit Sklaverei, die inzwischen formal abgeschafft wurde. Warum sollen Muslime die Tatsache leugnen, dass die verschiedenen Traditionen der islamischen Welt dadurch entstanden sind, dass Muslime ihr Denken im Austausch mit ihrer kulturellen Umgebung weiterentwickelt haben? Warum sollen Muslime ihr Erbe verleugnen – den ganzen Reichtum von Konzepten, Erfahrungen und methodologischen Werkzeugen – und zugleich über intellektuelle, kulturelle und spirituelle Armut klagen? Muslimische Männer und Frauen sollten sich stattdessen gemeinsam bemühen, die Schönheit ihrer Traditionen wieder in der heutigen Welt einzupflanzen, um Früchte für die Zukunft zu ernten. Bei alledem darf nicht vergessen werden, dass der Prophet als „Barmherzigkeit für die Welten" (Sure 21/107) gesandt wurde – und Barmherzigkeit ist ein Schlüssel für menschliche Zivilisation.

3. Betrachtung des theologischen Hintergrundes

In diesem Zusammenhang beziehen sich Muslime gewöhnlich auf Gott als den Gesetzgeber. Das bleibt so lange ein schöner und idealistischer Begriff, bis eine Diskussion über Einzelheiten und Implikationen von Gesetzgebung aufkommt. Gott dient auch als ‚Autoritätsbackup': So formuliert man nicht: „Wir sind der Ansicht, dass die Gerechtigkeit unter diesen Umständen diese oder jene Lösung für das Problem erfordert", sondern: „Gott gebietet, wie folgt vorzugehen" – allzu oft mit destruktiven und einengenden Ergebnissen. Andererseits kann es aber auch sehr befreiend wirken, sich auf Gott als den Einen zu beziehen, auf die letztendliche Autorität, der gegenüber wir jenseits aller menschlichen individuellen oder kollektiven Autorität verantwortlich sind.

Ich möchte aber einen weiteren Aspekt vertiefen, der oft vernachlässigt wird: Der Koran spricht wiederholt von Gottes Zeichen in der Schriftoffenbarung, in unserer historischen und persönlichen Erfahrung (z. B. Sure 41/53) und in der Natur (z. B. Sure 3/190 ff.). In der heutigen Zeit, die von Säkularismus und Atheismus beeinflusst wird, werden solche Aussagen oft lediglich als Hinweise auf Gottes Existenz angesehen. Wenn man sich die ‚Zeichen' allerdings genauer ansieht, fällt auf, dass hier eine besondere Betonung auf Vielfalt liegt: verschiedene Pflanzen und Früchte, die aus demselben Boden wachsen; verschiedene Farben in Mineralien; Tiere und Menschen; verschiedene Sprachen und Völker; sogar verschiedene religiöse Rituale. Sie werden hervorgehoben als Zeichen Gottes „für Leute, die nachdenken"; „für Leute, die wissen" und „für Leute, die verstehen" (vgl. Sure 30/20–24). Dasselbe gilt für die Polarität, beispielsweise von Nacht und Tag, die wiederholt erwähnt wird. Dabei sind Tag und Nacht nicht einander ausschließende Entitäten, sondern gehen ineinander über und stehen in einer dynamischen Beziehung zueinander. Hier stellt sich die Frage, warum wir auf einer praktischen Ebene die männlichen und weiblichen Aspekte des Lebens als separate ‚Schubladen' behandeln sollten.

Im philosophischen und mystischen Denken des Islam werden die Zeichen Gottes in der Schöpfung als Widerspiegelungen der Attribute des Schöpfers verstanden, so wie sie symbolisch in den „Neunundneunzig schönsten Namen" zusammengefasst werden. Das heißt, dass wir beispielsweise einen Eindruck von Gottes Barmherzigkeit durch die Barmherzigkeit einer Mutter bekommen können oder von Gottes Wissen und Weisheit durch das Wissen und die Weisheit eines Lehrers. Hier geht es bei der Betonung von Gottes Einheit weniger um die Einzigartigkeit, als vielmehr um eine umfassende und integrierende Einheit, einschließlich göttlicher Attribute wie ‚der Verborgene‘ und ‚der Offenbare‘, ‚der Erste‘ und ‚der Letzte‘ und anderer, die gewöhnlich als logisch widersprüchlich wahrgenommen werden, aber dem oben genannten Polaritätsprinzip entsprechen – ähnlich, wie es in der chinesischen Philosophie durch Yin und Yang veranschaulicht wird. Dies lässt Raum für eine Vielzahl verschiedener und gültiger Arten, sich als Männer und Frauen aufeinander zu beziehen – als vielfältige Menschen – und in einer lebendigen Beziehung zum Schöpfer zu stehen.

In dieser Dynamik können wir eine Perspektive für die Herstellung eines Gleichgewichts finden, nicht als noch eine weitere Ideologie, sondern in einem ständigen Dialog zwischen Gelehrten und Laien, zwischen Alt und Jung, zwischen Männern und Frauen, zwischen Bewahrern bewährter Traditionen und Dokumenten und Menschen mit herausfordernden neuen Ideen – und nicht zuletzt in Gebet und Meditation als einem ständigen Dialog zwischen dem Menschlichen und dem Göttlichen.

Jürgen Wasim Frembgen

Spiritualität im Islam: Die Sufi-Tradition[1]

Das komplexe Bedeutungs- und Orientierungssystem, das wir ‚Islam'
nennen, besteht in der sozialen Realität aus verschiedenen Dimensionen,
Facetten, Traditionen und Strömungen. Die Grenzen zwischen diesen ‚Welten des Islam' mit ihren verschiedenen historischen Erscheinungsbildern
fließen mitunter ineinander, überschneiden sich und sind verwischt. Das
religiöse Universum der Muslime kann jedenfalls nicht nur auf die bei uns
in erster Linie wahrgenommene offizielle ‚Schriftfrömmigkeit' des ‚orthodoxen' Gesetzes-Islam oder auf reformistische und fundamentalistische
Erscheinungsformen des politischen Islam reduziert werden. In Verbindung mit diesen normativen Traditionen und zum Teil auch radikalen Interpretationen sowie der eher theologiefernen religiösen Alltagspraxis gibt
es ein anderes, weicheres Gesicht des Islam, das in besonderem Maße die
inneren, esoterischen Aspekte islamischer Religion und Lebensordnung
thematisiert, nämlich Schönheit, Liebe, Poesie und Musik. Diese spirituelle
Dimension des Islam ist die Mystik – der Sufismus (*tasawwuf*), ein integraler Bestandteil des Islam, das ‚Knochenmark' des Islam. Er beinhaltet
die Lehre von ethischen und spirituellen Idealen. Der Sufismus existiert
in allen muslimischen Lokalkulturen in verschiedenen Ausprägungen, von
Nord- und Westafrika über Südosteuropa, den Nahen und Mittleren Osten
bis nach Südasien, Zentralasien, China und Indonesien sowie in der muslimischen Diaspora.[2] Der folgende Beitrag versucht, eine kurze Übersicht
über diese religiöse Erfahrungswelt zu geben, die sich nie von den heiligen

---

1   Eine frühere Fassung dieses Textes erschien im Jahre 2012 unter dem Titel „Die
Sufi-Tradition im Islam" in dem von Ingrid Pfluger-Schindlbeck herausgege-
benen Katalog „Welten der Muslime" (Berlin, S. 65–88). Für die vorliegende
Veröffentlichung wurde dieser Text aktualisiert und erweitert.
2   Als Überblick vgl. Schimmel, Annemarie: *Mystische Dimensionen des Islam.
Die Geschichte des Sufismus*, Köln 1985; Ernst, Carl W.: *The Shambhala Guide to
Sufism*, Boston und London 1997 (sehr empfehlenswerte Einführung); Schim-
mel, Annemarie: *Sufismus. Eine Einführung in die islamische Mystik*, München
2000; Frembgen, Jürgen Wasim: *Journey to God. Sufis and Dervishes in Islam*,
Karachi 2008 (Darstellung der Sufi-Tradition aus ethnologischer Perspektive);
Chittick, William C.: *Sufism. A Beginner's Guide*, Oxford 2009; Green, Nile: *Sufis.
A Global History*, Chichester 2012 (ausgezeichnete aktuelle Darstellung der

Schriften und dem Vorbild des Propheten abkehrte, sondern vielmehr eine Vertiefung der esoterischen Wahrheiten des Islam darstellt.

Was ist Sufismus?

Die von den islamischen Mystikern – den Sufis und Derwischen – gelebte Tradition kann zunächst einmal als eine religiöse Strömung der Hingabe an den Glauben und der Ergriffenheit durch das Göttliche charakterisiert werden, wobei die Adepten selbst davon sprechen, „aus der Weinschale der Gottesliebe zu trinken". Sie umfasst einen Weg der Gottes- und Menschenliebe, der sich seit dem 8. und 9. Jahrhundert entwickelt hat. Dieser Stufenweg verfügt je nach Orden oder Bruderschaft über ein eigenes spirituelles Repertoire.

In Texten der islamischen Mystik findet sich ein präskriptiver Gebrauch des Terminus Sufi, der ein Ideal ethischer und spiritueller Vervollkommnung impliziert. Dieser etwa seit dem 9. Jahrhundert verbreitete Begriff wird von dem arabischen Wort für Wolle (*suf*) abgeleitet, da die frühen Asketen im Irak, in Ägypten und vor allem in der historischen Region Khorassan im Nordosten des Iran und im Westen Afghanistans einen Flickenmantel aus grobem Wollstoff trugen.[3] Auch der Prophet Muhammad soll der Überlieferung nach selbst einen solchen Mantel getragen haben, der seither als Zeichen der Bescheidenheit und Weltentsagung den Gegensatz zur Prunksucht der Herrscher deutlich macht. Im Laufe der Entwicklung des Sufismus wurde er zu einem der wichtigsten Teile der klassischen Derwischtracht. Sufis sind daher ‚Wollträger' (persisch *pashmina-posh*). Sie haben sich durchwegs als konservative Muslime verstanden. Sie waren und sind Stützen der moralischen und legalen Ordnung des Islam. Für Millionen von Muslimen war die Lebenshaltung des Islam seit dem 10./11. Jahrhundert untrennbar mit der Sufi-Tradition verbunden. Ihr mystisches Ideal der Armut spiegelt sich nicht zuletzt in den Begriffen *darwish* (persisch) und *faqir* (arabisch) wider, die so viel wie ‚arm' bedeuten.

In den Schriften der islamischen Mystiker erscheint der Sufi als ein Wahrheitssuchender, der von Gott berührt und ganz von ihm durchdrun-

---

globalen Geschichte des Sufismus); Knysh, Alexander: *Sufism. A New History of Islamic Mysticism*, Princeton und Oxford 2017.

3   Frembgen, Jürgen Wasim: *Kleidung und Ausrüstung islamischer Gottsucher. Ein Beitrag zur materiellen Kultur des Derwischwesens*, Wiesbaden 1999, S. 11–18.

gen ist. Letztlich verkörpert er das Idealbild eines Muslims.[4] Sein Leben ist völlig auf Gott hin ausgerichtet. Er ist ein Geduldiger, ein Genügsamer, ein Aufrichtiger und ein Liebender, der das Wort Gottes rezitiert. Ein Sufi bemüht sich durch die Praxis von Meditation, Gebet, rituellem Gottgedenken und weiteren asketischen Übungen um die Reinheit seines Herzens – dem Ort, an dem man Gott findet –, damit das Herz das göttliche Licht reflektieren kann. Er reinigt sich sozusagen durch Liebe. Letztlich geht es ihm um die Vereinigung seiner Seele mit dem göttlichen Geliebten, um die Aufhebung aller Gegensätze in mystischer Einheit. Über dieses Unsagbare bemerkt er nur: „Worte bleiben an der Küste." Ein Sufi strebt in dieser persönlichen, unmittelbaren Gottesbeziehung nach dem ‚Wissen vom Inneren' (*'ilm al-batin*), das für die existentielle religiöse Erfahrung von wesentlicher Bedeutung ist. Die Transformation des eigenen Selbst bedeutet, dass das Ego (nicht die Seele!) zu Staub zerstoßen wird, damit das ‚wahre Selbst' vom ‚niederen Selbst' getrennt wird. Für den Suchenden ist Gott – wie es im Koran heißt – „der Erste und der Letzte, der Offenbare und Verborgene" (Sure 57/3). Eine von islamischen Mystikern häufig gebrauchte rhetorische Formel, die diese Eigenschaften Gottes im Hinblick auf das Innere und das Äußere begreift und ihren spezifischen Weg beschreibt, lautet: *shari'a – tariqa – haqiqa*. Diese Begriffe bezeichnen die Scharia, also das ‚religiöse Recht' als die äußere Form und Basis muslimischen Lebens, den in Stufen gegliederten ‚Weg' oder ‚Pfad' als den inneren Zugang sowie Gott als die letztgültige spirituelle ‚Wahrheit'. Den weltanschaulichen Kernpunkt des Sufismus bildet von daher die Anerkenntnis der absoluten Einheit und Einzigkeit Gottes (*tauhid*). Das ‚Entwerden' in Gott streift den Körper wie eine Schale oder Hülse ab, bis das reine Korn, die *ruh*, übrig bleibt – die Wahrheit.

An dieser Stelle ist hervorzuheben, dass viele Aspekte des Sufismus nicht individualistisch sind oder privaten Charakter haben, wie man aus westlicher Sicht über die Mystik annehmen würde, sondern dezidiert kollektiv und öffentlich sind.

---

4   Zum Folgenden vgl. zum Beispiel: Ernst: *The Shambala Guide*, S. 18–31; Gramlich, Richard: *Die Lebensweise der Könige. Adab al-Mulūk. Ein Handbuch zur islamischen Mystik*, Stuttgart 1993; Schimmel: *Sufismus*, S. 7–9 und S. 17–18; Frembgen: *Journey to God*, S. 4–8.

Quellen mystischer Gottesliebe

Ausgangspunkt der Sufi-Tradition ist die Frömmigkeit, die aus der devotionalen Rezitation des Koran und der Verinnerlichung bestimmter Suren und Verse erwächst. Im Besonderen stellt die „Nacht der Macht" (Sure 97) für die Sufis die Matrix ihrer religiösen Erfahrung dar: Der Prophet hatte sich zu asketischen Gebetsübungen in eine Höhle auf dem Berg Hira bei Mekka zurückgezogen und empfing in dieser Zeit den ersten Teil der göttlichen Offenbarung, der auf ihn ‚herabkam'.[5] Die Offenbarungen, d. h. die von Gott empfangenen Worte, die Muhammad als ‚Vortrag' (*qur'an*/Koran) nachsprechen sollte, setzten sich fort bis zu seinem Tod im Jahre 632. Er wurde ergriffen von der Präsenz und Allmacht Gottes. Ein weiteres Schlüsselerlebnis war die visionäre nächtliche Himmelsreise, die den Propheten durch die sieben Himmel hindurch schließlich vor den Thron Allahs und damit zur Gottesschau führte (Sure 53/13–18).

Sufis versenken sich damals wie heute in die mystischen Inhalte des Korans – sowohl während des täglichen Gebetes, als auch im vertieften Studium des heiligen Buches und vor allem im emotional berührenden Hören der rezitierten Verse. Sie reagieren verzückt, ergriffen und beglückt auf die Wahrheiten der göttlichen Rede und ihres ästhetischen Wohlklangs.[6] Für Sufis war der Koran seit dem 9. Jahrhundert die Hauptquelle für das Verstehen der Welt. Er diente dazu, Möglichkeiten zu finden, in dieser Welt moralisch, intellektuell und praktisch zu agieren.

Die mystisch-esoterische Lesart des Korans und die Deutung seiner vielfältigen Symbolik, die auch der arabischen Sprache und Schrift innewohnt, wurden schließlich zur Grundlage der entstehenden Sufi-Tradition. Entsprechend dienten koranische Konzepte und Begriffe zur Entwicklung eines verfeinerten, symbolreichen Sufi-Vokabulars. Demgegenüber sehen sich buchstabengläubige Fundamentalisten als alleinige ‚Wahrheitsbesitzer', die jegliche mystische Interpretationen vehement ablehnen und Sufis als Häretiker verleumden.

Koranische Themen, die in besonderem Maße mystische Vorstellungen inspiriert haben, betreffen beispielsweise die allumfassende Macht Gottes (Thronvers, Sure 2/255), seinen Lichtglanz (Lichtsure, Sure 24/35), seine

---

5   Zum Folgenden vgl. Ernst: *The Shambala Guide*, S. 32–57; Bobzin, Hartmut: *Mohammed*, München 2000, S. 74–76.

6   Kermani, Navid: *Gott ist schön. Das ästhetische Erleben des Koran*, München 1999, S. 365–425.

Nähe zum Menschen – „näher als seine Halsschlagader" (Sure 50/16), die Allgegenwart des „Herrn der Macht" (Sure 2/115), seine Unvergleichlichkeit jenseits aller Beschreibung (Sure 112/1–4) trotz der neunundneunzig ‚Schönsten Namen', die seine Eigenschaften rühmen, ferner die zahlreichen visionären Beschreibungen des Paradieses und vor allem den ursprünglichen Bund, den Gott noch vor der Schöpfung mit den ungeborenen Seelen geschlossen hat (Sure 7/172). Dieser Bund ist Ausdruck der ewigen Liebe Gottes zu den Menschen. Wie alles in der Welt, geht die Liebe von Gott aus und der Mensch antwortet auf sie.[7] So heißt es in Sure 5, Vers 54: „Er liebt sie, und sie lieben Ihn". Die Gottesliebe und Menschenliebe sind in der Mystik von zentraler Bedeutung und der Sufismus kann daher zu Recht als eine ‚Religion der Liebe' charakterisiert werden. Erst die Liebe verwandelt die strenge Askese in wirkliche Mystik, wie Annemarie Schimmel schreibt.[8] Die Liebe motiviert und befördert die Suche nach der göttlichen Wahrheit. Manche Sufis wurden wegen ihrer leidenschaftlichen Gottesliebe verfolgt oder gar – wie Mansur al-Hallaj (858–922) – dafür hingerichtet, dass sie das Geheimnis dieser ekstatischen mystischen Vereinigung mit Gott offenlegten.

Eine weitere wichtige Quelle des Sufismus ist neben dem koranischen Gotteswort – der ‚Wurzel des Islam' – die prophetische Tradition (*sunnah*) – der ‚Spross' –, wie sie aus den mündlich und später schriftlich überlieferten Aussprüchen (*hadith*) Muhammads hervorgeht.[9] Aufgrund seiner Gottesnähe (vgl. Sure 4/80) und seiner außergewöhnlichen Qualitäten erscheint der Prophet als Stellvertreter Gottes. Sein Charakter, seine Worte und sein Verhalten gelten im Koran als „schönes Vorbild" (Sure 33/21), dem die Sufis im Alltag in allem nacheifern – ob es sich um Zeiten der Zurückgezogenheit und Kontemplation handelt, um innere mystische Erfahrungen des Göttlichen oder um äußere Belange wie Kleidung, Körperpflege und Umgangsformen. Das bedeutet, dass die eigenen Erfahrungen des Mystikers durch die Konzepte von Koran und *hadith* interpretiert werden. Er entnimmt bestimmten sakralen Überlieferungen (*hadith qudsi*), wie durch die Erfüllung religiöser Pflichten und intensive Übungen der Devotion die Vereinigung mit Gott erreicht werden kann. Aufbauend auf den *hadith* er-

---

7   Schimmel: *Sufismus*, S. 28 ff.

8   Schimmel, Annemarie: *Gärten der Erkenntnis. Texte aus der islamischen Mystik*, Düsseldorf/Köln 1982, S. 9.

9   Schimmel, Annemarie: *Und Muhammad ist Sein Prophet. Die Verehrung des Propheten in der islamischen Frömmigkeit*, Düsseldorf/Köln 1981.

scheint der Prophet Muhammad sowohl in den vormodernen Biographien, die über ihn verfasst wurden, als auch in den Versen der Sufi-Dichter als verehrungswürdiger Heiliger, Wundertäter und mystischer Führer von höchster Autorität, der von Gott innig geliebt und als „Barmherzigkeit für die Welten" (Sure 21/107) gesandt wurde. Die diskursive Macht der Sufis geht mithin auf dieses normative prophetische Beispiel zurück.

Sufi-Poesie

Neben Kalligraphie, Bildkunst, spiritueller Musik und mystischen Traktaten in Prosaform ist die Poesie die wesentliche künstlerische Ausdrucksform der islamischen Mystiker.[10] Sie dient als Mittel der Kommunikation ekstatischer Erfahrungen – des Wissens von der Einheit mit Gott. Allerdings sind die Verse der Sufi-Dichter mit ihrer feinsinnigen und reichen Bildsprache wohl nur zum Teil im biographischen Sinne als Spiegelungen persönlicher innerer Erfahrungen zu verstehen; sie sollen vor allem im Kontext einer performativen Rezitation beim Hörer mystisches Erleben inspirieren.[11] So stehen sie im Dienst der zeitlosen Welt der Mystik. Weitere Genres der Poesie, die von Sufis mit besonderer Hingabe gepflegt wurden, dienen der Lobpreisung Gottes, des Propheten Muhammad und der Heiligen. So stellt beispielsweise die *na'tiyya*-Poesie im Grunde eine sufische Konstruktion der spirituell-sakralen Identität des Propheten dar, die zeigt, wie tief dieser das Bewusstsein der Mystiker durchdrungen hat.[12]

Hauptthemen der Sufi-Literatur sind *tauhid* – die Vergegenwärtigung der absoluten Einheit und Einzigkeit Gottes mit dem Ziel, schließlich in Ihm zu ‚entwerden' – und *'ishq* – die Gottesliebe, die in all ihrer Schönheit besungen wird. Vielfach kann der Bedeutungsgehalt lyrischer Verse zwischen der absoluten Liebe zu Gott und der irdischen Liebe oszillieren. Dies gilt insbesondere für die persischen Ghaselen (*ghazal*), einer kurzen, filigranen poetischen Form mit musikalischer Qualität, die in der östlichen Welt des Islam weit verbreitet ist. Eigentlich handelt es sich dabei

---

10 Zum Folgenden vgl. Schimmel: *Gärten der Erkenntnis*; Schimmel: *Mystische Dimensionen*, S. 367–575; Schimmel: *Sufismus*, S. 47–67.

11 Vgl. Avery, Kenneth S.: *A Psychology of early Sufi samā'. Listening and altered states*, London/New York 2004.

12 Vgl. Huda, Qamar-ul: *Striving for Divine Union. Spiritual exercises for Suhrawardi sūfīs*, London/New York 2003, S. 94–101.

um Verse säkularer Liebespoesie, die jedoch in Sufi-*ghazal* umgewandelt wurden. Weitere wichtige lyrische Formen sind Vierzeiler, Lobgedichte und lange mystische Epen, die aus reimenden Doppelversen bestehen. Die in den Konventen der Sufi-Orden entstandene Poesie wurde vor allem in Persisch und Arabisch verfasst, aber auch in Türkisch, Urdu, Hindi, Punjabi, Sindhi, Bengali sowie anderen Regionalsprachen von Muslimen. Neben Versen von höchster Verfeinerung gibt es Verse mit eher volkstümlichem Charakter, die wohl in besonders authentischer Weise mystisches Erleben ausdrücken. Hier stellen wir eine Veralltäglichung von Sufi-Lehren fest.

Die Dichtung der Sufi-Meister hat unterschiedliche Färbungen und Schattierungen: Neben eher gemäßigten oder gar nüchternen Haltungen, die von tiefer Frömmigkeit, Kontemplation und Gesetzestreue künden, gibt es poetische Worte von Lichtmystikern, Philosophen der Erleuchtung, theosophischen Denkern und leidenschaftlichen Liebesmystikern bis hin zu ausgesprochen ekstatischen Bekenntnissen, die eine rauschhafte Erfahrung Gottes spiegeln. Als Beispiel für das Genre sufischer Weisheitsworte sei ein prägnanter Spruch des ägyptischen Mystikers Ibn 'Ata'ullah (gest. 1309) zitiert, dessen Verse im Mittelalter zwischen Spanien und Indien weit bekannt waren.[13]

Wer Gott kennt,
    sieht Ihn in allen Dingen.
Wer in Ihm entwird,
    verschwindet von allen Dingen,
Und wer Ihn liebt,
    zieht Ihm nichts anderes vor.

Die Sufi-Orden: Meister und Schüler

Innerhalb der Orden und Bruderschaften wird ein *‚embodied'* Islam der Autorität praktiziert, der mit allen Sinnen – ‚durch den Körper' – gelebt wird. Er gründet auf Heil- und Segenskraft und wird über prestigeträchtige Initiationsketten weitergegeben.

Auf dem mystischen Pfad der Reinigung und Läuterung bedarf der Schüler (*murid*) eines Meisters (*murshid, sheikh, pir*), der ihn auf die Wegstationen asketischer und moralischer Disziplin vorbereitet, ihn führt und

---

13 Schimmel: *Gärten der Erkenntnis*, S. 166.

in der religiösen Praxis unterweist.[14] Zu den Stufen dieses Pfades gehören zum Beispiel Reue, Entsagung, Gottvertrauen, Armut, Geduld, Dankbarkeit und schließlich Liebe und Entwerden. Während der Begleitung auf diesen spirituellen Stationen und Zuständen soll sich der Schüler dem Meister ganz anheimstellen und ihm bedingungslos vertrauen. Bei dem mystischen ‚Training‘ der Seele ist der Meister gleichsam ein ‚Arzt des Herzens‘, der intuitiv Wesen, Charakter und Leben seines Schülers zu erkennen vermag. Er stellt, kurz gesagt, das Idealbild eines Sufi dar. Die Bindung zwischen Meister und Schüler ist daher ein integraler Bestandteil des Sufismus. Sufi-Meister folgen den Traditionen ihrer eigenen mystischen Lehrer und versammeln neue Schüler um sich, um das geistige Erbe dieser Linie fortzuführen. Auf diese Weise geben sie symbolisches Kapital weiter, eine Vorgehensweise, die zur Standardisierung einer Tradition führt. Der Meister selbst wird schließlich in seinem Konvent begraben und bildet den Mittelpunkt künftiger Verehrung.

Seit dem 12. Jahrhundert sind in der gesamten muslimischen Welt Orden mit Zweigen und Untergruppen entstanden (mit hauptsächlich, aber nicht ausschließlich männlichen Mitgliedern, daher kann man sowohl von Bruderschaften, als auch von Schwesternschaften sprechen), in denen die Schüler von ihrem Meister nach einer Novizenzeit schließlich formell aufgenommen werden. Die Initiationsriten der einzelnen Sufi-Orden sind meist von reicher Symbolik geprägt. Von essenzieller Bedeutung ist, dass der Schüler ein Gelübde des Gehorsams gegenüber seinem verehrten Meister ablegt. Dieses wird durch das Ineinanderlegen der Hände rituell bekräftigt (*bay'at*). Darüber hinaus spielen das Bekenntnis der Sünden und die Vergebung derselben sowie rituelle Waschungen eine wichtige Rolle. Zur Aufnahme gehört traditionell auch die Investitur mit einer spezifischen Derwischtracht einschließlich verschiedener Insignien – es erfolgt zum Beispiel die Entgegennahme eines Mantels und einer Mütze oder das Umbinden eines Gürtels. Bei den ‚freien‘ Bruderschaften wandernder Mystiker und Ekstatiker – etwa der Qalandar-Richtung – wird der Übergang in die neue Lebensform bis heute in den Körper eingeschrieben und durch Rasuren und andere Eingriffe markiert. In der Regel akzeptieren die Sufi-Orden Kandidaten aus allen sozialen Schichten.

Sufi-Orden unterscheiden sich, indem sie sowohl in den geistigen Haltungen und Stationen des mystischen Weges, als auch in Lehre und Me-

---

14 Zum Folgenden vgl. Schimmel: *Mystische Dimensionen*, S. 148–214; Schimmel: *Sufismus*, S. 68 ff.; Frembgen: *Journey to God*, S. 128–131.

thode ihrer religiösen Übungen verschiedene Akzente und Schwerpunkte setzen, so etwa bei den vom Sheikh geleiteten Ritualen und spirituellen Übungen, den Lebens- und Verhaltensregeln, Organisationsformen und dem spezifischen Brauchtum (einschließlich Kleidung und Ausrüstung).[15] Diese Riten stellen gewissermaßen den ‚harten Aspekt' der Institutionalisierung dar. Sie werden vom sozialen und religiösen ‚Establishment' der Sufis getragen, die auch über ökonomische Macht verfügen.

Die meisten Sufis gehören zu einem der bekannten, großen und gut organisierten ‚orthodoxen' Orden, die dem Schrift-Islam nahestehen und ‚mit dem religiösen Gesetz' (*ba-shar'*) gehen, vielfach urban orientiert sind und zum Teil in besonderem Maße Gelehrsamkeit, Recht, Literatur, Poesie und Kunst pflegen. Andere Orden zeigen demgegenüber einen eher volkstümlichen Charakter (‚populärer' und ‚informeller' Sufismus). Das Spektrum mystisch geprägter Verhaltensformen ist sehr weit. So gibt es an der Peripherie der muslimischen Gesellschaft Gruppen von geringerem Organisationsgrad, weniger etabliert und ‚freier' in ihren Ausdrucksformen, die sich in ihrem ‚spirituellen Stil' und ihrer häufig peripatetischen Lebensweise von anderen Sufis beträchtlich unterscheiden. Von Mystikern des *mainstream Islam* werden sie daher oft pejorativ als ‚ohne das religiöse Gesetz' (*bi-shar'*) lebend kategorisiert und mit Häresie und Unglauben assoziiert. Dieser Haltung der Voreingenommenheit wird oft zugeschrieben, dass sie sich gegen nicht-sunnitische Gruppen, volkstümliche Heilige und die große Zahl ihrer Anhänger wende. Ohne diesen Aspekt interner Religionskritik hier näher zu beleuchten, soll im Folgenden kurz auf eine Reihe wichtiger Sufi-Orden (*tariqa*) eingegangen werden:[16]

Die von dem berühmten Prediger 'Abdul Qadir Gilani (1088–1166) seinerzeit im Irak gegründete Qadiriyya – die größte Sufi-Korporation überhaupt – ist über die ganze muslimische Welt von Westafrika bis nach Indonesien verbreitet. Sie betont Ausdrucksformen der Frömmigkeit und vermeidet jegliche Extreme. Die Qadiriyya ist vor allem mit der städtischen Kultur verbunden und zeigt durchaus auch volkstümliche Züge.

---

15 Vgl. Gramlich, Richard: *Die schiitischen Derwischorden Persiens. Zweiter Teil: Glaube und Lehre*, Wiesbaden 1976, *Dritter Teil: Brauchtum und Riten*, Wiesbaden 1981; Frembgen, *Kleidung und Ausrüstung*.

16 Zum Folgenden vgl. Trimingham, J. Spencer: *The Sufi Orders in Islam*, Oxford 1971; Schimmel: *Sufismus*, S. 75–95; Frembgen: *Journey to God*, S. 46–51 und S. 66–127.

Eine ähnlich weite Verbreitung hat die auf Baha ud-Din Naqshband (1318–1389) zurückgehende Naqshbandiyya, die eng an der sunnitischen Tradition orientiert ist. Von ihrem ursprünglichen Zentrum Buchara ausgehend wurde sie nicht nur in ganz Zentralasien verbreitet, sondern über den Mittleren Osten auch nach Westen bis nach Nordafrika und im Osten bis auf den indo-pakistanischen Subkontinent und nach Südostasien. Die Mitglieder des Naqshbandi-Ordens vertreten eine ‚nüchterne‘ mystische Richtung, sie legen Wert auf Meditation und stilles Gottgedenken, propagieren das Ethos der Arbeit und lehnen Dichtung, Musik und Tanz als Ausdrucksformen religiöser Erfahrung ab.

Ebenso eher ernsthaft-nüchtern orientiert erscheint die von Abu Hafs Omar as-Suhrawardi (gest. 1234), dem Neffen des Sufi-Meisters Abu Najib as-Suhrawardi (gest. 1165) etablierte Suhrawardiyya, deren Anhänger vor allem im Mittleren Osten und in Südasien zu finden sind. Wie die beiden zuvor genannten Orden ist auch die Suhrawardiyya ein weitverzweigtes Netzwerk. Ihr Stifter gilt auch als Oberhaupt der Dahabi, einer wichtigen schiitischen Bruderschaft. Schon seit ihrer Frühzeit im Iran abbasidischer Zeit und später auch auf dem Subkontinent sind die Suhrawardi-Sufis für ihre engen und loyalen Beziehungen zu den jeweiligen Herrschern bekannt.

‚Orthodoxen‘ Charakter hat auch die im gesamten nordafrikanischen Raum sowie auf der Arabischen Halbinsel verbreitete Shadhiliyya, die auf Abu’l Hassan ash-Shadhili (1196–1258) zurückgeht. Die Weisheitssprüche des bereits erwähnten Shadhili-Mystikers Ibn ‘Ata’ Allah gehören zu den Klassikern religiöser Literatur. Ein Grundgedanke dieser mystischen Lehre ist die Dankbarkeit gegenüber Gott. Die Hamidiyya, ein neuer, reformistisch orientierter Zweig dieses Ordens, der viele Gebildete anzieht, bemüht sich in besonderer Weise um Respekt und Akzeptanz in der modernen Welt. Ein weiterer Zweig, die im Sudan entstandene Burhaniyya, ist heute besonders auch in Europa aktiv.

Im Westen am bekanntesten ist wohl die insbesondere mit dem mystischen Dichter Jalal ud-Din Rumi (gest. 1273) verbundene Mevleviyye, die in der Türkei, Syrien und Ägypten beheimatet ist und von Rumis ältestem Sohn Sultan Walad (gest. 1312) institutionalisiert wurde. Ihre Anhänger pflegen die Künste und sind wegen ihres reigenartigen liturgischen Tanzrituals weithin als ‚tanzende Derwische‘ bekannt.

Der bedeutendste Sufi-Orden des Iran ist die rein schiitische Ni’matullahiyya, die von Shah Ni’matullah (gest. 1431) gegründet wurde.

Im Vergleich zu anderen iranischen Bruderschaften wuchs ihre Mitgliederzahl im 19. Jahrhundert in beträchtlichem Maße. In der Gegenwart werden Sufis im theokratischen Iran allerdings zum Teil verfolgt und sind daher gezwungen, ihre religiöse Praxis weitgehend zu verbergen. Bei iranischen Sufi-Orden treten schiitische Glaubenselemente mehr in den Vordergrund, wenngleich die konfessionelle Trennung in Sunniten und Schiiten ansonsten innerhalb des Sufismus keine wirkliche Rolle spielt.

Die wohl typischste *tariqa* in Pakistan und Indien ist die Chishtiyya, die ihren Ausgangspunkt in dem Ort Chisht im Westen Afghanistans hat und von Mu'in ud-Din Chishti (1142–1236) auf dem Subkontinent verbreitet wurde. Sie ist im Laufe ihrer Entwicklung zumeist mit dem religiösen Gesetz konform gegangen, doch gab es in diesem Orden immer Persönlichkeiten, die ihre eigenen Wege gingen und von der Scharia abwichen. Asketische Übungen spielen in ihrer religiösen Praxis eine wichtige Rolle. Die eher ländliche und apolitische Chishtiyya hatte in Südasien besonderen Erfolg, da sie Vorstellungen und devotionale Praktiken der Hindu-Tradition aufnahm und der mystischen Poesie und Musik bis heute einen hohen Stellenwert beimisst. In diesem Kontext hat sich der berauschende Qawwali-Gesang der südasiatischen Mystiker entwickelt.

Neben dem von der Mehrheit der großen, etablierten und gut organisierten Orden getragenen ‚gemäßigten‘ Sufismus – der klassischen Sufi-Tradition sozusagen – und der beträchtlichen Minderheit ‚freier‘, antinomisch orientierter und sozial marginalisierter Gruppen, die ihrerseits eine extrem subjektive Rauschmystik leben, gibt es religiöse Individualisten, die einen ganz eigenen Weg beschreiten. Dabei handelt es sich um Ekstatiker, die nicht unbedingt mit einer religiösen Korporation assoziiert sind. So bemühen sich die asketischen Malamatis (‚Leute des Tadels‘) von ihrer Geisteshaltung her darum, verachtet und erniedrigt zu werden, durch Übertretungen des Gesetzes Tadel (*malama*) auf sich zu ziehen und auf diese Weise den Kampf gegen die eigene Triebseele zu führen. Einen ganz eigenen Frömmigkeitstypus verkörpern auch die verzückten Majzubs und Mast-Babas, die ‚zu Gott gezogenen‘ heiligen Narren und Charismatiker, denen man bis heute sowohl im westlichen als auch besonders im östlichen Teil der muslimischen Welt begegnen kann.

Unter der Vielzahl kleinerer ‚freier‘, wenig institutionalisierter Sufi- und Derwisch-Gruppen, die von Nordafrika ('Isawiyya/Aissaoua, Hamadsha, Gnawa, Haddawa, Jilala) über Südosteuropa und den Nahen Osten (Rifa'i), die Türkei (Bektashi), Zentralasien (Diwana) und Iran (Khaksar/Haidari) bis auf den indo-pakistanischen Subkontinent (Madari-Malang, Sidi-Fakire usw.) verbreitet sind, soll an dieser Stelle nur die Qalandar-Bewegung hervorgehoben werden. Die Ideen des Qalandartums wurden seit dem 13. Jahrhundert von Iran, Zentralasien und Anatolien aus verbreitet. Dazu gehören insbesondere das provokante, gegen die herrschenden Normen und Werte gerichtete *malamat*-Prinzip sowie die Betonung der unmittelbaren göttlichen Erleuchtung. Qalandar ziehen meist als Wanderderwische durch die Lande, leben zölibatär und suchen ekstatische Erfahrungen, berauscht von der Liebe Gottes. Der Welt entsagend wenden sie sich entschieden gegen die Verweltlichung der Sufi-Tradition. Der berühmteste Meister dieser radikalen Richtung ist Lal Shahbaz Qalandar (gest. 1274), der ,rote Sufi', dessen Schrein in Sehwan Sharif am Indus (Sindh/Pakistan) bis heute jedes Jahr von Millionen von Pilgern und Anhängern besucht wird.

Die spirituelle Praxis der Sufis

Für islamische Mystiker sind Gebet und Gottgedenken als Formen der inneren Hinwendung zu Gott in ihrer alltäglichen religiösen Praxis von zentraler Bedeutung.[17] Über das tägliche fünfmalige Ritualgebet hinaus sprechen die Sufis noch weitere Gebete (vor allem ein besonderes nach Mitternacht), die von tief empfundener Liebe zu Gott durchdrungen sind. Neben diesen intensiven Gebetsübungen spielen Koranrezitationen und zusätzliche Andachtsübungen eine wichtige Rolle. Der Tradition der einzelnen Sufi-Orden folgend sind dafür jeweils eigene Textsammlungen in Gebrauch. Derwische der Qalandar-Bewegung vernachlässigen demgegenüber die vorgeschriebenen Gebete zugunsten der freien und persönlichen Zwiesprache mit Gott. Wie die „heiligen Narren" fühlen sich diese verzückten Ekstatiker von den religiösen Pflichten entbunden.

Die besondere Andachtsform der Sufis ist das rituelle Gottgedenken (*dhikr*) unter Anleitung eines Meisters im Kreis seiner Schüler, also kollektiv und nicht individuell. Dabei handelt es sich um still oder laut gesprochene Anrufungen, meist mit Atemkontrolle verbunden, in denen der Mystiker sein Innerstes reinigt und durch die stete Wiederholung von Gottesnamen und ordensspezifischen religiösen Formeln – den Mantras der Buddhisten

---

17 Zum Folgenden vgl. Schimmel: *Mystische Dimensionen*, S. 215–265; Ernst: *The Shambala Guide*, S. 81–98; Huda: *Striving for Divine Union*, S. 137–172; Frembgen: *Journey to God*, S. 149–164.

und Hindus vergleichbar – sein Herz auf nichts Anderes als Gott konzentriert. Der Koranvers „Gedenket unablässig Gottes" (Sure 33/41) bildet gleichsam die Grundlage der Sufi-Tradition. Zu den im *dhikr* am häufigsten verwendeten Worten gehören der erste Teil des Glaubensbekenntnisses („Es gibt keinen Gott außer Allah") und die neunundneunzig „Schönsten Namen Gottes", über die es in einem bekannten *hadith* heißt: „Gott hat 99 Namen; derjenige, der sie aufzählt, wird ins Paradies eingehen". Am häufigsten wird dabei Allah – das arabische Wort für Gott – wiederholt.

Sufis widmen sich ihren spirituellen Übungen mit besonderer Intensität in Zeiten des Fastens und nächtlichen Schlafentzugs, die eine enorme Disziplinierung des Körpers bedeuten. Dies gilt insbesondere für die vierzigtägigen asketischen Perioden der Zurückgezogenheit, die zur Tradition vieler Orden gehören (z. B. Kubrawiyya, Naqshbandiyya). Ziel der verschiedenen Sufi-Praktiken ist es schließlich, einen Zugang zur inneren Dimension der göttlichen Erfahrung zu erlangen, das Trennende zwischen sich und Gott zu entfernen. Dazu dienen insbesondere auch die Sufi-Musik – das ,Hören' (*sama'*) rhythmisch rezitierter Poesie – und der Derwisch-Tanz. Beides sind wichtige Medien mystischer Spiritualität, die – obwohl im Islam umstritten – von einigen Sufi-Orden befürwortet und gepflegt werden (Chishtiyya, Mevleviyya, Qalandar-Bewegung). Sie dienen als „Nahrung für die Seele".[18]

Sakrale Orte und Sufi-Kunst

Bei den sakralen Orten, an denen Mitglieder mystischer Orden zusammenkommen, um sich gemeinsam spirituellen Praktiken zu widmen und ihre Meister zu verehren, handelt es sich in erster Linie um Heiligenschreine, Sufi- Konvente, Herbergen und Klausen, aber auch um Moscheen.[19] Zu dem Architekturensemble eines Schreins gehört neben der eigentlichen Grabstätte, die als Mausoleum häufig die Form eines Kuppelgebäudes hat, vielfach auch eine Moschee, Versammlungsräume für die Mystiker,

---

18 Vgl. Frembgen, Jürgen Wasim: *Nahrung für die Seele. Welten des Islam*, München 2003, S. 86–87; Frembgen, Jürgen Wasim: *Nachtmusik im Land der Sufis. Unerhörtes Pakistan*, Frauenfeld 2010.

19 Lifchez, Raymond (Hg.): *The Dervish Lodge. Architecture, Art, and Sufism in Ottoman Turkey*, Berkeley u. a. 1992; Currim, Mumtaz/Michell, George (Hg.): *Dargahs. Abodes of the Saints*, Mumbai 2004.

ein Friedhof, eine Freiküche und ein Hospital. Schattenspendende Bäume, Blumengärten und Wasserbecken schaffen nicht selten eine paradiesisch anmutende Atmosphäre beschaulicher Ruhe – es sind Orte des Friedens. Als religiöse und soziale Institutionen spielen Heiligenschreine im Alltagsleben muslimischer Gesellschaften eine bedeutende Rolle. Dabei sind sie nicht nur für einen elitären Kreis von Sufis und Derwischen bestimmt, sondern stehen allen Gläubigen offen. In einem Konvent sind die Mystiker jedoch ganz für sich und können sich auf ihre spirituellen Übungen konzentrieren.

Sakrale Orte dieser Art sind in der Regel ästhetisch gestaltete Räume, die durch ihre florale und geometrische Ornamentik, Kalligraphien, Bilder, Teppiche, religiösen Gegenstände von symbolischer Bedeutung (z. B. Sufi-Mützen, Bettelschalen, Standarten und andere Objekte mit Reliquiencharakter), Farben und Licht sowie Düfte und Klänge die Sinne anregen.[20] In pakistanischen Heiligenschreinen gibt es aus Votivobjekten und Bildern bestehende sakrale Assemblagen und Installationen, die eine Aura der Heiligkeit kreieren.[21] Als Medien devotionaler Praktiken sind sie eng mit sinnlichen körperlichen und emotionalen Erfahrungen verquickt, d. h. sie wirken nicht nur in einem spirituellen Sinn. Sufis und Derwische sind häufig selbst Künstler und Handwerker. Dies gilt vor allem für Kalligraphen, Maler und Musiker. Als Kunst der Linien und Wort-Bilder stellt die arabische Kalligraphie die heiligste und vornehmste künstlerische Ausdrucksform des Islam dar, die mystische Zustände zu spiegeln vermag.[22] Bis heute wird sie vornehmlich von Sufis gepflegt. In osmanischen Derwischkonventen ist neben der islamischen Schönschrift und der Malerei (auch Hinterglasbilder) beispielsweise auch die Kunst des Scherenschnitts gepflegt worden.[23]

---

20 Vgl. Frembgen, Jürgen Wasim: ‚Rehmat ka sayah – The Shadow of Mercy. Glimpses of Muslim Saints' Portraits‘, in: Saima Zaidi (Hg.): *Mazaar, Bazaar. Design and Visual Culture in Pakistan*, Karachi 2009, S. 11–15; Frembgen, Jürgen Wasim: ‚Kalligraphie in der Welt pakistanischer Sufi-Schreine‘, in: Frembgen (Hg.): *Die Aura des Alif. Schriftkunst im Islam*, München 2010, S. 225–235; Bakhtiar, Laleh: *Sufi Expressions of the Mystic Quest*, London 1976.

21 Vgl. Frembgen, Jürgen Wasim: ‚Assemblage und Devotion: Macht und Aura von Objekten in muslimischen Heiligenschreinen im Punjab‘, in: Tobias L. Kienlin (Hg.): *Die Dinge als Zeichen: Kulturelles Wissen und materielle Kultur*, Bonn 2005, S. 171–177.

22 Vgl. Bakhtiar: *Sufi Expressions*, S. 103.

23 Vgl. Frembgen: *Journey to God*, S. 42.

Die volkstümliche Verehrung der Sufi-Heiligen

Aufgrund ihrer von Gott geschenkten Heil- und Segenskräfte (*baraka*) werden viele Sufi-Meister, spirituelle Führer und Oberhäupter mystischer Orden als Heilige verehrt.[24] Ausweis ihrer herausgehobenen Stellung als ‚Gottesfreunde' (*auliya' Allah*), die sich in der Nähe Allahs aufhalten, sind die ihnen zugeschriebenen Wundertaten. Huldwunder, die auf göttliche Gunst und Gnade zurückgeführt werden, offenbaren die verborgene ‚wahre' Realität des Göttlichen – und verleihen den Heiligen ein besonderes Charisma.

Vom 13. Jahrhundert an entwickelte sich die kultische, also institutionalisierte Verehrung sowohl verstorbener, als auch lebender *pir* und *sheikh* an ihren Grabmälern und Schreinen. Manchmal handelt es sich nur um kleine, eher unscheinbare, nur durch eine Fahne gekennzeichnete Gräber, vielfach jedoch um prachtvoll verzierte Mausoleen, die zu den Perlen islamischer Baukunst zählen. Der Sufi-Heilige wurde vor allem für Angehörige der einfachen Landbevölkerung, der Nomaden, Fischer und der verarmten urbanen Unterschichten zu einem Mittler und Fürsprecher vor Gott, an den man Bittgebete richtet. Daher tritt die Suche nach mystischen Erfahrungen in den Heiligenkulten zurück und wird durch eine praktische Heilssuche im Alltag ersetzt. So entstand eine Massenbewegung frommer Gläubiger, die mit ihren Sorgen und Nöten zum Schrein kommen, um Trost und Heilung zu finden. Das Grab eines Heiligen, der von den Frommen als lebendig und machtvoll aufgefasst wird, bzw. die geistige und körperliche Präsenz eines lebenden mystischen Führers bilden gleichsam eine sprudelnde Quelle von *baraka*-Energie, die die Gläubigen auf sich übertragen – durch Berührung, Andacht, Gelübde, Darbringung von Opfergaben, dem Essen geweihter Speisen innerhalb des Schreinareals sowie durch die Mitnahme schützender Amulette und glückbringender Talismane. Der lebende *pir*, der seine Würde zumeist in einer Abstammungslinie von seinen Vorgängern ererbt hat und daher eher als Sachwalter des genuinen persönlichen Charismas eines früher verstorbenen asketischen Heiligen fungiert, wirkt auch als Seelenführer, Traumdeuter, Hellseher und Ratgeber in persönlichen Krisen und Konflikten. Gelegentlich wird auch Besessenheit von Geistern und Dämonen an Schreinen im Rahmen von Therapiekulten

---

24 Zum Folgenden vgl. Frembgen: *Journey to God*, S. 18–19 und S. 27–34; Pavaloi, Margareta/Sheikh, Shahid: ‚Der Segen der Heiligen', in: Hermann Forkl u. a. (Hg.): *Die Gärten des Islam*, Stuttgart/London 1993, S. 166–177.

geheilt. Die islamische Heiligenverehrung ist schließlich eine weitgehend theologieferne, in erster Linie auf Mündlichkeit basierende Erscheinungsform des Religiösen, die durchaus als frauenfreundlich bezeichnet werden kann: Frauen bitten den Heiligen um Kindersegen, tragen ihm ihre Wünsche vor und finden am Schrein die Möglichkeit, sich zumindest temporär von ihrer alltäglichen, meist starken Beanspruchung in Haus und Familie zurückziehen zu können. Bei aller Kritik an der Ausnutzung von Gläubigen im Pirismus (Indo-Pakistan) oder Marabutismus (Nordafrika) mit seinen Formen eines routinisierten Amtscharismas, an der eingeforderten politischen Loyalitätspflicht zu dem jeweiligen Heiligen und an der von Islamisten als häretisch verurteilten ‚Personenverehrung' in diesen Formen des Sufi-Islam dürfen positive Effekte nicht übersehen werden: So dienen die Schreine als lichtvolle sakrale Orte meditativer Ruhe und Verinnerlichung, die offen sind für Anhänger unterschiedlicher Konfessionen und Religionen, als Freiräume nicht nur für Frauen, sondern auch für soziale Außenseiter. Im Übrigen wird an vielen Schreinen eine Freiküche unterhalten, die den Armen eine bescheidene Mahlzeit ermöglicht.

Die Verehrung der Sufi-Heiligen hat in den lokalen, gefühlsbetonten Formen volkstümlicher Frömmigkeit sowie der religiösen Praxis der Sufi-Orden zur Entwicklung eines ausgeprägten Wallfahrtswesens geführt, bei dem der Schrein vornehmlich am Geburtstag oder Todestag des Heiligen von Pilgern besucht wird. Massen frommer Pilger reisen so zum Beispiel jedes Jahr zu den Gräbern der populären Heiligen Ahmad al-Badawi (1199–1276) im ägyptischen Tanta, zu Lal Shahbaz Qalandar (gest. 1274) im pakistanischen Sehwan Sharif oder zu Mu'in ud-Din Chishti (gest. 1236) im indischen Ajmer Sharif. Vielfach gehören Rausch und Ekstase zu solchen Heiligenfesten, bei denen die Pilger intensiv Gemeinsamkeit erleben und den sinnlichen Reichtum religiöser Symbole erfahren.

Sufismus in der Gegenwart

Die Moderne erscheint in der muslimischen Welt auf dem Feld von Religion und Politik insbesondere im Zeitraum zwischen der zweiten Hälfte des 19. und dem Anfang des 21. Jahrhunderts durch neue reformistische, revivalistische und islamistische Bewegungen geprägt, die dezidiert puristisch und oft auch puritanisch auftreten. In den damit einhergehenden rapiden Prozessen des Wandels werden Formen des traditionellen ekstatischen Volksislam – also vor allem Heiligenverehrung und Praktiken der *bi-shar'-*

Derwische – als ‚un-islamischer Aberglaube‘ denunziert und zunehmend marginalisiert. Verstärkt wird dies auf der anderen Seite auch durch die moderne Säkularisierung – etwa in der Türkei, wo im Jahre 1925 die Konvente der Sufi-Orden per Gesetz geschlossen wurden und der Sufismus seitdem einen Niedergang erlebt hat. Während die volkstümliche Sufi-Tradition mit ihrer Vielfalt an ‚synkretistisch‘ geprägten Riten als ‚Islam ohne Lobby‘ in den Hintergrund gedrängt wird, sind die großen Sufi-Orden jedoch nach wie vor relevant und behaupten sich als eher wertkonservative Institutionen gegen Angriffe des strengen salafistischen Islam sowie fundamentalistisch geprägter Bewegungen.

Im Zuge weitreichender sozialer, ökonomischer und politischer Veränderungen in der Gegenwart betonen Sufi-Orden in vielen Teilen der muslimischen Welt mehr als je zuvor ihre Orientierung an der Scharia.[25] Tatsächlich sind Orden wie die Naqshbandiyya auf dem indo-pakistanischen Subkontinent bereits seit dem 16. Jahrhundert eng mit islamischen Reformbewegungen verbunden. Eine wichtige Rolle spielt für diesen und andere Orden das Engagement im Bereich der Bildung (vgl. z. B. die in der Türkei und in Zentralasien aktive Bewegung von Fethullah Gülen). Im modernen Medienzeitalter haben sich vielgestaltige urbane Sufi-Netzwerke entwickelt, in denen Menschen ganz unterschiedlicher Herkunft und Motivation miteinander kommunizieren. Bei den großen Orden handelt es sich heute nicht mehr nur um regionale, sondern um transnationale Organisationen mit neuen Strukturen, in denen die Sufi-Meister im Internet auf ihre spirituellen Botschaften und moralischen Werte aufmerksam machen. In den komplexen Situationen zeitgenössischen Lebens in der europäischen und amerikanischen Diaspora, die durch Urbanisierung, Migration und Globalisierung der Wirtschaft geprägt sind, haben sich unter Sufis neue Formen mystischer Gemeinschaften entwickelt, zu denen nicht nur hybride, etwa mit New-Age-Praktiken verbundene Riten gehören, sondern auch ein höherer Anteil von Frauen und jungen Adepten sowie eine größere Unabhängigkeit von traditionellen Autoritäten festzustellen sind.

---

25 Zum Folgenden vgl. Bruinessen, Martin van/Howell, Julia Day (Hg.): *Sufism and the ‚Modern‘ in Islam*, London 2007; Raudvere, Catharina/Stenberg, Leif (Hg.): *Sufism Today. Heritage and Tradition in the Global Community*, London 2009.

Rüdiger Lohlker

Islam und Gewalt, Gewalt und Islam?

Einige Überlegungen

Es wird häufig lange darüber geredet und geschrieben, welche Koranverse – oder Teile davon – sich dafür anführen lassen, dass Gewalt islamisch gerechtfertigt wird oder auch nicht.[1] Ich darf einen Gedanken einführen (und mich auf diesen beschränken), der uns helfen wird, zu verstehen, was islamisch definierte Gewalt eigentlich heißt.

Beispiele einer solchen Rechtfertigung im Rahmen einer Theologie der Gewalt, deren einziger Prä-Text (s. u.) die Ausübung von Gewalt ist, Gewalt also der Ausgangspunkt jeglicher Auseinandersetzung mit der koranischen Offenbarung ist, sind geläufig.[2] Ich setze also voraus, dass der Gedanke, der von IS, al-Qa'ida & Co. propagiert wird, nämlich dass der Islam sich über Gewalt definiert, allein Gewalt den Islam ausmacht, bekannt ist (nicht, dass er zutrifft). Dass diese Gedanken über den Islam von antimuslimischen Kreisen geteilt werden, ist ein Paradox, das uns zeigt, dass beide Parteien die idente reduzierte Vorstellung von Islam teilen.

Es geht mir hier nicht darum zu sagen, dass Islam das ist, als was Muslime und Musliminnen ihn bezeichnen. Diese Vorgehensweise ermöglicht keine kritische, reflektierte Perspektive auf ein Denken, das die Anwendung von Gewalt privilegiert und erlaubt.

Um diese kritische, reflektierte Perspektive einnehmen zu können, müssen wir eine erkenntnistheoretische Verschiebung vornehmen. Es geht darum, das, was auch immer Muslime und Musliminnen sagen, als einen *potenziellen* Ort zu verstehen, an dem spezielle Ausdrucks- und Artikulationsformen, *muslimisch zu sein*, realisiert werden. Dabei müssen wir mit wachen Sinnen registrieren, in welcher Weise dies sinnstiftend unter Berücksichtigung der hermeneutischen Auseinandersetzung mit Prä-Text, Text und Kon-Text der islamischen Offenbarung geschieht.[3]

---

1   Der Verfasser dieser Zeilen hat sich zuzeiten dieser Übung auch unterzogen.

2   Dazu im Detail Lohlker, Rüdiger: *Theologie der Gewalt: Das Beispiel IS*, Wien 2016.

3   Vgl. Ahmed, Shahab: *What is Islam? The Importance of Being Islamic*, Princeton, NJ/Oxford 2016, S. 538.

> „Wenn wir denn in der Lage sind, die Formen der Auseinandersetzung der
> Muslime mit der Offenbarung als Auseinandersetzung mit dem grenzenlosen
> Prä-Text der Offenbarung – und nicht mit dem begrenzten Text der Offenbarung
> – zu begreifen, sind wir zudem in der Lage, die Formen der Auseinandersetzung
> von Muslimen mit der Offenbarung als Bewegungen der offenen Erkundung auf
> der Suche nach Wahrheit und Bedeutung zu verstehen. Wir werden so in der
> Lage sein, zu sehen wie der Islam eines Muslims oder eine Gesellschaft von
> Muslimen nicht in erster Linie aus Diskursen und Praktiken besteht, die sich
> um Vorschriften bekümmern, sondern in signifikanter Weise auch aus Diskur-
> sen und Praktiken der offenen Erkundung. Dies ermöglicht es uns außerdem,
> die Formen der Auseinandersetzung mit der Offenbarung durch Muslime und
> Musliminnen als verstreut in der Gesellschaft in einem weiten Feld diskursiver
> und praktischer Medien der Erkundung von Wahrheit und Bedeutung stattfin-
> dend zu erkennen und zu verstehen, z. B. Literatur, Kunst und Musik. Wir haben
> gesehen, in welcher Weise die Produkte dieser Formen der Auseinandersetzung
> mit der Offenbarung als Aussagen oder Praktiken in die Gesellschaft eintreten,
> denen Sinn durch die Begriffe der Offenbarung verliehen wird. [Es handelt sich]
> um die gesamte Menge der Semiosphäre, deren bedeutungstragende Aussagen
> das enthalten, was wir Kon-Text der Offenbarung genannt haben. Der Kon-Text
> der Offenbarung ist das Wörterbuch des zur Verfügung stehenden Vokabulars
> des Islams mittels dessen – unter jeweils bestimmten historischen Umständen
> – Muslime sich mit der Offenbarung auseinandersetzen, um weitere Aussagen
> über Wahrheit und Bedeutung zu tragen, d. h., um weiteren Kon-Text hervorzu-
> bringen, weiteren Islam."[4]

Dazu kommt der Prä-Text, die Vorannahme, unter der diese Bewegung der
Erkundung geschieht. Die Notwendigkeit dieser definitorischen Bemer-
kung ergibt sich aus einer langen Auseinandersetzung mit der zuweilen
höchst widersprüchlichen Realität dessen, was Islam ist, die weit über
einzelne Themen wie z. B. Rechtsfragen hinausgeht.

Es ist möglich und m. E. auch nicht zu verneinen, dass es Gruppen oder
Personen gibt, die Gewalt rechtfertigen, und zwar islamisch rechtfertigen
– genauso wie Gewalt säkularistisch, nationalistisch, selbst demokratisch
rechtfertigbar ist. Hier könnten wir ein hübsches Spiel beginnen: der eine
bringt ein pro-Gewalt Zitat, der andere ein anti-Gewalt Zitat usw. usf.
Fürchterlich langweilig, schon oft gemacht und von identitären Zwängen
geprägt. Die einen wollen nachweisen, dass der Islam schlecht ist, die an-

---

4   Ebd., S. 543; natürlich kann ein einzelnes Zitat die Komplexität der Begrün-
     dung von Ahmed nur andeuten.

deren, dass der Islam gut ist – ohne sich Rechenschaft darüber abzulegen, was denn mit Islam gemeint ist.

Ich möchte etwas anderes machen, da ich eben nicht darüber spreche, was Islam ‚ist‘, sondern darüber, wie Islam ‚wird‘. Betrachten wir die Aussage, dass Gewalt islamisch nicht gerechtfertigt wird. Dafür möchte ich auf einen Korankommentar zurückgreifen, der uns auch einiges über Methoden der Koranexegese jenseits des bloßen Aufschlagens eines *muṣḥafs*, eines Koranexemplars, lehrt:

Der Verfasser des von mir betrachteten Korankommentars ist Niẓāmaddīn al-Ḥasan b. Muḥammad b. al-Ḥusain an-Nīsābūrī (gest. ca. 1330 n. Chr).[5] Er lebte zur Zeit der Herrschaft der mongolischen Il-Khane im Iran (13.–14. Jahrhundert) und war ein produktiver Autor, der eine Vielzahl von Werken zu Bereichen der Naturphilosophie (insbesondere der Astronomie), der Theologie, aber auch der Koranauslegung verfasste. Im Hintergrund finden sich Gedanken und Konzepte aus dem Bereich der islamischen Mystik, denen wir weiter unten in den Vorstellungen von der Kontrolle der Triebseele und der Selbstvervollkommnung begegnen werden.[6] Seine Bedeutung zeigt sich auch darin, dass etliche seine Schriften in Medresen über die Jahrhunderte studiert wurden.[7]

An-Nīsābūrīs Korankommentar wird als enzyklopädisch bezeichnet, da er nicht nur den Text des Korans erklärt. An-Nīsābūrī fügt jegliche Information ein, die er für hilfreich für das Textverständnis hält. Häufig sind auch Hinweise auf Debatten in der islamischen spekulativen Theologie, dem *kalām*, enthalten. Es finden sich aber auch Abschnitte zu naturphilosophischen Themen (z. B. der Astronomie) und zu Themen der islamischen Mystik des Sufismus.[8] Der Korankommentar ist ein gutes Beispiel für das Zusammenfließen der verschiedenen Disziplinen islamischen Wissens seit dem 13. Jahrhundert n. Chr.

Im Folgenden werden zur Darstellung des vorhandenen Textmaterials zunächst die von an-Nīsābūrī kommentierten Koranstellen zum Thema

---

5   Die beste Studie über ihn – mit Schwerpunkt auf seinem naturphilosophischen Denken – ist Morrison, Robert G.: *Islam and Science: The Intellectual Career of Nizām al-Dīn al-Nīsābūrī*. London/New York 2007. Die hier angestellten Überlegungen und Textteile sind allerdings dort nicht weiter beachtet worden. Ich habe mich bereits an anderen Stellen mit diesem Autor beschäftigt.

6   Vgl. Morrison: *Islam and Science*, S. 131 ff.

7   Vgl. ebd, S. 17 ff.

8   Vgl. ebd, S. 2.

Gewalt angeführt. Dies erscheint angesichts der vorherrschenden eingangs dargelegten Interpretationsformen notwendig. Daraufhin werden die theoretischen Schlussfolgerungen, die sich aus dem Material ergeben, ausgeführt, um sie dann im Ergebnis unseres Gedankenexperimentes[9] zusammenzuführen.

Die koranischen Stellen

Betrachten wir zuerst die Wurzel *j-h-d*. Zu Sure 3, Vers 142 („Oder meint ihr, ihr würdet (dereinst) ins Paradies eingehen, ohne dass Gott vorher diejenigen von euch, die (um seinetwillen) gekämpft haben, (als solche) erkannt hat? Und er wollte (auf diese Weise) diejenigen erkennen, die geduldig sind."[10]) schreibt an-Nīsābūrī, dies sei als Notwendigkeit zu verstehen, der Pflicht zum *ǧihād* zu genügen. Das wichtigste Kriterium sei nun für die Geduldigen, die man nicht gegen diejenigen, die den *ǧihād* üben, ausspielen solle, das Ertragen der negativen Regungen der Triebseele (*nafs*). Interessant ist dann die direkte Weiterführung des Gedankens: „Die Liebe wird ja auch nicht weniger, wenn man sich von ihr abwendet, noch wird sie mehr, wenn sie erfüllt wird."[11] Es wird hier der aktive Kampf/*ǧihād* gegen die Triebseele mit dem Ertragen der negativ beurteilten Regungen dieser Triebseele in Verbindung gebracht. Wenn nun gesagt wird, das Ertragen sei nicht so viel wert wie der aktive Kampf, hält der Kommentator entgegen, dass es – wie im Falle der Liebe – ja um die grundsätzliche Einstellung geht.[12] Diese bleibt unangetastet von der aktiven oder passiven Haltung gegenüber der erwarteten Handlung.

---

9   Darum handelt es sich hier. Die Aussagen in diesem Text haben keinen normativen Rang. Es handelt sich um ein gedankliches Experiment, das diesen Teil der islamischen Diskussion in die allgemeine Diskussion über den Status von Texten und den Beitrag von Religionen zu einem gewaltlosen Denken integriert.

10   Wir benutzen hier eine adaptierte Version der Koranübersetzung von Rudi Paret, da sich mit ihr die hier angesprochene Auslegung des Korans leichter erkennen lässt. Paret zeigt eine sehr reduzierte Auffassung der Begrifflichkeiten.

11   An-Nīsābūrī, Nizām al-Dīn al-Hasan b. Muhammad: *Tafsīr Ġarāʾib al-Qurʾān wa-riʿāyat al-furqān*. Bd.2. Ed. ʿUmayrāt, Zakariyyā. Beirut 1996, S. 269.

12   Vgl. Nīsābūrī: *Tafsīr*, Bd.2, S. 269.

Gehen wir zu Vers 143 dieser Sure, lesen wir vom Wunsch nach dem Tode. Dies scheint eindeutig interpretierbar. An-Nīsābūrī verweist aber auf eine andere Deutung. Die nach der wahren Erkenntnis Suchenden (*muḥaqqiqūn*), verstünden den Vers so, dass das Streben nach dem Tode, mit dem sie die Freude des Paradieses erreichen könnten, bedeute, die Polytheisten – gemeint sind die Mekkaner – zu bekämpfen, deren zentrale Eigenschaft ja ihr Unglaube/ihre Undankbarkeit (*kufr*) sei. Nun zu wünschen, sie zu bekämpfen, bedeute ja, die Existenz dieses Unglaubens/dieser Undankbarkeit zu wünschen, da sonst ein Kampf nicht möglich sei. Dies bedeute, dass ein Gläubiger den Unglauben wünsche, was nicht erlaubt sei. Es gehe eigentlich darum, die diesen Wunsch hegen, den Wunsch haben, den Rang eines Glaubenszeugen mit all den göttlichen Belohnungen die ihm zukommen zu erreichen[13] – ohne den physischen Kampf zu meinen. Also wird der Wunsch zum Tode metaphorisiert und in ein Sinnbild für das spirituelle Streben nach Gott gedeutet.

Betrachten wir Sure 4, Vers 95: („Diejenigen Gläubigen, die daheim bleiben – abgesehen von denen, die eine (körperliche) Schädigung (als Entschuldigungsgrund vorzuweisen) haben –, sind nicht denen gleich, die mit ihrem Vermögen und mit ihrer eigenen Person um Gottes willen den *ǧihād* üben. Gott hat diejenigen, die mit ihrem Vermögen und mit ihrer eigenen Person kämpfen, gegenüber denjenigen, die daheim bleiben, um eine Stufe höher bewertet. Aber einem jeden (Gläubigen, ob er daheim bleibt oder Krieg führt) hat Gott das Allerbeste versprochen. Doch hat Gott die den *ǧihād* Ausübenden gegenüber denen, die daheim bleiben, mit gewaltigem Lohn ausgezeichnet.") Hier wird von an-Nīsābūrī angeführt, dass im ersten Falle diejenigen mit dem Begriff *muǧāhidūn* gemeint seien, die den „kleineren *ǧihād*" ausüben, also die physisch Kämpfenden. Im zweiten Falle seien aber diejenigen mit dem Begriff *muǧāhidūn* gemeint, die den „größeren *ǧihād*" ausüben, also die, die durch das Trainieren und Kontrollieren der Triebseele (*riyāḍa*) und gute Taten wirken.[14] Auch wenn hier der militärische Kampf ausführlicher behandelt wird, wird der innere Kampf nicht vergessen.

Bei Sure 4, Verse 92–101 zeigt sich an-Nīsābūrīs Position im Streit zwischen denen, die eine Gruppe derjenigen, die den gewaltsamen *ǧihād* an die erste Stelle setzen: „was aber die Vorreihung einer Kategorie von

---

13   Vgl. Nīsābūrī: *Tafsīr*, Bd. 2, S. 269.

14   Vgl. ebd., S. 479.

muǧāhidūn gegenüber der anderen betrifft, so" sage dieser Vers „nein"[15], keine Kategorie sei besser als die andere. Dies eröffnet die Möglichkeit, den inneren Kampf dem äußeren zuerst gleichzustellen und letztlich diesem einen höheren Rang zuzuweisen.

Fahren wir mit Sure 16, Vers 110 („Denen gegenüber, die ausgewandert sind, nachdem ihnen Gewalt angetan worden war, und die hierauf (um Gottes willen) den *ǧihād* geübt haben und geduldig waren; (ihnen gegenüber) ist dein Herr schließlich, nachdem das (alles) geschehen ist, barmherzig und bereit zu vergeben.") fort.

Etwas vor dem Kommentar zu diesem Vers zitiert an-Nīsābūrī Sure 2, Vers 190, in dem es heißt:„Und kämpft um Gottes willen gegen diejenigen, die gegen euch kämpfen!" als Hinweis darauf, dass es Muslimen nicht zustehe, einen Kampf zu beginnen und es ihnen nur erlaubt sei, adäquat und ohne Exzess zu reagieren.[16] An-Nīsābūrī erkennt also die Notwendigkeit eines gewaltsamen Kampfes an, wenn er erzwungen wird. Der Kommentator fährt dann etwas später mit Bezug auf Vers 110 von Sure 16 fort, *Denen gegenüber, die ausgewandert sind* beziehe sich auf die Abwendung von „ihren Triebseelen und ihrer Begierde", *nachdem ihnen Gewalt angetan worden war* darauf, dass sie entgegen den Geboten und Verboten Gottes behandelt worden sind, *und die hierauf (um Gottes willen) den ǧihād geübt haben* darauf, dass sie ihre „Triebseelen mit den Schwertern der frommen Übungen" bezähmten, *und geduldig waren* darauf, dass „sie sie reinigen und schmücken, wobei sie sich an den Saum des Willens des Scheichs[17] anhalten".[18] In der Kommentierung der folgenden Verse wird der sufische Bezug noch deutlicher.

Sure 22, Vers 78 („Und eifert[19] um Gottes willen, wie dafür geeifert werden soll! Er hat euch erwählt. Und er hat euch in der Religion nichts auferlegt, was (euch) bedrückt. Die Religion (*milla*) eures Vaters Abraham! Er hat euch Muslime genannt (schon) früher und (nunmehr) in diesem (Koran), damit der Gesandte Zeuge über euch sei, und ihr über die (anderen) Menschen Zeugen seiet. Verrichtet nun das Gebet, gebt die Reinigungsabgabe

---

15 Nīsābūrī: *Tafsīr*, Bd.2, S. 479.

16 Vgl. Nīsābūrī: *Tafsīr*, Bd.4, S. 316.

17 Es geht um den Scheich, den geistigen Führer eines sufischen Sinnsuchenden.

18 Alle Zitate Nīsābūrī: *Tafsīr*, Bd.4, S. 319.

19 Interessanterweise weicht Paret hier von seiner üblichen Übersetzung des Wortfeldes *j-h-d* ab.

und haltet an Gott fest! Er ist euer Schutzherr. Welch trefflicher Schutzherr und Helfer!") liefert weiteres Material.

Dazu kommentiert an-Nīsābūrī: „Dann befahl er, der Triebseele und der Begierde in jeder Beziehung entgegenzuhandeln. Dies ist der ‚größere *ǧihād*'"[20]. Die Wendung *um Gottes willen* beziehe sich auf das Eifern um Gottes willen selbst, für ihn. Im restlichen Kommentar zu diesem Teilvers betrachtet an-Nīsābūrī unter anderem die Auslegungen kritisch, die ihn eher auf kriegerische Aktivitäten hin interpretieren.

Nach einer Kommentierung des Restes des Verses, die für unser Thema nicht von Bedeutung ist, führt an-Nīsābūrī seine Auslegung fort:

> *„Und eifert um* Gottes *willen, wie dafür geeifert werden soll!* [bedeutet]: [D]er Dschihad gegen die Triebseele (*nafs*) durch die Reinigung mit dem Werkzeug [der Befolgung] der Ansprüche [Gottes] und des Verlassens des Vertrauens auf glückliche Umstände, der Dschihad des Herzens (*qalb*) durch dessen Reinigung und das Lostrennen seines Anhaftens an die beiden Seinsphären (*kaunayn*)[21], der Dschihad des Geistes (*rūḥ*) durch dessen Kostenlassen der Süße [Gottes] (*taḥliyya*) mittels des Vergehenlassens seines Daseins in seinem Sein[22]."[23]

Hier sehen wir ebenfalls eine deutliche Hinwendung zum *ǧihād* im spirituellen Sinne, wie wir sie bereits festgestellt haben.

In Sure 25, Vers 52: „Gehorche nun nicht den Ungläubigen, sondern setze ihnen damit heftig zu" heißt es in der Auslegung von *sondern setze ihnen damit heftig zu*, dass es darum gehe, den Ungläubigen mit dem Koran zu begegnen oder „den Gehorsam ihnen gegenüber zu unterlassen" bzw. als Mahner (*naḏīr*) sich anzustrengen – eine Anstrengung, die dann im Propheten Muhammad als Sammelpunkt aller Anstrengungen (*muǧāhadāt*) ihre Vollendung finde.[24] Auch hier entfällt der militärische Kampf als Option des *ǧihād*.

Gehen wir zu Sure 29, Vers 69: „Die aber für uns kämpfen, werden wir wahrlich unsere Wege führen!" Hier fasst sich an-Nīsābūrī ebenfalls kurz:

> „Gemeint ist, dass derjenige, der kämpft (*man ǧāhada*) gegen die Triebseele (*nafs*) oder gegen den Satan (*šayṭān*), sei er dschinnenhaft oder menschlich,

---

20 Nīsābūrī: *Tafsīr*, Bd.5, S. 102.

21 Also Diesseits und Jenseits.

22 Also der Auflösung des geschöpflichen Seins im Sein des Schöpfers.

23 Nīsābūrī: *Tafsīr*, Bd.5, S. 104.

24 Vgl. Nīsābūrī: *Tafsīr*, Bd.5, S. 250.

für uns [kämpft], d. h. mit reinem Herzen um unseretwillen und um unseres Wohlgefallens willen; *werden wir wahrlich unsere Wege führen* [heißt,] den Weg zum Paradies (*ǧanna*) oder zum Guten (*ḫayr*) durch das Beschenken mit einem Übermaß an Güte und von Gott verliehenem Erfolg."[25]

Mit diesem *ǧihād* gegen die Triebseele sei der erste Durchgang durch das Material, das sich auf die Wurzel *j-h-d* bezieht, abgeschlossen.

Für den zweiten Durchgang bewegen wir uns entlang der Stellen, die sich auf die Wurzel *q-t-l* beziehen. Sure 2, Vers 154 („Und sagt nicht von denen, die um der Sache Gottes willen getötet werden, (sie seien) tot. (Sie sind) vielmehr lebendig. Aber ihr merkt es nicht.") trägt zu unserem Thema nicht viel bei. Die Kommentierung behandelt eher die Frage, in welcher Weise das Weiterleben bzw. der Tod zu verstehen sind. Sure 2, Vers 190–194[26] bietet dagegen sehr viel mehr Material zu unserem Thema und macht deutlich, dass die Annahme, bei an-Nīsābūrī sei lediglich eine einzige Interpretation der uns hier interessierenden Begrifflichkeit vorhanden, in die Irre führt:

„Und kämpft um Gottes willen gegen diejenigen, die gegen euch kämpfen! Aber begeht keine Übertretung (indem ihr den Kampf auf unrechtmäßige Weise führt)! Gott liebt die nicht, die Übertretungen begehen. Und tötet sie, wo (immer) ihr sie zu fassen bekommt, und vertreibt sie, von wo sie euch vertrieben haben! Der Versuch (Gläubige zum Abfall vom Islam) zu verführen, ist schlimmer als Töten. Jedoch kämpft nicht bei der heiligen Kultstätte (von Mekka) gegen sie, solange sie nicht (ihrerseits) dort gegen euch kämpfen! Aber wenn sie (dort) gegen euch kämpfen dann tötet sie! Derart ist der Lohn der Ungläubigen. Wenn sie jedoch (mit ihrem gottlosen Treiben) aufhören (und sich bekehren), so ist Gott barmherzig und bereit zu vergeben. Und kämpft gegen sie, bis niemand (mehr) versucht, (Gläubige zum Abfall vom Islam) zu verführen, und bis nur noch Gott verehrt wird! Wenn sie jedoch (mit ihrem gottlosen Treiben) aufhören (und sich bekehren), darf es keine Übertretung geben, es sei denn gegen die Frevler. Der heilige Monat (diene zur Vergeltung) für den heiligen Monat! Auch die sacra fallen unter (das Gesetz der) Wiedervergeltung. Wenn nun einer gegen euch Übergriffe begeht (indem er den Landfrieden bricht), dann zahlt ihm mit gleicher Münze heim! Und fürchtet Gott! Ihr müßt wissen, daß er mit denen ist, die (ihn) fürchten."

---

25 Nīsābūrī: *Tafsīr*, Bd. 5, S. 397.
26 Vers 190 wurde bereits zuvor zitiert.

An-Nīsābūrīs Kommentierung bezieht sich neben sprachlichen Erwägungen hauptsächlich auf die historische Situation der frühen islamischen Gemeinde.[27]

Sure 2, Vers 216 („Euch ist vorgeschrieben, (gegen die Ungläubigen) zu kämpfen, obwohl es euch zuwider ist. Aber vielleicht ist euch etwas zuwider, während es gut für euch ist, und vielleicht liebt ihr etwas, während es schlecht für euch ist. Gott weiß Bescheid, ihr aber nicht.") wird in den Zusammenhang der Auswanderung nach Medina gestellt. Zuerst sei es erlaubt worden, gegen diejenigen Polytheisten (*mušrikīn*) zu kämpfen, die selber die Muslime bekämpften. Dann sei es erlaubt worden, gegen die Polytheisten überhaupt zu kämpfen. Dann sei der *ǧihād* als Pflicht – individuell oder kollektiv – auferlegt worden. Aber wem? An-Nīsābūrī versteht dies als Verpflichtung für die bei dieser Gelegenheit Anwesenden (*mauǧūdūn*) und historisiert damit die Verpflichtung. Beziehen wir seine vorher referierte Sichtweise des Wortfeldes *j-h-d* in diese Überlegungen ein, können wir folgern, dass er eine Entwicklung hin zum inneren Kampf um Selbstvervollkommnung sieht, bei der der physische Kampf an die Situation zur Zeit des Propheten gebunden bleibt.

Für Sure 3, Vers 157–158 („Und wenn ihr um Gottes willen getötet werdet oder sterbet, so ist (jedenfalls) Vergebung und Barmherzigkeit von Gott (wie sie dereinst den Gläubigen gewährt wird) besser als (all) das, was man (im Diesseits an Geld und Gut) zusammenbringt. Und wenn ihr sterbet oder getötet werdet, so werdet ihr (jedenfalls dereinst) zu Gott versammelt werden.") führt an-Nīsābūrī an, es gehe um die Abwendung von der Verfallenheit an weltliche Genüsse. Letztlich gehe es darum, die höchste Stufe, „den Rang des Bei-Seins" (*indiyya*) zu erreichen. An-Nīsābūrī scheint hier eher auf einen Zustand zu zielen, der sonst als ,Mit-Sein' (*ma'iyya*) bezeichnet wird, das Mit-Sein mit Gott, der mit allen Dingen ist, nachdem sie in Existenz getreten sind.[28] Es handelt sich um ein deutlich sufisches Konzept. Wir können aus diesem Bezug folgern, dass an-Nīsābūrī hier nicht den physischen Kampf im Sinne hatte.

Sure 3, Verse 167–169 („Und er wollte, (auf diese Weise) diejenigen erkennen, die heucheln [...]. Man sagte zu ihnen: ,Kommt her und kämpft um Gottes willen oder wehrt (wenigstens die Feinde) ab!' Sie sagten: ,Wenn wir wüßten, daß es zu (einem regelrechten) Kampf kommen wird, würden

---

27   Vgl. Nīsābūrī: *Tafsīr*, Bd.1, S. 528 ff.

28   Vgl. dazu Chittick, William C.: *The Self-Disclosure of God. Principles of Ibn al-'Arabī's Cosmology*, Albany, NY 1998, S. 35.

wir euch folgen.' An jenem Tag waren sie dem Unglauben näher als dem Glauben. Ihre Äußerungen widersprechen (eben) dem, was sie im Herzen haben. Aber Gott weiß sehr wohl, was sie (in sich) verborgen halten. (Das sind) diejenigen, die hinsichtlich ihrer Brüder sagen, während sie (selber) daheim geblieben sind: ‚Wenn sie uns gehorcht hätten (und daheim geblieben wären), wären sie nicht getötet worden.' Sag: ‚Wehrt doch den Tod von euch selber ab, wenn (anders) ihr die Wahrheit sagt!' Und du darfst ja nicht meinen, daß diejenigen, die um Allahs willen getötet worden sind, (wirklich) tot sind. Nein, (sie sind) lebendig (im Jenseits), und ihnen wird bei ihrem Herrn (himmlische Speise) beschert.") scheint wiederum dem Wortsinne nach eindeutig, wird aber in der Kommentierung wiederum rein auf Ereignisse in der Frühzeit der islamischen Gemeinde bezogen.[29]

Zu Sure 4, Vers 74 („Diejenigen aber, die das diesseitige Leben um den Preis des Jenseits verkaufen, sollen um Allahs willen kämpfen. Und wenn einer um Gottes willen kämpft, und er wird getötet – oder er siegt –, werden wir ihm (im Jenseits) gewaltigen Lohn geben.") erläutert an-Nīsābūrī, es gehe um das jenseitige Heil, für das gekämpft werden soll. Hier wird *q-t-l* mit dem Wortfeld *j-h-d* verbunden, so dass hier das oben referierte Verständnis von *ǧihād* bei an-Nīsābūrī zugrunde gelegt werden kann.

Sure 9, Vers 5 dürfte wohl die Hauptstelle im Koran für diejenigen sein, die unbedingt – wenn nicht gar zwanghaft – den Nachweis der inhärenten Gewalttätigkeit des Korans führen wollen – wenn man ihn literalistisch liest:

> „Und wenn nun die heiligen Monate abgelaufen sind, dann tötet die Polytheisten, wo (immer) ihr sie findet, greift sie, umzingelt sie und lauert ihnen überall auf! Wenn sie sich aber bekehren, das Gebet verrichten und die Reinigungsabgabe geben, dann laßt sie ihres Weges ziehen! Gott ist barmherzig und bereit zu vergeben."

An-Nīsābūrī führt in seinem Kommentar zuerst ausführlich den Offenbarungsanlass an.[30] Im dritten Jahre islamischer Zeitrechnung hätte wieder die Pilgersaison in Mekka stattgefunden. „Es versammelten sich in jenem Jahr an den Orten und Stationen der Pilgerfahrt Muslime und

---

29 Vgl. Nīsābūrī: *Tafsīr*, Bd.2, S. 305 ff.

30 Die Offenbarungsanlässe (*asbāb al-nuzūl*) beschreiben die Umstände, unter denen die Offenbarung von Koranversen erfolgte. Es gibt eine umfangreiche Literatur zu diesem Thema.

Polytheisten."[31] Es wird von ihm also eine spezifische historische Situation dargelegt. Zugleich weist er auf die schafiitische Rechtsmeinung[32] hin – und er selber ist Schafiit –, dass der Grundsatz in dieser Frage sei, dass es erlaubt sei, die Polytheisten zu töten.[33] Es wird also die historisch spezifische Aussage als Auffassung einer Rechtsschule verallgemeinert.

Sure 9, Verse 12–13 („Wenn sie aber, nachdem sie eine Verpflichtung eingegangen haben, ihre Eide brechen und hinsichtlich eurer Religion ausfällig werden, dann kämpft (gegen sie), die Anführer des Unglaubens! Für sie gibt es keine Eide. Vielleicht hören sie (wenn ihr den Kampf gegen sie eröffnet, mit ihrem gottlosen Treiben) auf. Wollt ihr nicht gegen Leute kämpfen, die ihre Eide gebrochen und den Gesandten am liebsten vertrieben hätten, wobei sie (ihrerseits) zuerst mit euch (Feindseligkeiten) anfingen? Fürchtet ihr sie denn? Ihr solltet eher Gott fürchten, wenn (anders) ihr gläubig seid.") wird von an-Nīsābūrī in den Zusammenhang mit den Auseinandersetzungen mit den Polytheisten gestellt und nicht weiter verallgemeinert.[34]

Zu Sure 9, Vers 29 („Kämpft gegen diejenigen, die nicht an Gott und den jüngsten Tag glauben und nicht verbieten, was Gott und sein Gesandter verboten haben, und nicht der wahren Religion angehören – von denen, die die Schrift erhalten haben – (kämpft gegen sie), bis sie kleinlaut aus der Hand Tribut entrichten!") setzt an-Nīsābūrī den konventionellen Diskurs zum Wortfeld *q-t-l* fort. Er schreibt: „bezüglich der Polytheisten (*mušrikīn*) ist der Kampf (*qitāl*) bis sie den Islam annehmen Pflicht, bezüglich der Leute des Buches (*ahl al-kitāb*)[35] bis zur Annahme des Islams oder der Zahlung der Kopfsteuer (*ǧizya*).[36] Wisse, dass Er, Er ist erhaben, vier Ei-

---

31 Nīsābūrī: *Tafsīr*, Bd.3, S. 429.

32 Ein solcher Verweis ist häufig als Marker der Zugehörigkeit zu einer Richtung des islamischen Rechts zu verstehen, nicht notwendig als Signal für eine Zustimmung zu dieser Rechtsmeinung.

33 Vgl. Nīsābūrī: *Tafsīr*, Bd.3, S. 432 f.

34 Vgl. Nīsābūrī: *Tafsīr*, Bd.3, S. 436 ff.

35 An-Nīsābūrī spricht hier nur von Juden und Christen.

36 Vgl. zu dieser Abgabe z. B. Bravmann, Meir: ‚The ancient Arab background of the Qur'anic concept "al-gizyatu 'an yadin"', in: *Arabica* 13 (1966/67), S. 307–314 und 14, S. 90–91 und S. 326–327, Duri, 'Abdal 'Aziz: ‚Notes on Taxation in Early Islam', in: *Journal of the Economic and Social History of the Orient* 17 (1974), S. 136–144; Selçuk, Havva: ‚The Application of Jizya Tax into the Sanjak of Kayseri and Jizya Beratı Dated to the Year 1699', in: *History Studies* 2 (2010), S. 87–101.

genschaften erwähnte und den Kampf (*qitāl*) gegen diejenigen, die diese Eigenschaften aufweisen, befahl."[37]

Einer atomistischen Lesart folgend, die den Zusammenhang der Auslegung an-Nīsābūrīs und die Charakteristika seiner Auslegungsweise ignoriert, erscheint dies als deutliche Kampfansage an Nichtmuslime jeglicher Art. Hier wird verkannt, dass die Aufzählung von Auslegungen, die dominant sind, durchaus in der Korankommentarliteratur üblich ist, ohne dass dies notwendigerweise eine Identifikation mit dieser Position bedeuten muss. Es finden sich zu Sure 22, Vers 39 ff. folgende Zeilen:[38]

> *„Er hat die Erlaubnis erteilt*: der Handelnde ist entweder Gott, Er sei gepriesen, oder er wurde nicht genannt; das Erlaubte ist der Kampf (*qitāl*)[39] gemäß dem Hinweis (*dalīl*) Seines Wortes: denjenigen, *die bekämpft werden/kämpfen* (*yuqātalūna/yuqātilūna*)[40] [...]. Die offenkundige Bedeutung ist, dass die Polytheisten die Gläubigen bekämpfen und diesen die Geduld (*ṣabr*) anbefohlen wird. Wenn es aktivisch gelesen wird [(also *yuqātilūna*)], ist seine Bedeutung: Es wurde denjenigen, die danach streben, in Zukunft die Polytheisten zu bekämpfen, erlaubt, sich ihrem Begehren hinzugeben anstelle des Kampfes (*qitāl*) selber."

An-Nīsābūrī erwähnt dann auch die Überlieferung, dass dies der erste Vers sei, in dem den Muslimen das Kämpfen erlaubt worden sei – nachdem es in mehreren Versen verboten worden war –, da die „Polytheisten aus Mekka" den Muslimen den Weg versperrten. Deshalb sei diesen hier der Kampf gegen die Mekkaner erlaubt worden.[41] Diese Überlieferung wird vom Autor ergänzend angeführt und zeigt den Ausnahmecharakter der Erlaubnis an. Für an-Nīsābūrī ist dagegen die oben gegebene Argumentation primär. Er löst die Auslegung vom konkreten historischen Ereignis.

Wenn wir die Auslegung weiterverfolgen, wird es klarer, worum es an-Nīsābūrī geht, wenn davon die Rede ist, dass gekämpft wird, dass getötet und gestorben wird. Wir lesen (zu Vers 58 der Sure):

---

37 Nīsābūrī: *Tafsīr*, Bd.3, S. 452.

38 Nīsābūrī: *Tafsīr*, Bd.5, S. 83

39 Hier eben auch als Erleiden des Kampfes zu verstehen (s. u.).

40 Es geht um die passivische oder aktivische Lesart, wobei für den Autor die passivische primär ist. Die diesbezüglichen Passagen werden abgekürzt übersetzt.

41 Vgl. Nīsābūrī: *Tafsīr*, Bd.5, S. 83.

> *„und denjenigen, die ausgewandert sind* von der Verwurzelung in der [menschlichen] Natur (*ṭabīʿa*) hin zu der Suche nach der [höheren] Wahrheit (*ḥaqīqa*), *dann getötet werden* durch das Schwert der Aufrichtigkeit (*ṣidq*) und der [frommen] Übung (*riyāḍa*), so dass sie ihre (Trieb-)Seelen reinigen *oder sterben* hinweg von den Eigenschaften des [bloßen] Menschseins, *wird Gott sicherlich einen schönen Lohn gewähren*, [also] wird er den Herzen die Süße der höheren Erkenntnis (*ʿirfān*) gewähren [...].“[42]:

Es wird deutlich, dass für an-Nīsābūrī der Kampf, arabisch hier *qitāl*, ebenfalls eng verbunden ist mit der Geduld, dem Ertragen des Geschicks, das den Menschen bestimmt ist, und zugleich mit dem Dahinsterben der menschlichen Begierden auf dem Weg zu höherer Erkenntnis. Das Begehren nach einer Handlung (hier: nach dem Kampfe) ist möglich, wenn es nicht in die Tat umgesetzt wird. Wir sehen hier eine entscheidende Verschiebung des Wortfeldes *q-t-l* zum inneren Kampfe, der für an-Nīsābūrī sonst mit dem Wortfeld *j-h-d* verbunden ist.

Zusammenführung

Nehmen wir nun nicht an, dass an-Nīsābūrī ein schlampiger Denker war, der einmal die eine Interpretation gibt, dann eine andere und beim dritten Mal beide zusammenwirft, was gerade angesichts der Präzision seiner naturphilosophischen Arbeiten unakzeptabel erscheint. Dann muss es für die Spannung zwischen den Bezügen auf militärischen und inneren Kampf eine Erklärung geben. Die Erwartung, an-Nīsābūrī könnte so etwas wie eine grundsätzliche Ablehnung von Gewalt zeigen, geht sicherlich in die Irre und wäre nach den mongolischen Eroberungen und vor den Kriegszügen von Timur eine normative Rückprojektion, die einer kunstgerechten Lesart älterer Texte schlicht nicht angemessen ist. Nur eine völlig enthistorisierte und damit bewusst verfälschende Lesart kann dies ihm zum Vorwurf machen.

Die Referenzen auf das Kämpfen (*q-t-l*) zeigen keine grundsätzliche Ablehnung des physischen Kampfes. Wir finden aber zwei Denkbewegungen, die über diese Feststellung hinausweisen. Häufig wird von an-Nīsābūrī der historische Kontext der frühen islamischen Gemeinde dokumentiert, eine Enthistorisierung findet sich lediglich in einem legitimatorischen Bezug auf die schafiitische Rechtsschule. Hier folgt an-Nīsābūrī der Konvention

---

42 Nīsābūrī: *Tafsīr*, Bd.5, S. 97.

des Bekenntnisses zur eigenen Strömung des Rechts und der dort geteilten Rechtsmeinungen, die sich aber durch die im Kontext zu findenden anderen Auslegungsweisen relativiert. In Fortführung der obigen Anmerkung können wir sagen, dass das einfache Aufschlagen eines Korankommentars genauso in die Irre führt wie das eines Koranexemplares. Die Vielfältigkeit der Bedeutungen vormoderner Aussagen ist durch die Einfalt einer solchen Leseweise nicht auch nur annähernd zu fassen.

Neben der Befolgung der Konventionen des literarischen Feldes der Koranauslegung und des islamischen Gelehrtenrechts, des *fiqh*, können wir in der Historisierung des Begriffes des Kampfes eine Einhegung der Vorstellung des militärischen Kampfes sehen, der nicht völlig verneint wird, in Notlagen aber reaktiviert werden kann.[43]

Außerdem wird *q-t-l* an mehreren Stellen in Zusammenhang mit dem Wortfeld *j-h-d* gebracht, das für an-Nīsābūrī eindeutig den Kampf mit der Triebseele und damit die Selbstvervollkommnung bezeichnet. In Sure 22, Vers 58 wird diese Beziehung deutlich, wenn der Tod die Überschreitung des alltäglichen Menschseins bezeichnet und nicht das Ergebnis des physischen Sterbens.

Beziehen wir noch ein, dass das Wortfeld *j-h-d* für an-Nīsābūrī deutlich den Prozess der Selbstvervollkommnung bezeichnet, scheint die Folgerung möglich, dass der individuelle Kampf um die Selbstvervollkommnung bei diesem Kommentator im Vordergrund steht. Kombinieren wir dies mit der dominanten Historisierung der Aufforderung zum Kämpfen, wird es denkbar, den Kampf zwischen Kollektiven aufzugeben und die friedliche Entfaltung der Möglichkeiten der Individuen – durchaus in Differenz und Konkurrenz – in dieser Weise aus dem Koran zu begründen.

An-Nīsābūrī hat so mit seinem Kommentar die Möglichkeit zur Formulierung einer Friedensethik aus dem Koran heraus eröffnet. Diese Formulierung wird allerdings nur möglich, wenn der und auch die einzelne Gläubige und sein (und auch ihr) inneres Streben in das Zentrum der religiösen Reflexion gestellt werden.

Wenn wir methodisch eines aus dieser Lektüre des Korankommentars von an-Nīsābūrī lernen können, ist es die Unmöglichkeit, aus der literalistischen Lektüre des Korans auf *die eine* islamische Auffassung zu einer Koranstelle zu schließen. Die auf den Koran gerichtete Suchbewegung verweist uns auf Vieldeutigkeiten der Interpretation, die einem simplen modernen Geist nicht zugänglich ist.

---

43 S. o. den historischen Exkurs.

Bei an-Nīsābūrī sehen wir einen Prä-Text in der Auseinandersetzung mit der koranischen Offenbarung wirken, der in der sufischen Sicht begründet ist, das Selbst müsse sich durch eine Reinigung der Triebseele annähern. Dieser Prä-Text mündet in eine an der sufischen Perspektive orientierte Auseinandersetzung mit dem koranischen Text und fügt sich in seiner Zeit dem Kon-Text dieser Auseinandersetzung ein.

Die zentrale Frage im Hinblick auf das Koranverständnis lautet also nicht, ob diese (oder irgendeine) Auslegung ‚richtig‘ oder ‚authentisch‘ ist. Es muss die Frage nach einer möglichen und – nebenbei – methodisch sauber durchgeführten Auslegung gestellt werden, die durch das bloße Zitieren scheinbar anders orientierter Aussagen nicht zu negieren ist.

Wenn wir uns von der häufig von parteiischen und identitären Bestrebungen getragenen Scheidung von ‚wahr‘ und ‚falsch‘ trennen, wird es möglich, den vollen Sinn der älteren Begriffe sich wieder anzueignen und sie dem Verfallsstadium der „Plastikwörter“[44] zu entreißen. In diesem Stadium bezeichnen sie alles und auch gar nichts; die Vieldeutigkeit der älteren Begriffe wird dem Druck der modernen Homogenität unterworfen, die die erkenntnistheoretische Grundlage modernen fundamentalistischen Denkens ist.

---

44 Pörksen, Uwe: *Plastikwörter. Die Sprache einer internationalen Diktatur*, München 1988 und vgl. Paquot, Thierry: *Ivan Illich. Denker und Rebell*, München 2017, S. 125 ff.

Wolfram Reiss

Der Umgang mit religiösen Minderheiten in der islamischen Welt

Einleitung

Islamisch geprägte Länder gelten derzeit als die Länder, in denen religiöse Minderheiten einen besonders schwierigen Status haben. Aus den Medien hören wir von Einschränkungen, Diskriminierungen und Verfolgungen von Minderheiten in der islamischen Welt. Davon betroffen sind sowohl innerislamische Gruppierungen als auch nicht-islamische Minderheiten. Kriege und Bürgerkriege, politische Unruhen und gesellschaftliches Chaos, ja sogar Versklavung von Frauen, maßloses Töten von Unschuldigen im Namen Allahs im Rahmen von Selbstmordattentaten und barbarische Hinrichtungen prägen das Bild vom Islam im Westen. Von 2011 bis 2013 berichteten die Medien regelmäßig von brennenden Kirchen in Ägypten. 2014 und 2015 wurde von Massakern an jesidischen Männern und von Vergewaltigungen und Versklavung von jesidischen Frauen im Sindjar-Gebirge berichtet. Boko Haram entführte 2014 200 Mädchen in Nigeria und zwang sie zur Konversion zum Islam, worüber wochenlang in europäischen Medien berichtet wurde. Der Aufstand gegen das Assad-Regime in Syrien hat sich im Laufe der Zeit zu einem Konflikt entlang religiöser Linien (Sunniten gegen Alawiten und Schiiten) entwickelt. Die meisten syrisch-aramäischen und armenischen Christen wurden in den letzten Jahrzehnten aus ihren Stammländern in der Türkei, im Irak und in Syrien vertrieben. Die über Jahrhunderte bestehenden jüdischen Gemeinden in der islamisch-arabischen Welt sind im Zuge der Frontstellung mit der Staatsgründung Israels bereits seit den 1950er Jahren weitgehend aus den Ländern des Nahen Ostens verschwunden oder zumindest massiv geschrumpft. Saudi-Arabien führt momentan in einer Militärallianz (mit Ägypten, Bahrain, Katar, Kuwait, den Vereinigten Arabischen Emiraten, Jordanien, Marokko, Sudan und seit Mai 2015 Senegal) einen erbitterten Krieg gegen die Huthis, eine schiitische Gruppe im Jemen, die auf ihrer Flagge Amerika und Israel mit dem Tod droht und alle Juden verflucht. Zwischen Schiiten und Sunniten gibt es in zahlreichen islamisch geprägten Ländern massive Konflikte, was bis zu Attentaten und Massakern führt. Aleviten wurden in der Türkei niemals offiziell als religiöse Gruppe anerkannt, sondern höchstens geduldet und etablieren sich erst jetzt in der Diaspora in westlichen Ländern als eigenständige Religionsgemeinschaft. Den Bahai wird seit Jahren die Anerkennung in Ägypten verweigert, selbst jetzt mit der neuen Verfassung von 2014, die im Ausland hochgepriesen wurde.[1]

Verständliches Fazit vieler westlicher Beobachter ist, dass der Islam offenbar ein grundsätzliches Problem mit anderen religiösen Gruppierungen hat. Viele rufen zur Einhaltung der Menschenrechte und der Religionsfreiheit in islamischen Ländern auf. Andere gehen noch weiter und sehen alte Vorurteile bestätigt: Der Islam sei grundsätzlich und von Anfang an eine Religion des Schwertes und des Krieges gewesen, die ihre Botschaft nur mit Gewalt anderen Völkern aufgezwungen und andere Religionen stets unterdrückt und verfolgt habe. Der Koran mit seinem Aufrufen zum Dschihad und zur Gewalt gegenüber Ungläubigen sei grundsätzlich nicht mit den Menschenrechten und der Religionsfreiheit vereinbar.

So verständlich solche Resümees angesichts der gegenwärtigen politisch-religiösen Auseinandersetzungen und Bürgerkriege in der islamischen Welt sind, so greifen sie doch zu kurz, denn sie widersprechen zum einen dem Anspruch des Islams selbst, der sich explizit als eine Friedensreligion versteht (siehe die Ausführungen weiterer unten). Zum anderen werden sie auch nicht der historischen Leistung des Islam gerecht, die darin besteht, dass in islamischen Ländern schon sehr viel früher als im Westen Grundlagen für ein friedliches Zusammenleben von unterschiedlichen religiösen Gruppen gelegt wurden. Die Religionsfreiheit entsprach zwar nicht den heutigen Vorstellungen von Menschenrechten und Religionsfreiheit für religiöse Minderheiten, diese heutigen Vorstellungen sind aber im Westen erst seit dem 18. Jahrhundert entwickelt worden – vor dem Hintergrund der gnadenlosen Verfolgungen von religiösen Minderheiten in Europa in der Zeit der Religionskriege (mit Inquisition, Vertreibung, Zwangsbekehrung und Ermordung von Juden und christlichen ‚Ketzern‘), die in der islamischen Welt nicht üblich waren – zumindest solange Reli-

---

1   Vgl. Reiss, Wolfram: ‚Die Aufnahme koptischer Anliegen in der neuen ägyptischen Verfassung von 2014‘, in: Andreas Müller (Hg.); *Das Kreuz unter dem Halbmond. Orientalische Christen im Angesicht des „Arabischen Frühlings"*, Berlin u. a. 2014, S. 97–130. Zur Debatte über die ägyptische Verfassung vgl. Serôdio, Diana/Hulsman, Cornelius (Hg.): *The 2014 Egyptian Constitution. Perspectives from Egypt*, Marburg 2017 (Anwendungsorientierte Religionswissenschaft Bd. 10).

gionsvertreter als Monotheisten eingestuft oder der politischen Illoyalität nicht bezichtigt wurden.

Zunächst einmal ist festzuhalten, dass der Islam prinzipiell den Anspruch hat, Frieden zu bringen. Dies drückt sich bereits in dem Religionsbegriff selbst aus. اسلام (*Islām*) ist etymologisch sehr eng mit سلام (*salām*) verbunden, was mit ‚Unversehrtheit, Heil, Friede, Sicherheit‘ oder auch ‚Wohlfahrt‘ übersetzt werden kann. Ebenso ist es verwandt mit den Worten سلم (*silm*) ‚Friede‘ und سلامة (*salāma*) ‚Unversehrtheit, Wohlergehen, Sicherheit, unversehrter Zustand‘. Der Religionsbegriff إسلام (*Islām*) ist der IV. Stamm des Verbs *s-l-m*, das in seiner Grundbedeutung ‚wohlbehalten, sicher, unversehrt sein‘ meint. Da der IV. Stamm häufig in einem kausativen, eine Handlung bewirkenden Verhältnis zum Grundstamm steht[2], wird heute bei vielen Muslimen diese Verbindung betont und daraus die Bedeutung abgeleitet, dass der Islam *salām* bewirke, d. h. Wohlstand, Frieden, Sicherheit, Unversehrtheit im körperlichen und geistigen Sinne. Der Islam versteht sich selbst also als eine befriedende, Sicherheit und Wohlstand bringende Religion, nicht nur im Jenseits, sondern bereits im Diesseits. Deshalb wurden viele Städte nach der islamischen Eroberung auch *Dār as-Salām* (‚Ort des Friedens‘) genannt und die Welt in zwei Bereiche aufgeteilt. Die Welt, in der der Islam in der Herrschaftsposition war, wurde دار السلام (*Dār al-Salām*) genannt: es ist der Bereich, in dem Frieden herrscht. Die Welt der Nicht-Muslime wird als دار الحرب (*Dār al-Ḥarb*) bezeichnet, als Welt, in der Krieg, Unfriede und Unsicherheit herrschen. Dies mag zwar angesichts der gegenwärtigen Unruhen und Bürgerkriege in der islamischen Welt befremdlich klingen, ändert jedoch nichts an dem Selbstanspruch des Islam, dass die von ihm erstrebte Gesellschaftsordnung Friede, Sicherheit und Wohlstand für alle Bürger, auch für Nicht-Muslime, bringen soll. In der Vergangenheit war dies auch nicht nur ein Anspruch, sondern ist durchaus in historische Wirklichkeit umgesetzt worden, denn viele Christen und Juden, die unter byzantinischer bzw. katholischer Herrschaft Verfolgungen erleiden mussten, profitierten erheblich von der islamischen Toleranz, die im 7.–16. Jahrhundert oftmals weitaus größer war als in der westlich-christlichen Welt: ‚Nestorianer‘ und ‚Arianer‘, ‚Monophysiten‘ und ‚Donatisten‘, Christen, die als Häretiker unterdrückt und verfolgt wurden, erfuhren in der islamischen Welt weitaus größere Toleranz, konnten in

---

2   Vgl. den Grundstamm von عَلِمَ (ʿalima) = ‚wissen, kennen, unterrichtet sein, Kenntnis haben‘. Der IV. Stamm أَعْلَمَ (uʿlima) hat dazu kausative Bedeutung: ‚wissen lassen, informieren, benachrichtigen, unterrichten‘.

höchste Positionen aufsteigen und wirtschaftlich, wissenschaftlich und sozial bedeutende Beiträge leisten, obwohl sie nach heutigen Maßstäben nicht völlig gleichgestellt waren, sondern als اهل الذمة (*ahl ad̲-d̲imma*) ‚Schutzbürger' Tribute an die muslimischen Herrscher zu zahlen hatten. In ähnlicher Weise profitierten Juden, gegen die seit dem 4. Jahrhundert immer strengere diskriminierende Gesetze erlassen wurden, die im *Codex Theodosianus* und im *Codex Justinianus* festgehalten wurden und auf Dauer das klassische römische Recht und die Gesetzgebung in den folgenden Jahrhunderten in Europa prägen sollten. Nicht ohne Grund wurden Juden bei der Eroberung Spaniens die eroberten Städte anvertraut, und in der Folge kam es zu einer muslimisch-jüdischen Symbiose auf der iberischen Halbinsel. Juden waren seit der Abwendung der westgotischen Herrscher vom Arianismus gegen Ende des 6. Jahrhunderts immer stärker damit konfrontiert, dass Diskriminierungen, diverse Verbote zur Durchführung von Riten, Zwangstaufen, Entzug des Elternrechts und das Verbot von Mischehen eingeführt wurden und viele des Landes verwiesen wurden. Für viele verfolgte Gruppen bedeutete die islamische Herrschaft in der Tat Sicherheit, eine Möglichkeit zu wirtschaftlicher Prosperität und zur aktiven Teilhabe an einer Kultur, die bis ins hohe Mittelalter der Kultur in Europa weit überlegen war. Auch der koptische Patriarch, Papst Benjamin I., der seit dem Konzil von Chalzedon 451 n. Chr. wegen der Nicht-Annahme der Zwei-Naturen-Lehre aus byzantinischer und römischer Sicht als Häretiker galt und verfolgt wurde, konnte wieder aus dem Untergrund auftauchen und Kirchen und Klöster, die in byzantinischer Hand waren, unter der Herrschaft der Muslime wieder zurückerhalten. Auch syrische Christen spielten bei der Entwicklung der islamischen Kultur eine maßgebliche Rolle und konnten erst unter islamischer Herrschaft die größte Mission der Kirche entwickeln mit hunderten von Klöstern und Bistümern, die bis nach Indien und China ihr Wirken entfalteten.

Der Islam will also prinzipiell Heil, Frieden, Wohlstand und Sicherheit für alle Einwohner eines Landes bringen, nicht nur für die eigenen Anhänger. Diesen Anspruch hat er, und diesem ist er in der Geschichte zeitweise auch durchaus gerecht geworden. Den theologischen Ausgangspunkt für das islamische Selbstverständnis als Garant für Frieden bildet der Monotheismus, der aus der Perspektive des Islam nicht nur die Grundlage für Muslime ist, sondern als die Grundlage aller Menschen gilt. Hierzu bedarf es einiger Erläuterungen, die im ersten Teil dieses Beitrags in fünf Schritten beschrieben werden sollen:

1. Uroffenbarung: Die Hingabe an Gott ist die natürliche Religion für alle Menschen
2. Anerkennung von Propheten und heiligen Schriften
3. Gesellschaftliche Konsequenzen: Bündnisfähigkeit mit monotheistischen Religionen, Möglichkeit des friedlichen Zusammenlebens
4. Koranische Grundlagen: Keine Zwangsbekehrung, aber Diskriminierung von Monotheisten
5. Keine Bündnisfähigkeit mit Polytheisten oder Atheisten

Im zweiten Teil des Beitrags sollen die speziellen Beziehungen zu verschiedenen Religionen beschrieben und dabei erläutert werden, inwieweit diese Religionen am Heil, am Frieden mit Gott und den Menschen teilhaben können. Zunächst werden dabei das Judentum und das Christentum betrachtet, dann die Hindu-Religionen und der Buddhismus. In einem letzten Abschnitt sollen Ansätze aufgezeigt werden, die über die traditionelle Sichtweise hinausgehen.

1. Grundlegendes zu den Heilsmöglichkeiten von Nicht-Muslimen

1.1 Uroffenbarung: Die Hingabe an Gott ist die natürliche Religion für alle Menschen

Nach der Vorstellung des Islams hat Gott jedem einzelnen Menschen den Grundgehalt der späteren prophetischen Verkündigung kundgetan, und zwar in einer Uroffenbarung. Grundlage für diese Vorstellung ist die Sure 7/172. Dort heißt es:

„Dein Herr hat aus dem Rückgrat der Kinder Adams Generationen hervorgebracht, die aufeinander folgten. Er hat ihnen den Verstand gegeben, damit sie Gott erkennen können und über sich selbst gleichsam Zeugnis ablegen, indem Er sie fragte: ‚Bin Ich nicht euer Herr?‘ Darauf antworteten sie: ‚Doch, wir bezeugen es (da wir durch unseren Verstand die Wahrheit über Gott erkannt haben).‘ Das haben Wir so verfügt, damit ihr am Jüngsten Tag nicht sagt: ‚Wir haben die Wahrheit über Gott nicht erkennen können.‘"

وَإِذْ أَخَذَ رَبُّكَ مِن بَنِي آدَمَ مِن ظُهُورِهِمْ ذُرِّيَّتَهُمْ وَأَشْهَدَهُمْ عَلَى أَنفُسِهِمْ أَلَسْتُ بِرَبِّكُمْ قَالُواْ بَلَى شَهِدْنَا أَن

تَقُولُواْ يَوْمَ الْقِيَامَةِ إِنَّا كُنَّا عَنْ هَذَا غَافِلِينَ {172}

Zugleich hat jeder Mensch die Verpflichtung, Gott allein zu dienen. Das wird in Sure 36/60–61 angesprochen:

„Habe Ich euch nicht geboten, ihr Kinder Adams, dem Satan nicht zu dienen? Er ist euch ein offenkundiger Feind. (60) Ihr sollt Mir allein dienen, das ist der gerade Weg. (61)"

أَلَمْ أَعْهَدْ إِلَيْكُمْ يَا بَنِي آدَمَ أَن لَّا تَعْبُدُوا الشَّيْطَانَ إِنَّهُ لَكُمْ عَدُوٌّ مُّبِينٌ {60}

وَأَنِ اعْبُدُونِي هَذَا صِرَاطٌ مُّسْتَقِيمٌ {61}

Diese Vorstellung von einer Uroffenbarung und einem Urbündnis zwischen den Menschen und Gott besagt, dass die Erkenntnis Gottes, die Anerkennung seiner absoluten Souveränität und damit verbunden der Gehorsam der Menschen und ihre Ergebung in den Willen Gottes im Herzen eines jeden Menschen verankert sind, jedem Menschen zugänglich sind und auch für jeden Menschen verpflichtend sind. Es gibt eine Heilsmöglichkeit für jeden Menschen – sofern er sich dem einen Gott unterwirft. Jeder Mensch ist also von Geburt an konstitutiv auf den Islam hin ausgerichtet, auf die Hingabe an den einen Gott angelegt. Alle Menschen sind gewissermaßen ,anonyme Muslime'. Viele wissen möglicherweise nichts von ihrer Bestimmung, man kann sie verleugnen, verdrängen oder vergessen. Dies ändert aber nichts daran, dass jedes menschliche Wesen eigentlich auf die Hingabe an den einen Gott, d. h. zum Islam hin ausgerichtet ist. Das ist die fundamentale und allgemeingültige Form der Religion, die mit dem Beginn der Geschichte verkündet und verpflichtend gemacht worden ist und (aus islamischer Sicht) mit dem Islam ihre letztgültige Gestalt gefunden hat.

Daher wird der Islam auch in Sure 30/30 als die der Schöpfung gemäße Religion bezeichnet:

„Wende dich deshalb der wahren Religion zu, (verhalte dich) wie ein Hanîf (ein Monotheist)! Das ist Gottes Naturgesetz, gemäß dem er die Menschen erschaffen hat. Gottes Schöpfung darf man nicht abändern. Das ist die wahre Religion. Doch die meisten Menschen wissen es nicht."

فَأَقِمْ وَجْهَكَ لِلدِّينِ حَنِيفاً فِطْرَةَ اللَّهِ الَّتِي فَطَرَ النَّاسَ عَلَيْهَا لَا تَبْدِيلَ لِخَلْقِ اللَّهِ ذَلِكَ الدِّينُ الْقَيِّمُ وَلَكِنَّ أَكْثَرَ

النَّاسِ لَا يَعْلَمُونَ {30}

1.2   Die Anerkennung von Propheten und Heiligen Schriften

Die Rolle der Propheten, die Gott im Laufe der Zeit zu jedem Volk gesandt hat, besteht darin, die vergesslichen Menschen und all diejenigen, die aus verschiedenen Gründen nicht zum Glauben an Gott und zum entsprechenden Gehorsam gegenüber seinem Willen gefunden haben, auf die Zeichen Gottes in der Schöpfung hinzuweisen und an sein Wirken im Leben der Menschen und der Völker zu erinnern. Damit wird der verschüttete Zugang zum Glauben wieder geöffnet. Die Propheten werden stets zu ein und demselben Zweck gesandt: Sie sollen den Menschen, die immer wieder dem Götzendienst verfallen, den wahren, den einen Gott und dessen Gesetz verkündigen. Sie treten als Warner vor dem Jüngsten Gericht auf, doch von vielen ernten sie nur Unglauben und Spott. In der Folge werden diejenigen, die die Mahnung der Propheten ernst nehmen, gerettet, die anderen aber werden von Gott bestraft. Alle Prophetenerzählungen im Koran, auch die von biblischen Propheten, sind nach diesem Muster gestaltet. Das Modell der prophetischen Offenbarung, das für alle Propheten gültig ist, wird sogar explizit in Sure 7/94–102 beschrieben. Es besteht aus vier Schritten:

1.   Alle Propheten rufen zum Glauben an den einen Gott auf und ermahnen die Menschen. Sie rufen das Gericht in Erinnerung.
2.   Die Menschen jedoch wähnen sich sicher, verhöhnen die Propheten und bestreiten die Sendung der Propheten.
3.   Daraufhin greift Gott ein: Er bestraft die Ungläubigen.
4.   Den Propheten und die Gläubigen aber rettet Gott aus der Hand der Widersacher.

Das Modell des politisch gescheiterten Propheten, bzw. des Propheten, der mit dem Volk ein göttliches Strafgericht erleidet oder stellvertretend Schuld auf sich nimmt – man denke an die Gottesknechtslieder im Jesajabuch oder die Propheten, die das Exil miterleben, und natürlich an Jesus, der nach der christlichen Tradition am Kreuz stirbt – ist im sunnitischen Islam kaum aufgegriffen worden.[3] Es gibt zwar Propheten, die leiden müssen

---

3   Im schiitischen Islam gibt ein anderes Verhältnis zu dem leidenden Gerechten. Aufgrund der traumatischen Erfahrung von Kerbela, wo Hussain, der Enkel Muhammads in einem Massaker hingerichtet wurde und aufgrund der Verfolgung der verschiedenen schiitischen Gruppierungen durch die sunnitische Mehrheit über Jahrhunderte hinweg, hat sich dort eine ‚Ohmachts-‘ und

und Verfolgungen ausgesetzt sind, aber letztlich werden sie gerettet. Deshalb kann aus theologischen Gründen der islamische Prophet عيسى (ʿĪsā = koranische Bezeichnung für Jesus) nicht am Kreuz gestorben sein. Gott greift im letzten Moment ein und rettet auch ihn auf wundersame Weise. So heißt es in Sure 4/157–158:

„Sie haben ihn (in Wirklichkeit) nicht getötet und (auch) nicht gekreuzigt. Vielmehr erschien ihnen (ein anderer) ähnlich (so dass sie ihn mit Jesus verwechselten und töteten). Und diejenigen, die über ihn (oder darüber) uneins sind, sind im Zweifel darüber. Sie haben kein Wissen über ihn, gehen vielmehr Vermutungen nach. Und sie haben ihn nicht mit Gewissheit getötet. (157) Nein, vielmehr hat Gott ihn zu sich (in den Himmel) erhoben. Gott ist mächtig und weise. (158)“

وَقَوْلِهِمْ إِنَّا قَتَلْنَا الْمَسِيحَ عِيسَى ابْنَ مَرْيَمَ رَسُولَ اللّهِ وَمَا قَتَلُوهُ وَمَا صَلَبُوهُ وَلَـكِن شُبِّهَ لَهُمْ وَإِنَّ الَّذِينَ اخْتَلَفُواْ فِيهِ لَفِي شَكٍّ مِّنْهُ مَا لَهُم بِهِ مِنْ عِلْمٍ إِلاَّ اتِّبَاعَ الظَّنِّ وَمَا قَتَلُوهُ يَقِيناً {157} بَل رَّفَعَهُ اللّهُ إِلَيْهِ وَكَانَ اللّهُ عَزِيزاً حَكِيماً {158}

Der Koran führt insgesamt 25 Propheten namentlich auf. Darunter sind auch zahlreiche biblische Propheten. Die islamische Tradition geht allerdings darüber hinaus davon aus, dass es tausende andere Propheten gegeben haben kann, die nicht bekannt sind. Die Grundidee ist, dass Gott sich Propheten für verschiedene Völker zu verschiedenen Zeiten auserwählt hat. Ihre zentrale Aufgabe war immer gleich: Es war der Ruf zum Glauben an den einen Gott. Allerdings können die Gesetze und Gebote, d. h. die Scharia, die die Propheten den Menschen geben, verschieden sein. Der Unterschied zu Muhammads Botschaft wird darin gesehen, dass die frühere Prophetie räumlich und zeitlich auf bestimmte Völker zu bestimmten Epochen eingegrenzt war. Muhammads Prophetie hingegen korrigiert die frühere Prophetie in manchen Geboten und ist eine universale Botschaft, die für alle Menschen zu allen Zeiten gilt. Sie ist zugleich der Abschluss der Prophetie.

Es wird davon ausgegangen, dass alle Propheten Offenbarungen von Gott erhalten haben. Diejenigen, von denen Heilige Schriften ganz oder teilweise überliefert sind, nennt man رسول *rasūl*/pl. رسل *rusul*, d. h. Ge-

---

,Leidenstheologie‘ entwickeln können, die nicht vergleichbar ist mit der Theologie der sunnitischen Mehrheit.

sandte, denen رسالات *risālāt* (,Botschaften, Offenbarungen, göttliche Sendungen' zuteilwurden. Judentum, Christentum und Islam werden daher auch als Religionen der ,himmlischen Sendungen' (رسالات السماوية *risâlât as-samâwiyya*) bezeichnet, weil sie sich auf göttliche Offenbarungen berufen, die ihnen von Propheten verkündet wurden. Für die monotheistischen Religionen, die sich auf Offenbarungen des einen Gottes berufen, wird auch der Religionsbegriff دين *dīn* gebraucht. Dies gilt nicht in gleicher Weise für den Buddhismus oder indische Religionen, die eher als شرك *širk*, Polytheismus und als menschliche Ideenkonstrukte, Philosophien oder Weltanschauungen bezeichnet werden.[4] Als größte Gesandte gelten Ibrāhīm, Mūsa, ʿĪsā und Muḥammad (das sind die koranischen Bezeichnungen für Abraham, Moses, Jesus und Mohammed). Muslimen wird eingeschärft, dass sie an diese Propheten, somit auch an Jesus und Moses, glauben und sie verehren sollen. Praktisch drückt sich das im Alltag dadurch aus, dass man nach ihrer Namensnennung die rituelle Formel „Friede sei mit ihm" einfügt. Allen diesen Propheten wurden göttliche Offenbarungen zuteil, die aufgeschrieben und überliefert wurden. Allerdings sind die ursprünglichen Offenbarungstexte teilweise verloren gegangen. So heißt es, die Schriften, die Abraham hinterließ, seien gänzlich verloren gegangen, die Thora des Moses nur partiell in der hebräischen Bibel rezipiert und die Uroffenbarung Jesu namens انجيل *Inǧīl* (Evangelium) sei nur fragmentarisch und mit manchen Verzerrungen in die christliche Bibel eingegangen. Alleine der Koran sei das authentische unveränderte Gotteswort. Dass es an der Bibel zahlreiche Veränderungen bei der Überlieferung und Redaktion gegeben hat, wird nach Ansicht vieler Muslime auch durch die historisch-kritische Forschung bestätigt, die von verschiedenen Manuskripten, Veränderungen in der Überlieferung und Redaktion der biblischen Bücher spricht.[5]

Der Koran ist aus muslimischer Perspektive als authentisch überlieferte Offenbarungsschrift daher der alleinige Maßstab für alle anderen Schriften. So heißt es in Sure 2/137:

„Wenn sie das glauben, woran ihr glaubt, dann haben sie den richtigen Weg eingeschlagen. Wenn sie sich davon abwenden, so bleiben sie mit euch im Streit.

---

4   Zum Gebrauch der Religionsbegriffe im Islam vgl. Haußig, Hans-Michael: *Der Religionsbegriff in den Religionen. Studien zum Selbst- und Religionsverständnis in Hinduismus, Buddhismus, Judentum und Islam.* Berlin 1999.

5   Vgl. Zaidan, Amir M. A.: *Al-ʿAqīda. Einführung in die Iman-Inhalte.* Offenbach 1999, S. 153–155.

Gott wird euch vor ihnen beschützen. Gott hört alles, und er ist der Allwissende."

فَإِنْ آمَنُواْ بِمِثْلِ مَا آمَنتُم بِهِ فَقَدِ اهْتَدَواْ وَّإِن تَوَلَّواْ فَإِنَّمَا هُمْ فِي شِقَاقٍ فَسَيَكْفِيكَهُمُ اللَّهُ وَهُوَ السَّمِيعُ الْعَلِيمُ

{137}

Für die Frage nach der Heilsmöglichkeit in anderen Religionen haben diese grundlegenden theologischen Ausführungen gewichtige Folgen:

1. Prinzipiell ist der Islam offen für die Vorstellung, dass es Offenbarungen auch an andere Völker gegeben hat.
2. Dies betrifft speziell die Propheten und Offenbarungen der Juden und Christen, in deren Tradition und Nachfolge man sich sieht.
3. Es kann jedoch auch andere Religionen betreffen, denn prinzipiell wird damit gerechnet, dass Gott sich auch anderen Völkern zu verschiedenen Zeiten offenbart hat.
4. Die früheren Offenbarungen, so die verbreitete Ansicht, seien jedoch durch den Koran relativiert worden. Hier habe sich Gott der Menschheit unmissverständlich und endgültig für alle Zeiten offenbart. Im Unterschied zu anderen Heiligen Schriften sei diese Gottesoffenbarung authentisch überliefert worden. Jede andere Botschaft wird daran gemessen, inwieweit sie mit dem Koran übereinstimmt. Alles, was davon abweicht, ist nicht göttlicher, sondern menschlicher Herkunft.
5. Es wird prinzipiell davon ausgegangen, dass die zentrale Botschaft der Propheten zu allen Zeiten gleichgeblieben ist und im Aufruf zum Glauben an den einen Gott bestand. Andere Religionen können nur akzeptiert werden, insoweit dieser Glaube an *einen* Gott zum Ausdruck kommt. Insbesondere wenn sie heilige Offenbarungsschriften aufweisen können, können sie partiell akzeptiert und toleriert werden. Ein Glaube an mehrere Götter, Ahnenglaube oder Religionen ohne Gottesvorstellung sind hingegen inakzeptabel. Für solche Religionen gibt es keine Heilsmöglichkeit. Sie müssen bekämpft werden.

1.3   Der Vertrag von Medina: Bündnisfähigkeit der Monotheisten; Islam stiftet Frieden

Diese Konzeption des Monotheismus als Toleranzgrundlage hatte in der Geschichte der islamischen Länder auch große gesellschaftspolitische

Konsequenzen und führte schon sehr viel früher als im Westen zu einem staatlich akzeptierten Religionspluralismus. Für Muslime ist dabei die Bezugnahme auf die Gründung des Gemeinwesens von Medina von zentraler Bedeutung. Muhammad wurde als Schlichter nach يثرب *Yaṯrib* gerufen, dem Ort im Norden von Mekka, der den bedrängten Muslimen Aufnahme gewährte und später schlicht المدينة *al-Madīna* (‚die Stadt‘) genannt wurde. Die Stämme der أوس *Aus* und خزرج *Ḥazraǧ* hatten dort schon längere Zeit mit den dort ansässigen jüdischen Stämmen Auseinandersetzungen. In den Jahren 621 und 622 gab es zwei Treffen mit Muhammad, bei denen Abordnungen der Stämme aus Yaṯrib Muhammad baten, die Rolle eines Schiedsrichters und Schlichters zu übernehmen, um den Streit beizulegen. Man hatte die Hoffnung, dass Muhammad durch die Betonung des Ein-Gott-Glaubens eine Brücke zu den Juden bilden könnte.[6] Dies scheint zunächst auch gelungen zu sein, denn es wurde ein Vertrag und Beistandspakt zwischen den Ausgewanderten von Mekka, den Helfern aus *Yaṯrib* und den jüdischen Stämmen geschlossen.[7] Bis heute wird der Vertrag idealisierend als Vorwegnahme der Menschenrechte angesehen.[8] Nicht mehr die Zugehörigkeit zu einem Stamm, nicht mehr die ethnische Herkunft sollte die Grundlage für Loyalität bilden, sondern alleine der Glaube an den einen Gott. Juden, Geflüchtete aus Mekka und Stammesangehörige der *Aus* und *Ḥazraǧ* bilden eine einzige أمة *umma* (‚Gemeinschaft, Nation‘) derer, die an *einen* Gott glauben. Das war revolutionär, denn es überwand die Stammesfehden, die zuvor lange Zeit auf der arabischen Halbinsel ausgetragen wurden.

Anlässlich der Begegnung mit christlichen Stämmen weitete man dieses Prinzip auch auf Christen aus. So hat Muhammad selbst nach der islamischen Überlieferung einen Vertrag mit einem christlichen Gouverneur von Ayla, einem Ort bei ʿAqaba, und mit den Christen in *Naǧrān* geschlossen. Die Verträge enthalten eine Schutzgarantie der Muslime für Leib und Leben, Besitz, Religionsausübung und eine Garantie für den christlichen Kle-

---

6   Vgl. Ibn-Isḥāq, Muhammad: *Das Leben des Propheten.* (Übersetzt von Rotter, Gernot) Tübingen/Basel 1976, S. 91–97.

7   Vgl. ebd., S. 109–111.

8   Vgl. die Einleitung der Islamischen Deklaration der Menschenrechte von 1981: „Vor mehr als 1400 Jahren bereits – zur Zeit der Auswanderung des Propheten Muhammad aus Mekka nach Medina – gab der Islam der Menschheit einen idealen Code der Menschenrechte." Islamrat für Europa (Hg.): *Allgemeine Erklärung der Menschenrechte im Islam.* München 1981.

rus und die Gottesdienstorte. Als Gegenleistung wird ein Tribut gefordert, Gewährung der Gastfreundschaft für eine begrenzte Zeit sowie Loyalität im Kriegsfall. Diese Regelungen wurden in leicht modifizierter Form von verschiedenen muslimischen Heerführern in späterer Zeit übernommen.[9]

Das islamische Recht hat daraus folgende Prinzipien abgeleitet, die für die gesamte Geschichte des Islam bestimmend blieben.

1. Der Islam sucht die Aussöhnung speziell mit Christen und Juden und versteht sich als Friedensstifter zwischen den Religionen. Prinzipiell sind Christen und Juden bündnisfähig. Ein friedliches Zusammenleben mit Monotheisten ist möglich. Innerchristliche Streitigkeiten sowie Streitigkeiten zwischen Juden und Christen finden ein Ende unter der Oberherrschaft des Islam bzw. wenn sich alle dem einen Gott unterwerfen. Die Grundidee ist, dass alle Monotheisten eine Gemeinschaft bilden und (unter der Herrschaft des Islam) zusammenleben können. Es ist nicht nötig, eine Konversion von Juden und Christen zu betreiben.

2. Wenn sich Christen und Juden loyal verhalten, können sie innerhalb der muslimischen Gesellschaft in höchste Stellungen aufsteigen. Dies war in der gesamten Geschichte des Islam der Fall. Sie waren als Wesire und Minister tätig, als engste Berater der Kalifen oder Elitesoldaten und waren über Jahrhunderte überproportional in der Verwaltung vieler muslimischer Staaten vertreten. Eine Ghettoisierung von Juden und Christen oder Verbote für bestimmte Berufe gab es nicht, auch wenn es über Jahrhunderte üblich war, dass sich Christen und Juden an bestimmten Orten ansiedelten und in bestimmten Berufen überrepräsentiert waren.[10]

3. Allerdings war es möglich, dass man diesen Status auch verlieren konnte. Dies geschah immer dann, wenn sich Juden und Christen aus islamischer Sicht nicht an die Abkommen hielten. Dieser Vorwurf konnte dann laut werden, wenn Monotheisten Illoyalität und Vertragsbruch, Götzendienst bzw. Nicht-Bezahlung der Tribute vorgeworfen wurde. Juden traf allerdings der Vorwurf des Götzendienstes wegen ihres strengen Monotheismus nicht. Bei Christen und anderen Religionen

---

9   Vgl. Fattal, Antoine: *Le statut légal des non-musulmans en pays d'Islam*. Beirut 1995. und Khoury, Adel Theodor: *Toleranz im Islam*. München 1980.

10 Vgl. Lewis, Bernhard: *Die Juden in der islamischen Welt*. München 1987; sowie Cohen, Mark R.: *Unter Kreuz und Halbmond. Die Juden im Mittelalter*. München 2005.

konnte dies jedoch sehr leicht der Fall sein. Dann konnten sie wie Ungläubige behandelt werden.

4. Der Vertragsbruch einer bestimmten Gruppe hob jedoch niemals den Grundsatz auf, dass Juden und Christen prinzipiell als bündnisfähig betrachtet werden. Insoweit wird aus der Perspektive des Islam in Dialogen immer nach der gemeinsamen Grundlage des Monotheismus gesucht. Dieser bietet aus islamischer Sicht die Grundlage für das Zusammenleben.

Diesen Grundsatz kann man deutlich im jüngsten Dialogangebot der Muslime an die Christen erkennen: In einem Offenen Brief von 138 religiösen islamischen Gelehrten an die Oberhäupter aller christlichen Konfessionen heißt es, dass „die Zukunft der Welt vom Frieden zwischen Muslimen und Christen abhängt". Die Grundlage für diesen Frieden biete aber die Liebe bzw. Hingabe zu dem einen Gott, die beiden Religionen zu Eigen sei.[11] Auch in der Moderne wird also die Basis friedlichen Zusammenlebens auf der Welt ausschließlich im Monotheismus gesucht.

1.4 Koranische Grundlagen: Kein Zwang für Monotheisten, aber Tributleistung

Die theologische Grundlage für die Akzeptanz von Monotheisten wird gemeinhin in Sure 2/256 gesehen. Dort heißt es (nach Paret):

„In der Religion gibt es keinen Zwang (d. h. man kann niemand zum (rechten) Glauben zwingen). Der rechte Weg (des Glaubens) ist (durch die Verkündigung des Islam) klar geworden (so dass er sich) vor der Verirrung (des heidnischen Unglaubens deutlich abhebt). Wer nun an die Götzen nicht glaubt, an Gott aber glaubt, der hält sich (damit) an der festesten Handhabe, bei der es kein Reißen gibt. Und Gott hört und weiß alles."

لَا إِكْرَاهَ فِي الدِّينِ قَد تَبَيَّنَ الرُّشْدُ مِنَ الْغَيِّ فَمَنْ يَكْفُرْ بِالطَّاغُوتِ وَيُؤْمِن بِاللهِ فَقَدِ اسْتَمْسَكَ بِالْعُرْوَةِ الْوُثْقَىٰ لَا انفِصَامَ لَهَا وَاللهُ سَمِيعٌ عَلِيمٌ {256}

---

11 Vgl. ‚A common word': *A Common Word between us and you.* URL: http://www. acommonword.com/ (letzter Abruf: 24.02.2018); Eißler, Friedmann (Hg.): *Muslimische Einladung zum Dialog. Dokumentation zum Brief der 138 Gelehrten* (A Common Word), Berlin 2009.

Die Grundlage ist also der Monotheismus. Wer sich daran hält, mit dem kann man trotz mancher Differenzen zusammenleben. Es kann andere Schrifttraditionen geben. Es kann andere Gebote und Verbote geben. Es kann andere religiöse Praktiken geben und andere Gottesdienstformen der Anbetung. Die zentrale Grundlage bleibt aber der Glaube an den *einen* Gott. Wer daran festhält, kann akzeptiert werden. Das gilt für Juden und Christen, von denen man prinzipiell der Meinung ist, dass sie an den gleichen Gott glauben wie Muslime. Es kann jedoch eventuell auch für andere gelten, sofern diese den Ein-Gott-Glauben bekennen. Explizit ist im Koran auch davon die Rede, dass es eine Heilsmöglichkeit für Christen, Juden und andere Menschen gibt, die an Gott glauben. Sie werden im Endgericht nicht verurteilt, auch wenn sie ihrer Religion treu bleiben und ihr Handeln an anderen Vorschriften ausrichten. In Sure 2/62 heißt es:

> „Diejenigen, die glauben, und diejenigen, die Juden sind, und die Christen und die Sabier, all die, die an Gott und den Jüngsten Tag glauben und Gutes tun, erhalten ihren Lohn bei ihrem Herrn, sie haben nichts zu befürchten, und sie werden nicht traurig sein."

إِنَّ الَّذِينَ آمَنُواْ وَالَّذِينَ هَادُواْ وَالنَّصَارَى وَالصَّابِئِينَ مَنْ آمَنَ بِاللَّهِ وَالْيَوْمِ الآخِرِ وَعَمِلَ صَالِحاً فَلَهُمْ

أَجْرُهُمْ عِندَ رَبِّهِمْ وَلاَ خَوْفٌ عَلَيْهِمْ وَلاَ هُمْ يَحْزَنُونَ {62}

Aus diesem Zitat wird deutlich, dass die Heilsmöglichkeit nicht nur Juden und Christen zugestanden wird. Sie kann auch Anhänger anderer Religionen umfassen, solange sie das Konzept des Monotheismus und der Heilsgeschichte mit einem Endgericht vertreten. Andererseits wird in der islamischen Tradition aber auch deutlich, dass dieser Ein-Gott-Glaube nur eine *partielle* Wahrheit darstellt, an der andere Religionen teilhaben können. Die volle Erkenntnis, die umfassende Wahrheit, die authentische Offenbarung und die wahrhafte Religionsausübung sind nur im Islam gegeben. Insoweit haben Juden und Christen nur *partiell* an der Wahrheit teil. Sofern sie an ihren Traditionen festhalten, kann das zwar akzeptiert werden, weil sie zumindest dem Ein-Gott-Glauben folgen; allerdings gilt ihre Glaubensform als eigentlich überholt und es wird vor allzu großer Nähe zu ihnen gewarnt. In Sure 5/51 heißt es:

> „Oh ihr, die ihr glaubt, nehmt euch nicht die Juden und die Christen zu Freunden. Sie sind untereinander Freunde. Wer von euch sie zu Freunden nimmt, gehört zu ihnen."

يَا أَيُّهَا الَّذِينَ آمَنُواْ لاَ تَتَّخِذُواْ الْيَهُودَ وَالنَّصَارَى أَوْلِيَاء بَعْضُهُمْ أَوْلِيَاء بَعْضٍ وَمَن يَتَوَلَّهُم مِّنكُمْ فَإِنَّهُ مِنْهُمْ إِنَّ اللّهَ لاَ يَهْدِي الْقَوْمَ الظَّالِمِينَ {51}

Auf Dauer wird erwartet, dass sie irgendwann ihre ‚halsstarrige' Position aufgeben und sich dem Islam anschließen. Insoweit gibt es in allen Verträgen einen Bestandsschutz für Juden und Christen, nicht aber die Erlaubnis einer Ausweitung ihrer Tätigkeit. Man sieht das Judentum und Christentum als Auslaufmodell an, das man bis zur vollen Einsicht toleriert, das aber nicht gleichwertig mit dem Islam ist. Um den unterschiedlichen Status von Muslimen und Gläubigen anderer Religionen deutlich zu machen, forderte man von den akzeptierten Nicht-Muslimen erstens die Anerkennung des Herrschaftsanspruches des Islam sowie Loyalität und zweitens eine spezielle Tribut-Abgabe (*al-ǧizya*), die oftmals mit einer öffentlichen Demütigung verbunden war. Grundlage hierfür ist Sure 9/29, in der es heißt:

> „Kämpft gegen [...] die Schriftbesitzer, bis sie kleinlaut aus der Hand Tribut [*al-ǧizya*] entrichten."

قَاتِلُواْ الَّذِينَ لاَ يُؤْمِنُونَ بِاللّهِ وَلاَ بِالْيَوْمِ الآخِرِ وَلاَ يُحَرِّمُونَ مَا حَرَّمَ اللّهُ وَرَسُولُهُ وَلاَ يَدِينُونَ دِينَ الْحَقِّ مِنَ الَّذِينَ أُوتُواْ الْكِتَابَ حَتَّى يُعْطُواْ الْجِزْيَةَ عَن يَدٍ وَهُمْ صَاغِرُونَ {29}

Monotheisten, die im Herrschaftsbereich des Islam leben wollten, hatten also die Oberherrschaft des Islam anzuerkennen und die Kopfsteuer (*al-ǧizya*) zu entrichten. Maḥmūd ibn ʿUmar az-Zamaḫšarī (1075–1144), der Autor eines Standardkommentars zum Koran, erläutert die Formulierung „bis sie kleinlaut aus der Hand Tribut entrichten" (*ʿan yadin wa-hum ṣāġirūn*) aus Sure 9/29 dahingehend, dass

> „[...] die ǧizya von ihnen einzufordern ist, indem man sie demütigt und erniedrigt. Er (der ḏimmî, das heißt der nichtmuslimische Schutzbürger des muslimischen Staates) soll persönlich erscheinen, zu Fuß, nicht zu Pferd. Beim Bezahlen soll er stehen, während der Steuereinnehmer sitzt. Der Steuereinnehmer soll ihn am Genick packen, ihn schütteln und dabei sagen: Entrichte die ǧizya! Und wenn er sie herzählt, soll er auf den Nacken geschlagen werden."[12]

---

12 Lewis: *Die Juden in der islamischen Welt*, S. 23.

Abū Yūsuf, oberster Kadi des Kalifen Hārūn ar-Rašīd, der ein Standardwerk über die Steuern schrieb (كتاب الخراج – *kitāb al-ḫarāǧ*), verwahrte sich zwar gegen solche erniedrigenden Behandlungen von Nichtmuslimen in der Öffentlichkeit, befürwortete jedoch Zwangsmaßnahmen, um die Steuern in voller Höhe einzutreiben:

> „Niemand aus dem Personenkreis der ḏimma darf um der ordnungsgemäßen Entrichtung der ǧizya willen geschlagen werden noch in der Sonne stehen oder sonstige körperliche Schmach erleiden. Man behandle sie vielmehr mit Nachsicht und Milde [...]. Man werfe sie aber ins Gefängnis, bis sie ihre Schuld beglichen haben. Sie dürfen erst aus der Haft entlassen werden, wenn die ǧizya in voller Höhe eingetrieben wurde. Kein Gouverneur darf Christen, Juden, Anhänger des Zarathustra, Sabäer oder Samaritaner auf freien Fuß setzen, ohne dass die ǧizya erhoben wurde. Er darf keinem Zahlungsabstriche gewähren, indem er ihm einen Teil der Schuld erlässt. Es ist nicht statthaft, bei dem einen eine Ausnahme zu machen, während der andere bezahlen muss. Dies darf nicht geschehen, denn sichere Gewähr für ihr Leben und ihre Habe besteht nur bei der Entrichtung der ǧizya, die einem Tribut entspricht."[13]

Für viele Christen und Juden im Nahen Osten ist dieser Status des *ḏimmis*, des Schutzbürgers, der sich seine Religionsfreiheit erkaufen muss, ein Trauma. Die Geschichtsschreibung der orientalischen Christen und Juden berichtet von zahlreichen willkürlichen Festsetzungen der Tributabgaben, die sie als Ausbeutung verstehen. In den ersten Jahrhunderten führte der Steuerdruck zu Aufständen, die blutig niedergeschlagen wurden. In der Folge wanderten viele Christen aus ihrem Land aus, was jedoch die Situation nicht verbesserte, denn die Forderungen wurden deswegen nicht gemindert. Vielmehr wurde der Betrag, der pro Kopf erhoben wurde, auch weiterhin von der jüdischen bzw. christlichen Religionsgemeinschaft eingefordert. Auf der anderen Seite betonen Muslime, dass die finanziellen Forderungen durchaus den Tributen entsprachen, die auch andere Reiche von ihren Bürgern erhoben. Zudem verstehen sie die Abgabe als Entgelt für den militärischen Schutz, den die Muslime den Nicht-Muslimen boten. Dementsprechend wurde die Steuer sofort erlassen, wenn Christen militärische Dienste leisteten. Dies geschah auch im Osmanischen Reich Mitte des 19. Jahrhunderts, als das *ḏimmi*-System aufgehoben wurde, allerdings gibt es Beispiele für solche Bestimmungen schon in der Frühzeit des Islam.

---

13 Ebd., S. 24.

Im Zusammenhang mit dem hier zu behandelnden Thema sind aus dem Status des *ḏimmīs* folgende grundlegende Konsequenzen zu ziehen:

1. Christen und Juden, die gegen die Muslime kämpften und die Oberherrschaft des Islam nicht anerkannten, ihren Tribut nicht entrichteten oder sich illoyal gegenüber dem islamischen Staat verhielten, hatten keine Rechte. Sie waren wie Ungläubige bis zur Vernichtung oder Vertreibung zu bekämpfen oder konnten versklavt werden.

2. Mit Christen und Juden, die die Oberherrschaft des Islam anerkannten, musste Frieden geschlossen werden. Die Toleranz, die Christen, Juden und bisweilen anderen Religionen gewährt wurde, war allerdings eine *bedingte* Toleranz, die nur für diejenigen galt, die einer Religion angehörten, die als monotheistisch eingestuft wurde. Die Toleranz konnte aber auch verwirkt werden. Die Toleranz und der Schutz konnten entfallen, wenn die Tributzahlungen nicht geleistet wurden bzw. wenn die Loyalität gegenüber dem islamischen Staat in Frage gestellt wurde, wenn öffentlich theologische Konzepte vertreten wurden, die als polytheistisch eingestuft wurden oder wenn der Prophet Muhammad angegriffen wurde.

3. Trotz dieser Einschränkungen schuf der Schutzstatus einen rechtlichen Rahmen, der Juden und Christen das Leben unter der Herrschaft des Islam ermöglichte. Insbesondere für Christen, die als Häretiker angesehen und verfolgt wurden, wie z. B. die sogenannten ‚Nestorianer‘ und ‚Monophysiten‘, die in vielen Ländern des Nahen Ostens die Mehrheit der Bevölkerung ausmachten, profitierten erheblich von der Toleranz der Muslime. Das gleiche gilt für die sogenannten ‚Donatisten‘ und ‚Arianer‘ in Nordafrika und auf der iberischen Halbinsel, deren Lehren als Häresien auf ökumenischen Konzilien verdammt und verfolgt wurden. Auch Juden, die unter christlicher Herrschaft oftmals schweren Verfolgungen ausgesetzt waren, bot der Islam über Jahrhunderte Schutz, um überleben und sich entfalten zu können. In Spanien war es zum Beispiel möglich, dass die hebräische Sprache sich nochmals weiterentwickeln konnte, Juden konnten in allen Berufen tätig werden und bis in höchste Positionen bis hin zu Generälen aufsteigen.[14] Dieser Schutz war aber

---

14 Vgl. die Situation der Juden unter den Westgoten auf der iberischen Halbinsel, nachdem Rekared 587 zum katholischen Glauben übergetreten war, sowie die Flucht der Juden nach Nordafrika nach der Vertreibung aus Spanien. Auch Donatisten in Nordafrika oder Arianer auf der Iberischen Halbinsel profitierten

an die unbedingte Loyalität gegenüber den muslimischen Herrschern gebunden und wurde mit einer finanziellen Diskriminierung erkauft. Der Status war insoweit labil und konnte jederzeit wieder aufgehoben werden. Insbesondere in Zeiten des Machtwechsels bzw. instabiler Verhältnisse konnten Privilegien mit einem Schlag verlorengehen.[15]

1.5 Keine Bündnisfähigkeit mit Polytheisten oder Atheisten

Für Polytheisten oder erklärte Atheisten gab und gibt es aus traditioneller Sicht keine Grundlage für das Zusammenleben. شرك *Širk* (‚Beigesellung von Göttern') und كفر *Kufr* (‚Unglaube und Leugnung Gottes') sind die größten Sünden, die unverzeihlich sind. Für Menschen, die Gott etwas beigesellen oder Gott leugnen, gibt es keine Heilsmöglichkeit und keinen dauerhaften Frieden mit Gott und Menschen. Dementsprechend gestalteten sich die ersten Feldzüge gegen Indien sehr grausam. Der erste Feldzug gegen Indien im Jahr 711 war als Vernichtungsfeldzug konzipiert. Soldaten und Brahmanen wurden in symbolischen Massakern hingerichtet, Hindu- und Jain-Tempel sowie buddhistische Stupas wurden zerstört. Je länger jedoch der Feldzug andauerte, desto mehr Zustimmung fand die Forderung, den Unterworfenen auch den Status von *ḏimmis* zuzugestehen, weil es faktisch weder möglich noch sinnvoll war, alle Bewohner eines Landes auszurotten: Man war auf die Versorgung der Truppen angewiesen und auf Ortskundige, die den Militärstrategen notwendige Informationen liefern konnten. Nicht zuletzt wollte man sich auch dauerhaft der Reichtümer bedienen, die die Bewohner erwirtschafteten. So wurden bereits beim Feldzug gegen Indien von 711 erstmals gleiche Prinzipien auf Hindus, Jains und Buddhisten angewandt wie auf Christen und Juden in den westlichen Teilen des islamischen Reiches. Wer sich unterwarf und die Kopfsteuer (*al-ǧizya*) bezahlte, konnte sein Leben und seinen Besitz bewahren, obwohl dies eigentlich für Polytheisten nicht vorgesehen war. Sogar die Tempel wurden nach einer ersten Zerstörungswelle meist stehen gelassen.[16] Erstmals findet sich diese Vorgehensweise vermutlich in الرور *ar-Rūr*, der

---

von der islamischen ‚Liberalität'. Dazu vgl. Watt, Montgomery/Cachia, Pierre: *A History of Islamic Spain*. New Brunswick/London 2008, S. 5–7.

15   Vgl. Lowney, Chris: *A vanished World. Muslims, Christians and Jews in Medieval Spain*. Oxford 2005, S. 93–102.

16   Vgl. Titus, Murray T.: *Islam in India and Pakistan*. New Delhi 2005, S. 1–35.

heutigen pakistanischen Millionenstadt السكهر *Sukkur. Ar-Rūr* ergab sich nach mehrmonatiger Belagerung und nachdem Muḥammad Ibn al-Qāsim den Bewohnern zugesichert hatte, dass ihre Einwohner und die Tempel verschont würden. Der arabische Historiker Balāḏurī schreibt in seiner Geschichte der eroberten Länder Muḥammad Ibn al-Qāsim folgende Anweisung zu: „Diese Götzentempel sollen uns wie die Kirchen der Christen, die Synagogen der Juden oder die Tempel der Zoroastrier sein".[17] Ein weiteres Argument für die Duldung der Hindu-Tempel war, dass man damit ein Faustpfand gegenüber den Hindufürsten in der Hand hatte, die in den folgenden Jahren versuchten, das Industal wieder zurückzuerobern. Die Duldung von Religionen, die nicht monotheistisch sind, ist insoweit weniger einer theologischen Einsicht oder Grundlage zu verdanken als einer strategischen Notwendigkeit. Grundsätzlicher Friede war nicht möglich, allenfalls eine هدنة *Hudna*, ein zeitlich befristeter Waffenstillstand. Eine solche *Hudna* wurde bereits im Zuge der Auseinandersetzungen mit den Mekkanern praktiziert. In späteren Auseinandersetzungen ähnelten sich die Vorgehensweisen der islamischen Herrscher: Fast alle neuen Dynastien begannen mit Vernichtungsfeldzügen. Maḥmūd von Ghazni (971–1030) überfiel zu Beginn des 11. Jahrhunderts insgesamt 17 Mal indische Städte, plünderte sie, riss Hindu-Tempel und buddhistische Klöster ein und ließ die Zivilbevölkerung ermorden. Er zerstörte die nordindischen Städte Thaneswar und Mathura (wo Hindus den Geburtsort Krishnas lokalisieren und wo die ersten Buddha-Figuren angefertigt wurden) sowie die Stadt Kanauj, die Hauptstadt zweier Hindu-Dynastien am Ganges, wo sich auch zahlreiche buddhistische Klöster befanden. Er zerstörte den Shiva-Tempel in Sommnath an der Südküste der Halbinsel, der als einer der wichtigsten Tempel seiner Zeit galt.[18]

Auch die Ghuriden, die Ghaznaviden und die Herrscher des Sultanats von Delhi folgten im 12. und 13. Jahrhundert seinem Beispiel. Sie zerstörten zunächst in Vernichtungsfeldzügen die Tempel, richteten Priester und buddhistische Mönche hin und zerstörten auch die berühmte buddhistische Universität Nalanda, wo etwa 10.000 Studenten unterrichtet wurden. Im Unterschied zu Maḥmūd von Ghazni waren sie allerdings interessiert daran, dauerhaft eine Herrschaft auf dem indischen Kontinent zu errichten. Insoweit akzeptierten sie nach ersten Vernichtungsfeldzügen in An-

---

17 Ebd., S. 20.

18 Vgl. Kulke, Hermann/Rothermund, Dietmar: *Geschichte Indiens. Von der Induskultur bis heute.* München 1998, S. 209–211.

lehnung an die frühere Praxis unter Muḥammad Ibn al-Qāsim die Tribute der Bevölkerung und gestatteten ihnen einen ähnlichen Status wie den Christen und Juden.[19]

Einige muslimische Rechtsgelehrte bemühten sich, für diese Vorgehensweise eine religionsrechtliche Grundlage zu schaffen. Hierbei suchten sie aber nicht nach einer anderen Begründung für die Toleranzhaltung, die nicht auf das monotheistische Bekenntnis zurückzuführen war, sondern nach Anhaltspunkten für monotheistische Konzeptionen in den fremden Religionen, die den Status der *dimmis* rechtfertigen konnten. Obwohl al-Birūnī die Hindu-Religionen als Götzendienst einordnet, kommt er durch Unterscheidung zwischen der Volksfrömmigkeit und der offiziellen Lehre der Brahmanen z. B. zu dem Ergebnis, dass es bei den Gelehrten durchaus Anzeichen für einen Monotheismus gebe, da sie die Vorstellung vertraten, dass hinter allen verschiedenen göttlichen Manifestationen letztlich Brahma stehe, der Schöpfergott.[20] Die Erkenntnis, dass es in den Veden auch Seher gab (*rishis*), denen Texte geoffenbart wurden, bot einen Anknüpfungspunkt, in ihnen auch so etwas wie Propheten mit heiligen Offenbarungstexten zu sehen. In ähnlicher Weise gab es Versuche, die Reformer Mahavira (Begründer des Jainismus) und Siddhartha Gautama (Buddha) als Propheten zu verstehen, die möglicherweise ihren Völkern die Botschaft Gottes vermittelt hatten. Man versuchte also, andere Religionen in das eigene Religionsverständnis hineinzupressen, um in der Gesellschaft eine Toleranz zu legitimieren, die es traditionell gegenüber Nicht-Monotheisten nicht gab.

Dass es Muslimen bis heute erhebliche Probleme bereitet, Menschen, die sich nicht als Monotheisten verstehen, zu akzeptieren, kann man daraus ersehen, dass noch in keinem Land des Nahen Ostens die Religionsfreiheit für *alle* Religionen eingeführt wurde. Vielmehr gibt es dort Listen, auf denen Religionen aufgeführt sind, die anerkannt werden – dazu zählen ausschließlich monotheistische Religionen.[21] Zudem kann Muslimen ihre

---

19 Vgl. ebd., S. 213–230.

20 Vgl. Klein, Wassilios: *Abu Rayhan al-Biruni und die Religionen. Eine interkulturelle Perspektive.* Nordhausen 2005.

21 Zur Problematik der Nichtanerkennung nicht-monotheistischer Religionen Vgl. Forstner, Martin: *Das Menschenrecht der Religionsfreiheit und des Religionswechsels als Problem der islamischen Staaten* (Kanon. Kirche und Staat im christlichen Osten X), Wien 1991, S. 105–186. Eine besondere Ausnahme im Mittleren Osten stellt der Oman dar, wo traditionell auch Hindus, Buddhisten

Religionszugehörigkeit abgesprochen werden, wenn sie bestimmte Grundlagen des Islam in Frage stellen. So wurde in Ägypten beispielsweise Ḥāmid Abū Zaid wegen seiner literarkritischen Analyse des Korans der Apostasie angeklagt. Er sollte von seiner Frau zwangsgeschieden werden, weil er als Nicht-Muslim nicht mit einer Muslimin verheiratet sein kann.[22]

Für unsere Fragestellung sind aus den historischen Erörterungen folgende Schlüsse zu ziehen:

1. Im Unterschied zu den monotheistischen Religionen bestehen prinzipielle theologische Schwierigkeiten, polytheistische oder atheistische Weltanschauungen zu akzeptieren – für sie und mit ihnen kann es keinen dauerhaften Frieden geben.
2. Sofern in der Geschichte dennoch Toleranz geübt wurde, geschah dies eher aufgrund politisch-strategischer Überlegungen. Theologische Gründe wurden eher konstruiert, wobei andere Religionen stets in das Modell einer Offenbarungsreligion mit Propheten und Heiligen Schriften und einem Glauben an einen Gott hineingepresst wurden. Diese Konzeption wird jedoch vielen Religionen nicht gerecht, weil sie ihrem Selbstverständnis nicht entspricht.
3. Eine dauerhaft tragfähige Toleranz gegenüber erklärten Atheisten und Gottesleugnern kann nach traditioneller Auffassung religionsrechtlich nicht legitimiert werden.

Nach diesen allgemeinen Ausführungen möchte ich nun auf das Verhältnis zu einigen Religionen im Besonderen zu sprechen kommen. Ich werde dabei die Beziehungen zum Judentum, zum Christentum, zum Buddhismus, zum Hinduismus und zu Atheisten behandeln.

---

und Sikhs anerkannt werden und öffentlich praktizieren können. Allerdings handelt es sich beim Islam im Oman um eine besondere Richtung des Islam (Ibadhismus), die nur eine kleine Minderheit innerhalb des Islam darstellt und ihrerseits weder von Schiiten noch Sunniten anerkannt wird. Das Verhältnis von Islam und polytheistischen Religionen in Südostasien ist wegen gänzlich verschiedener kultureller und geschichtlicher Voraussetzungen ein anderes und kann in diesem Rahmen nicht behandelt werden.

22 Vgl. Thielmann, Jörn: *Nasr Ḥāmid Abû Zaid und die wiedererfundene Ḥisba. Scharîʿa und Qānūn im heutigen Ägypten.* Würzburg 2003; Kermani, Navid: *Nasr Hamid Abu Zaid. Ein Leben mit dem Islam.* Freiburg i. Br. 2001.

2. Die speziellen Beziehungen zu verschiedenen Weltreligionen

2.1 Judentum

Im Unterschied zum Christentum gibt es im Islam traditionell keinen theologisch begründeten Anti-Judaismus. Juden wurden wegen ihres strengen Monotheismus immer als bündnisfähig betrachtet. Als Modell hierfür gilt das Abkommen von Medina, das Muhammad selbst schloss und Juden mit einbezog. Die jüdischen Stämme, die auf der arabischen Halbinsel lebten, wurden zwar schon früh vertrieben, allerdings nicht aus theologischen Gründen, sondern weil man sie des Verrats und der Illoyalität gegenüber den muslimischen Herrschern für schuldig befand. Auch die Tatsache, dass man einem einzelnen Stamm vorwarf, den Propheten ermorden zu wollen, hat nie zu einem generellen Vorwurf des versuchten Prophetenmordes geführt, oder zu einer pauschalen Verurteilung des Judentums als eine Religion, die dem Islam gegenüber feindlich gesinnt ist. Auch in späteren Zeiten stellten Bündnisse mit Juden kein Problem dar. Juden konnten, anders als im christlich geprägten Europa, in höchste Positionen im Staat aufsteigen. Sie waren – ähnlich wie Christen – Berater von Kalifen, Wesire und Diplomaten, die sogar vorzugsweise für heikle Missionen ausgewählt wurden, weil sie als besonders loyal galten. Muslime waren nämlich gut darüber informiert, dass Juden in der christlichen Welt sehr viel schlimmeren Verfolgungen und Pogromen ausgesetzt waren.

Juden stimmten mit Muslimen in der Ansicht überein, dass der Monotheismus eine gemeinsame Grundlage ist. Für Juden ist es spätestens seit dem Mittelalter selbstverständlich, den Islam nicht als Götzendienst zu betrachten.[23] Mit dem Christentum bestehen aufgrund seiner trinitarischen Gottesvorstellung weitaus größere Differenzen.[24]

---

23 Die Einschätzung des Gelehrten Maimonides (1135–1204) hat über lange Zeit die Einstellung gegenüber dem Islam geprägt: „Die Ismaeliten sind keine Götzendiener. Die Idolatrie ist schon vor langer Zeit von ihrem Mund und ihrem Herzen entfernt worden. Sie schreiben Gott eine eigene Einheit zu, über welche keine Zweifel bestehen [...]. Ihre Irrtümer und ihre Torheit liegen in anderen Dingen [...]. In Bezug auf die Einheit Gottes aber begehen sie keinen Fehler" (zit. nach Tworuschka, Udo: *Die Weltreligionen und wie sie sich gegenseitig sehen.* Darmstadt 2008, S. 78.)

24 Der gleiche Rabbi Mosche Ben Maimon (Maimonides) schreibt in seinem Mischna-Kommentar zum Traktat *Avodah Zarah* (Götzendienst) über die

Bernard Lewis schreibt zu Recht in seiner Studie *Die Juden in der islamischen Welt*:

„In der islamischen Gesellschaft ist die Judenfeindlichkeit nicht theologischer Natur. Sie hängt weder mit einer spezifisch islamischen Doktrin zusammen noch mit irgendeinem spezifischen Umstand in der heiligen islamischen Geschichte [...]. Im Allgemeinen widmen muslimische Polemiker den verhältnismäßig unbedeutenden Juden geringe Aufmerksamkeit. Soweit sie sich herablassen, über die überholten Religionen zu reden, befassen sie sich weit mehr mit den Christen, die als Vertreter eines konkurrierenden, auf Bekehrung ausgerichteten Glaubens und als Herren eines rivalisierenden Weltreichs eine ernstliche Alternative und daher eine potentielle Gefahr für die muslimische Ordnung und für den Islam als Weltreligion darstellten. Die Juden waren keine politische Bedrohung für die islamische Weltordnung, keine religiöse Herausforderung für den islamischen Glauben; auch wetteiferten sie nicht, wie die Christen, mit den Muslimen, die noch unbekehrten Heiden als Anhänger zu gewinnen. Trotz der Verdammung im Koran und im Kommentar sowie im Hadith war antijüdische Polemik selten, und wenn sie auftauchte, stammte sie meist von zum Islam übergetretenen Juden, die ihren Glaubenswechsel rechtfertigten und ihre neuen Glaubensgenossen mit Fakten und Argumenten zur Verwendung gegen die alten belieferten."[25]

Juden galten sogar in vielen Epochen als besonders loyal gegenüber den muslimischen Herrschern. Hierzu nochmals ein Zitat von Bernard Lewis:

„Wegen ihrer Sachkenntnis von Europa, dem sie zudem kaum verpflichtet waren, übten Juden eine Zeitlang eine recht bedeutsame Beraterfunktion aus in den Auslandsbeziehungen des Osmanischen Reiches, wenn es um Verhandlungen mit den europäischen Mächten ging. Sie waren ein wirtschaftlich produktiver, profitbringender Bevölkerungsteil. Weiter besaßen sie aus türkischer Sicht den großen Vorzug, dass man sie als Nichtchristen auch nicht verdächtigen konnte, mit dem Hauptfeind der Osmanen zu sympathisieren und zu konspirieren, womit natürlich die europäische Christenheit gemeint war."[26]

Christen: „Wisse, dass das christliche Volk, das den Messias für sich in Anspruch nimmt, in allen Varianten seiner Sekten Götzendienst treibt, und dass alle seine Feiertage verboten sind; man soll sich ihnen gegenüber entsprechend den Tora-Vorschriften verhalten, die den Umgang mit den Götzendienern betreffen" (zit. nach ebd., S. 70).

25 Lewis: *Die Juden in der islamischen Welt*, S. 83.

26 Ebd., S. 128.

In jüngerer Zeit hat sich diese positive Einstellung gegenüber dem Judentum durch die Gründung des Staates Israel und die zahlreichen Kriege mit diesem Nachbarn verändert. Manche Muslime versuchen nun, einen prinzipiellen Anti-Judaismus zu konstruieren, der sich jedoch nicht mit den islamischen Quellen deckt. So wird z. B. in einem ägyptischen Schulbuch für den islamischen Religionsunterricht der Oberstufe in einem Kapitel über das Verhältnis Muhammads zu den Juden folgendes resümiert:

„1. Der Prophet – Heil sei mit ihm und Frieden – behandelte die Juden freundschaftlich und wohlwollend. Er öffnete ihnen das Tor zur Zusammenarbeit und zur Freundschaft, zum Zusammenleben in Sicherheit mit den Muslimen. Aber er begegnete nur Betrug und Kriegsplänen. Es bedurfte daher einer anderen Behandlung, die der entsprach, wie sie sich verhielten.
2. Religiöse Überheblichkeit beherrscht sie. Sie sind der islamischen Religion gegenüber feindlich gesinnt und nehmen die Haltung der Feindschaft und des Krieges gegenüber jeder anderen Religion ein, die nicht die ihre ist.
3. Der Rassismus ist in ihren Seelen fest verankert, und sie unterdrücken andere Rassen und Völker.
4. Sie sind nicht loyal zu der Nation, in der sie sich aufhalten; sie halten mit ihr keinen Vertrag. Ihr Leben beruht vielmehr auf Betrug und Verrat.
5. Wahrlich: Die Juden von gestern aber sind die Juden von heute und morgen – sie sind immer gleich. Da gibt es keinen Zweifel, dass man sie und ihre Gier studieren muss, damit man sich mit allen Mitteln gegen sie wappnet.
6. Vor, nach und während des Ramadan-Krieges [= Oktoberkrieg 1973] zeigte sich deutlich die Arroganz der Juden, ihre Verblendung und ihre Verachtung aller Werte."[27]

Interessant bei dieser pauschalen Verurteilung von Juden ist, dass auch hier die politische Dimension dominiert. Betrug und Verrat sind die entscheidenden Vorwürfe, nicht theologische Differenzen. Allerdings werden sie so generalisiert, dass man von einem politischen Anti-Judaismus sprechen muss.

In theologischen Streitgesprächen spielen die Sendung Muhammads, die Authentizität der hebräischen Bibel und die Universalität des Glaubens eine große Rolle. Juden warfen Muslimen vor, dass Muhammad kein

---

27 Zit. nach Reiss, Wolfram: ‚Die Darstellung des Judentums in arabischen Schulbüchern', in: Gemein, Gisbert (Hg.): *Kulturkonflikte – Kulturbegegnungen. Juden, Christen und Muslime in Geschichte und Gegenwart.* (Schriftenreihe der Bundeszentrale für politische Bildung, 1062), Bonn 2010, S. 168–185 und S. 175–176.

Prophet sein könne, da er keine Wunder getan hat und in der hebräischen Bibel nicht angekündigt wird. Muslime hingegen versuchten dies zu widerlegen und stellten ihrerseits die Authentizität der biblischen Überlieferung in Frage. Im Hinblick auf die Frage der Universalität des Glaubens gibt es nach muslimischer Auffassung keine Erwählung des jüdischen Volkes, sondern eine Erwählung aller Monotheisten. Dementsprechend wird Ibrahim nicht als Stammvater des Volkes Israel, sondern als Stammvater aller Gläubigen gesehen.

2.2 Christentum

Die theologische Nähe zum Christentum wird in vielen frühen Schriften betont. Die ersten, die Muhammads Botschaft anerkannten, waren Christen. Nach den muslimischen Quellen hat ein christlicher Mönch das Siegel der Prophetie auf den Schultern Muhammads entdeckt.[28] Es war Waraqa Ibn Nawfal, möglicherweise ein Christ, der die ersten Gotteserfahrungen Muhammads als prophetische Offenbarungen deutete.[29] Im Unterschied zu den Juden, die die Sendung Muhammads bezweifelten, werden also viele Christen als Menschen beschrieben, die die Botschaft Muhammads bestätigten. In Sure 5/82 wird die Ähnlichkeit der Christen mit den Muslimen beschrieben:

> „Und du wirst sicher finden, dass unter ihnen diejenigen, die den Gläubigen am nächsten stehen, die sind, welche sagen: Wir sind Christen. Dies deshalb weil es unter ihnen Priester und Mönche gibt und weil sie nicht hochmütig sind."

لَتَجِدَنَّ أَشَدَّ النَّاسِ عَدَاوَةً لِّلَّذِينَ آمَنُواْ الْيَهُودَ وَالَّذِينَ أَشْرَكُواْ وَلَتَجِدَنَّ أَقْرَبَهُم مَّوَدَّةً لِّلَّذِينَ آمَنُواْ الَّذِينَ قَالُواْ إِنَّا نَصَارَى ذَلِكَ بِأَنَّ مِنْهُمْ قِسِّيسِينَ وَرُهْبَاناً وَأَنَّهُمْ لاَ يَسْتَكْبِرُونَ {82}

Ein christlicher Herrscher und äthiopische Kleriker waren die Adressaten der ersten muslimischen Predigt, die die Botschaft Muhammads zusammenfasst. Sie brechen angesichts der Rezitation der Sure Maryam (Sure 19), in der die Kindheitsgeschichte Jesu erzählt wird, nach der Prophetenbiographie in Tränen aus, und der äthiopische Negus sagt am Ende über

---

28 Vgl. Ibn-Ishaq: *Das Leben des Propheten*, S. 34–36.
29 Vgl. ebd., S. 38.

das, was die Muslime lehren: „Diese Offenbarung und die Offenbarung Jesu kommen aus derselben Nische".[30]

Im Laufe der Zeit machten Muslime aber die Erfahrung, dass viele Christen diese Nähe der Religionen nicht anerkennen und Muslime ablehnen. Statt die Ähnlichkeiten zu betonen und den Monotheismus als gemeinsame Basis anzuerkennen, reißen Christen im Dialog immer wieder Gräben zwischen den beiden Schwesterreligionen auf. Sie sprechen von der Gottessohnschaft Jesu, von der Trinität und vom Tod und der Auferstehung Jesu – Vorstellungen, die für Muslime inakzeptabel sind, weil sie aus ihrer Sicht den Monotheismus in Frage stellen. All diese Kernstücke des christlichen Glaubens werden als maßlose Übertreibungen aufgefasst, als übersteigerte Verehrung Jesu, die dem ursprünglichen Christentum widerspricht. So heißt es in Sure 4/171:

„Oh ihr Leute des Buches, übertreibt nicht in eurer Religion und sagt über Gott nur die Wahrheit. Christus Jesus, der Sohn Marias, ist doch nur der Gesandte Gottes und sein Wort, das er zu Maria hinüberbrachte, und ein Geist von ihm. So glaubt an Gott und seine Gesandten. Sagt aber nicht: Drei. Hört auf, das ist besser für euch. Gott ist doch ein einziger Gott. Gepriesen sei er und erhaben darüber, dass er ein Kind habe."

يَا أَهْلَ الْكِتَابِ لاَ تَغْلُواْ فِي دِينِكُمْ وَلاَ تَقُولُواْ عَلَى اللّهِ إِلاَّ الْحَقّ إِنَّمَا الْمَسِيحُ عِيسَى ابْنُ مَرْيَمَ رَسُولُ اللّهِ وَكَلِمَتُهُ أَلْقَاهَا إِلَى مَرْيَمَ وَرُوحٌ مِّنْهُ فَآمِنُواْ بِاللّهِ وَرُسُلِهِ وَلاَ تَقُولُواْ ثَلاَثَةٌ انتَهُواْ خَيْراً لَّكُمْ إِنَّمَا اللّهُ إِلَـهٌ وَاحِدٌ سُبْحَانَهُ أَن يَكُونَ لَهُ وَلَدٌ لَّهُ مَا فِي السَّمَاوَات وَمَا فِي الأَرْضِ وَكَفَى بِاللّهِ وَكِيلاً {171}

Ein Christentum ohne Übertreibung, d. h. ohne Überhöhung Jesu, ohne Gottessohnschaft, ohne Trinitätslehre, wäre also der gewünschte Dialogpartner, mit dem man sehr schnell einig würde. Weit verbreitet ist die Meinung, dass das ursprüngliche Christentum diese übertriebene Verehrung Jesu überhaupt nicht kannte. Prof. El-Sayyed al-Shahed, der frühere Direktor der Islamischen Religionspädagogischen Akademie, brachte diese Ansicht in einem mit mir geführten Interview vor einigen Jahren deutlich zum Ausdruck. Auf meine Anregung, Informationen über die dogmatischen Grundlagen des Christentums in ägyptischen Schulbüchern einzuführen, erwiderte er:

---

30 Ebd., S. 67.

„Dies kann man einem ägyptischen Schüler nicht sagen. Man muss zwischen dem Christentum und dem unterscheiden, was die Kirchen daraus gemacht haben. Im echten Christentum der Anfangszeit hat es all das, Erbsünde, Trinität, Gottessohnschaft nicht gegeben. Dies ist auch nicht christlich. Und es ist auch gefährlich, wenn man so etwas in Ägypten in den Schulbüchern sagen würde: Denn dann würde man unweigerlich dahin kommen, dass diese Aussagen direkt den koranischen Aussagen widersprechen. Schließlich wird doch im Koran gelehrt, dass Gott keinen Sohn hat und dass Jesus nicht gekreuzigt wurde."[31]

Ein Christentum aber, das ‚halsstarrig' an den dogmatischen Prinzipien festhält, kommt aus islamischer Sicht dem Polytheismus gefährlich nahe, für den keine Heilsmöglichkeit besteht und mit dem es auch keine friedliche Gemeinschaft geben kann. Deshalb ist es aus Sicht der Muslime im Dialog mit Christen notwendig, sie immer wieder an die gemeinsame Basis des Monotheismus zu erinnern. Das hermeneutische Problem, das dabei entsteht, ist, dass Muslime die Deutungshoheit nicht nur für das beanspruchen, was der Islam ist, sondern auch dafür, wie das Christentum eigentlich ist bzw. ursprünglich war. Die Tatsache, dass fast alle christlichen Konfessionen ungeachtet ihrer Differenzen das Konzil von Nicäa aus dem Jahre 325 anerkennen, in dem die Wesensgleichheit Jesu Christi mit dem Vater festgeschrieben wurde, macht den Dialog schwierig. Paulus wird oft als derjenige betrachtet, der das Christentum pervertiert hat, indem er Kreuz und Auferstehung in das Zentrum stellte und viele der Gebote auflöste, die ursprünglich noch galten.[32] Dabei wird allerdings übersehen, dass auch die Evangelien nur verfasst wurden, weil sie den Glauben an den Gekreuzigten und Auferstandenen voraussetzten.

Fragt man abschließend nach den Heilsmöglichkeiten für Christen aus muslimischer Perspektive, so muss man feststellen, dass man nur einem Christentum eine theologische Nähe zum Islam zugesteht, das zentrale Glaubenslehren aufgeben müsste. Wenn es das nicht tut, kann es als polytheistische Religion aufgefasst werden, für die es keinen Heilsweg gibt.

---

31 Zit. nach: Reiss, Wolfram: ‚Schwierigkeiten und Chancen des Gesprächs über die Darstellung des Christentums in ägyptischen Schulbüchern.', in: Klaus Hock/Johannes Lähnemann/Wolfram Reiss (Hg.), *Schulbuchforschung im Dialog. Die Darstellung des Christentums in Schulbüchern islamisch geprägter Länder.* Frankfurt am Main 2006, S. 137–243, hier S. 196.

32 Zu Paulus und dem Koran vgl. Schmitz, Bertram: *Paulus und der Koran.* Göttingen 2010.

2.3 Hinduismus

Die indischen Religionen mit ihrem Opferdienst vor Bildern und Statuen galten für den Islam als Inbegriff dessen, was man auf der arabischen Halbinsel bekämpft hatte. Aus strategischen Gründen wurde der Masse der indischen Bevölkerung zwar schon bald der Status von Schutzbefohlenen (ähnlich wie Christen und Juden) zugestanden, aber aus theologischer Sicht mussten diese Religionen bekämpft werden. Der erste Gelehrte, der eine differenziertere Betrachtung der indischen Religionen vornahm, war Abū ar-Raiḥān Muḥammad ibn Aḥmad al-Bīrūnī, der an der Wende zum 11. Jahrhundert lebte (973–1048), Indien mehrfach bereiste, Sanskrit lernte und ein erstes Buch über die Religionen und die Kultur Indiens schrieb. Er weist darauf hin, dass zwar durchaus eine Verehrung von Bildern und Göttern existiert, stellt jedoch fest, dass sie vor allem ein Phänomen der Volksfrömmigkeit ist, die es auch in monotheistischen Religionen gibt. Die theologisch Gebildeten würden hingegen die Idee eines transzendenten Gottes vorziehen, der sich nicht wesenhaft in Bildern greifen lasse. Zur Erläuterung führt er ein Beispiel an, das seine eigene Religion in einem schlechten Licht erscheinen lässt:

> „Als Beweis für das, was ich sagte, [brauchst du dir nur vorzustellen], dass du vor einem Mann oder einer Frau aus dem Volk ein Bild des Propheten, Gott segne ihn, oder der Stadt Mekka mit der Kaaba hervorholst. Du wirst als Folge eine freudige Erregung bemerken, wie er sich getrieben fühlt, es zu küssen, seine Backen mit dem Staub zu verschmieren und sich auf der Erde zu wälzen, so als ob er den Dargestellten leibhaftig sähe oder die Zeremonien der großen und der kleinen Wallfahrt verrichtet hätte."

Al-Biruni sieht also ein Gegenüber von Gebildeten und Ungebildeten, die es in monotheistischen Religionen genauso gibt wie in den indischen Religionen. Er weist auch deutlich auf indische Schöpfungsvorstellungen hin, die den islamischen ähneln. Insbesondere in der Bhakti-Frömmigkeit sieht er Anknüpfungspunkte für eine Akzeptanz von indischen Religionen.[33]

Auch wenn man die Politik der Zerstörung, die von den ersten Sultanen Indiens verfolgt wurde, schon relativ bald aufgab, so war doch nach mehreren Generationen noch immer ein tiefes grundsätzliches Misstrauen gegenüber den Hindus vorhanden, unabhängig davon, ob sie an ihrer Religion festgehalten hatten oder zum Islam übergetreten waren. Die Sultane

---

33 Vgl. Klein: *Abu Rayhan al-Biruni und die Religionen.*

und die militärische Elite sonderten sich von der indischen Bevölkerung ab, auf die man herabsah. Zur Überwindung des Misstrauens trug maßgeblich der Sufi-Orden der چشتیه *Čištiyya* bei, der ursprünglich in dem Ort Čišt in der Nähe von Herat in Afghanistan beheimatet war und im 13. Jahrhundert auch in Indien Anhänger fand. Der bekannteste Vertreter des Ordens in Indien war *Muʿīn ad-Dīn Čištī*, der 1193 nach Indien kam und sich bei Ajmer im Süden von Indien niederließ. Im Unterschied zum Sufi-Orden der *as-Suhrawardiyya* hielten sich die Vertreter des *Čištiyya*-Ordens zunächst vom Hof des Sultans von Delhi fern. Sie forderten Armut, Askese und die tätige Hilfe für die Schwachen. Sie erlaubten Nichtmuslimen die Teilnahme an ihren Zirkeln und Übungen, ließen Kastengrenzen unberücksichtigt und adaptierten sogar hinduistische Praktiken. Die *Čištiyya* entwickelte sich mit dieser Strategie zu einem Zentrum der Verbreitung des Islam in der Bevölkerung. Bis heute wird *Muʿīn ad-Dīn Čištī* dafür verehrt. Tausende Pilger wallfahren zu seinem Grab, das als wichtigstes Heiligtum auf dem indischen Kontinent gilt. Andere Sufis, viele Gelehrte und nicht zuletzt die Delhi-Sultane betrachteten diese Entwicklung mit großer Missbilligung.

Erst unter den Moghul-Kaisern änderte sich die Haltung gegenüber den Untertanen grundlegend.[34] Der Moghulenkaiser *Ǧalāl ad-Dīn Muḥammad Akbar* heiratete mehrere Hindu-Prinzessinnen von Hindu-Fürsten, die er geschlagen hatte. Er setzte die unterworfenen Hindu-Fürsten als Gouverneure ein und zwang niemanden, zum Islam zu konvertieren. Er schaffte sogar die Kopfsteuer ab, die die islamischen Herrscher stets von ihren ungläubigen Untertanen gefordert hatten. Damit einhergehend entwickelte er eine neue Religionspolitik, die nach ihm kein Herrscher mehr anwandte. Akbar stellte sich mit seiner Religionspolitik offen den orthodoxen Schriftgelehrten entgegen, die bis dahin im Sultanat von Delhi maßgebend waren. Zahlreiche Gelehrte sahen es als eklatante Überschreitung der religiösen islamischen Gebote an, dass er Hindu-Frauen heiratete und ihnen erlaubte, ihren Glauben beizubehalten, obwohl dies eindeutig gegen das islamische Recht sämtlicher Rechtsschulen verstieß. Ebenso war es in ihren Augen untragbar, dass er Ungläubige, die als Polytheisten angesehen wurden, nun in höchste Ämter einsetzte oder ihnen ganze Regionen des islamischen Reiches nur um des Machterhalts willen unterstellte bzw. sie dort

---

34 Vgl. Schimmel, Annemarie: *Im Reich der Großmoguln. Geschichte, Kunst, Kultur.* München 2000, S. 153–165; Franke, Heike: *Akbar und Ǧahāngīr. Untersuchungen zur politischen und religiösen Legitimation in Text und Bild.* Schenefeld 2005, S. 55–96.

als Herrscher beließ. Akbar war aufgrund des Konflikts mit den Gelehrten auf theologische Unterstützer angewiesen, die ihm halfen, den orthodoxen Zweiflern entgegenzutreten. Vor diesem Hintergrund sind zum einen seine Zuwendung zum *Čištiyya*-Orden und zum anderen seine Religionsdialoge zu sehen, die er initiierte. Der *Čištiyya*-Orden vertrat eine Glaubensrichtung, die die Grenzen zwischen Muslimen und Hindus nicht so eng zog wie der as-Suhrawardiyya-Orden, der bisher die Sultane von Delhi beraten hatte. Die Čištiyya-Mönche förderten die Konvertiten, sie ließen Hindus an den Armenspeisungen teilnehmen und nahmen Hindu-Praktiken in ihre Meditationsübungen auf. Da die Auflösung von Grenzen zwischen Hindus und Muslimen im politischen Interesse von Akbar lag, waren es weniger religiöse denn politische Akte, die Akbars Herrschaft legitimieren sollten, wenn er mehrfach zu den Führern des *Čištiyya*-Ordens seiner Zeit pilgerte und wenn er das Grabmal des Gründers in Ajmer zu einem zentralen Heiligtum ausbaute.

Seit den 70er Jahren des 16. Jahrhunderts scheint Akbar regelmäßig Diskussionen mit den Gelehrten des *Čištiyya* Ordens geführt zu haben. Dabei wurde ihm deutlich, dass es erhebliche Unterschiede zwischen verschiedenen Richtungen des Islam gab. Diese Erkenntnis fügte sich gut in sein politisches Konzept, denn nun förderte er die, die den problematischen orthodoxen Gelehrten entgegentreten konnten. Schließlich galt auch in Indien, dass der islamische Herrscher den Schriftgelehrten mit größtem Respekt begegnen sollte, dass er sie in allen Fragen des Rechts und der Religion konsultieren und sich dem Urteil des obersten Schriftgelehrten anschließen sollte. Akbar spielte die verschiedenen muslimischen Vertreter gegeneinander aus und erließ 1578 ein Dekret, den *Mahzar* (‚Einfriedung, Zaun‘), mit dem er beanspruchte, selbst das letzte Wort in religiösen Angelegenheiten sprechen zu können. Ein willfähriger Gelehrter erklärte ihn zum ‚gerechten Herrscher‘ (*sultan i-adil*) der dem ‚gerechten Imam‘ (*imam i-adil*) gleichkommt und dem das Recht der freien Entscheidung bzw. Rechtsfindung (*iğtihād*) zusteht (so wie z. B. die zwölf schiitischen Imame als vollkommen in ihren Rechtsentscheidungen angesehen werden). Die *'Ulamā'* wurden gezwungen, ein Dokument zu unterschreiben, mit dem sie ihre eigenen Einflussmöglichkeiten beschnitten.[35]

Für den heutigen Dialog können die Ausführungen von Akbar allerdings kaum Anknüpfungspunkte darstellen, da er später wegen seiner pantheistischen Äußerungen von den meisten Gelehrten als Apostat an-

---

35 Vgl. Franke: *Akbar und Ğahāngīr*, S. 128–250.

gesehen wurde. Manche Sufis sehen allerdings in der Bhakti-Frömmigkeit Anknüpfungsmöglichkeiten zu indischen Religionen, insbesondere, wenn sie auf einen gestaltlosen Gott gerichtet sind.

2.4   Buddhismus

Obwohl im alten Buddhismus und in der Gelehrtentradition der Glaube an Götter nur eine untergeordnete Rolle spielt, wurde der Buddhismus von den meisten Muslimen wegen der zahlreichen Statuen und Malereien als Götzendienst eingestuft. Der Vorwurf des Götzendienstes war bei früheren islamischen Schriftstellern sogar so dominant, dass das Wort Buddha als *but* ins Persische einging und zum Allgemeinbegriff für ‚Götze‘ wurde. Dementsprechend wurden buddhistische Klöster und Stupas bei den Eroberungswellen genauso zerstört wie die Tempel der verschiedenen Hindu-Kultorte.[36] Erste differenziertere Betrachtungen des Buddhismus finden sich bei aš-Šhahrastānī und al-Birūnī, die immerhin die ethischen Werte betonen und den buddhistischen Weg als „Suche nach der Wahrheit" beschreiben. Allerdings besteht bei denjenigen Muslimen, die eine Toleranzmöglichkeit sehen, die Tendenz, den Buddhismus in die eigenen Denkkategorien einzuordnen.[37] Buddha wird als Prophet gesehen. Manche identifizieren ihn mit dem im Koran zweimal erwähnten Propheten *ḏū al-kifl* (Sure 21/85 und 38/48). Hinter dieser Bezeichnung verberge sich, so die Annahme, möglicherweise die Stadt Kapilavastu in Nordindien, in der Buddha aufwuchs. Die Lehre des Buddha, der *Dharma*, wird als Gesetzesbuch interpretiert, das ähnliche Funktion hat wie die Heiligen Schriften der monotheistischen Religionen. Die buddhistischen *Devas* werden als Engel und *Mara* als Teufel verstanden. In einigen Quellen wird auch von einem Schöpfergott gesprochen, dessen Existenz jedoch eigentlich vom Buddhismus abgelehnt wird.[38]

Es stellt sich die Frage, ob solche Identifizierungen hilfreich sind oder ob sie die tatsächlich bestehenden Differenzen nicht eher verschleiern. Bei genauerer Betrachtung scheinen die dialogbereiten Ansätze den Buddhismus

---

36   Vgl. Tworuschka: *Die Weltreligionen*, S. 110.

37   Vgl. ebd., S. 112. und vgl. Haarbrücker, Theodor: *Abu-'l-Fath' Muhammad asch-Schahrastani's Religionspartheien und Philosophenschulen. Zum ersten Male vollständig aus dem Arabischen übersetzt und mit erklärenden Anmerkungen versehen von Dr. Haarbrücker, Theodor.* Halle 1850–1851.

38   Vgl. Tworuschka: *Die Weltreligionen*, S. 115–117.

in das eigene Religionsverständnis hineinzupressen. Dieses Vorgehen wird der Religion aber nicht gerecht. Im Prinzip gehen hier die meisten Muslime nicht anders vor als bei der Betrachtung des Christentums und des Judentums, nur dass sie bei diesen beiden Religionen weit mehr Gemeinsamkeiten zu erkennen glauben. Die naturgemäße Religion bleibt aus islamischer Sicht der Glaube an den einen Gott, der sich durch göttliche Offenbarungen an Propheten geäußert hat. Andere Religionen können nur akzeptiert werden, wenn sie diesem Religionsverständnis entsprechen. Insoweit stellt es ein erhebliches Problem für den interreligiösen Dialog dar, dass das Selbstverständnis der Religionen traditionell kaum berücksichtigt wird.

2.5   Andere Religionen

Auch im Umgang mit anderen Religionen sind ähnliche Herangehensweisen zu beobachten. So wurde beispielsweise der Zoroastrismus als monotheistische Religion mit einem Propheten (Zarathustra), der Avesta als Heiliger Schrift und Ahur Mazda als höchstem Gott eingestuft. Das Problem dabei besteht darin, dass man die polytheistischen Konzeptionen, die es durchaus in älteren Schichten der zoroastrischen Religion gibt, ausblendete. So gehören zum Zoroastrismus auch verehrungswürdige Gottheiten wie Mithra, der Feuergott Athar und Anahita, mit dem Wasser und Fruchtbarkeit verbunden sind. Wurde dies aber offen angesprochen und nicht alleine die Hochgottheit Ahura Mazda in den Fokus gestellt, dann ließ die Toleranz rasch nach und Zoroastrier konnten als Ungläubige und Götzendiener verfolgt werden. Dies führte bereits im 9. Und 10. Jahrhundert zu Pogromen und Wellen der Vertreibung aus den zoroastrischen Kerngebieten in Persien, so dass die Mehrheit der Zoroastrier heute als sogenannte ‚Parsen‘ in Indien lebt.

Besondere Schwierigkeiten hatten die Jesiden. Da ihre Religion mündlich tradiert wurde, es weder einen Propheten noch heilige Schriften gibt und zudem eine vogelähnliche Figur in ihrem Heiligtum in Lalisch verehrt wird, wurden sie immer wieder als Götzendiener eingestuft, denen keine Toleranz entgegengebracht werden durfte. Zudem wurde ihnen vorgeworfen, ‚Teufelsanbeter‘ und Apostaten zu sein, weil sie den gefallenen Engel Melek Taus verehren, der im Islam als Teufel gedeutet wird. Übersehen wird dabei allerdings, dass Jesiden (im Unterschied zu Zoroastriern) prinzipiell die Existenz einer bösen Macht neben Gott verneinen. Melek Taus ist nicht der Teufel, sondern der begnadigte Engel, der im Dienste Gottes steht. Da der Teufel im Islam die Rolle des Widersachers Gottes spielt, ist aus religionswissenschaftlicher Sicht der zoroastrische Einfluss mit seiner Dualität im Islam stärker als bei den Jesiden.

Bei den Bahai, den Aḥmadiyya-Muslimen und den Sikhs liegen die Schwierigkeiten der Anerkennung und Akzeptanz vor allem darin, dass diese Religionen Personen und deren Schriften verehren, denen sie göttliche Offenbarungen *nach* Muhammad zusprechen. Dies ist aber aus der traditionellen Perspektive ein wesentlicher Grund, Religionsrechte und die Existenzberechtigung abzusprechen. Als historisches Vorbild für den Umgang mit diesen religiösen Gruppierungen dient Abū Bakr, der unmittelbar nach dem Tod Muhammads in den sogenannten Ridda-Kriegen Araber-Stämme mit Gewalt niederrang, in denen Prophetinnen und Propheten mit dem Anspruch auftraten, ähnliche göttliche Offenbarungen wie Mohammed erhalten zu haben.

Dennoch findet sich zeitweise auch eine stillschweigende Duldung der genannten Religionen und Verehrungspraktiken. Innerhalb islamisch geprägter Staaten konnten letztgenannte Religionen jedoch nie den Status einer eigenständigen *Milla* und damit einer anerkannten Religionsgemeinschaft erringen, die der der Juden oder Christen vergleichbar war. Insoweit ist ihre Situation bis heute prekär – jederzeit muss mit Pogromen und Verfolgungen gerechnet werden. Vor diesem Hintergrund sind die Verfolgung und Diskriminierung von Zoroastriern im Iran, die Angriffe von Al-Qaida und IS auf die Jesiden, die Diskriminierung und Verfolgung von Ahmadiyya-Muslimen in Pakistan oder die neuen gesetzlichen Regelungen in der ägyptischen Verfassung von 2014 zu verstehen, in der explizit keine allgemeine Religionsfreiheit, sondern nur eine Religionsfreiheit für ägyptische Juden und Christen festgeschrieben wurde. Bewusst einigten sich die Al-Azhar und die Kopten auf diese Regelung, um die Anerkennung von Bahai und Ahmadiyya-Muslimen oder Zeugen Jehovas zu verhindern.[39]

3. Neue Perspektiven

Nur wenige Reformer im Islam schlagen einen anderen Weg bei der Beschreibung des Verhältnisses zu anderen Religionen ein. Charakteristisch

---

39 Vgl. Reiss, Wolfram: ‚Die Aufnahme koptischer Anliegen in der neuen ägyptischen Verfassung von 2014.‘, in: Andreas Müller (Hg.): *Das Kreuz unter dem Halbmond. Orientalische Christen im Angesicht des „Arabischen Frühlings"*, Berlin u. a. 2014, S. 97–130.

für sie ist, dass sie nicht von den traditionellen Textstellen ausgehen, die den Monotheismus als Begründung für interreligiösen Dialog und friedliches Zusammenleben sehen. Statt Sure 2/256 „Es gibt keinen Zwang in der Religion" für diejenigen, die an den einen Gott glauben, verweisen sie auf Sure 49/13, wo viel allgemeiner formuliert wird:

„Oh ihr Menschen! Wir haben euch aus Mann und Frau erschaffen und haben euch zu Völkern und Stämmen werden lassen, damit ihr euch kennenlernt (lita'ārafū). Der Edelste unter euch ist der Frömmste unter euch. Gottes Wissen und Kenntnis sind unermesslich."

يَا أَيُّهَا النَّاسُ إِنَّا خَلَقْنَاكُم مِّن ذَكَرٍ وَأُنثَى وَجَعَلْنَاكُمْ شُعُوباً وَقَبَائِلَ لِتَعَارَفُوا إِنَّ أَكْرَمَكُمْ عِندَ اللَّهِ أَتْقَاكُمْ إِنَّ اللَّهَ عَلِيمٌ خَبِيرٌ {13}

Dieser Vers unterscheidet sich von den traditionell angeführten Versen darin, dass über die von Gott gewollten *Unterschiede* zwischen den Menschen gesprochen wird und dass allgemein dazu aufgerufen wird, sich gegenseitig kennenzulernen. Die Aufforderung besteht nicht nur darin, Gemeinsamkeiten zu suchen, sondern auch, offen gegenüber allem zu sein, was der Andere zu sagen hat, und die Differenz zu bejahen. Es geht nicht nur um die Suche nach dem monotheistischen Bekenntnis, nach Figuren, die den eigenen Propheten ähneln, oder nach Heiligen Schriften, die man als Offenbarungsschriften anerkennen kann, sondern allgemein um ein zwischenmenschliches Zuhören und Verstehen-Wollen, ohne dass dogmatische Vorgaben gemacht werden. Dieser Ansatz ist zwar immer noch monotheistisch geprägt, insoweit die bestehenden Unterschiede auf einen Schöpfergott zurückgeführt werden, aber der Dialog ist nicht so stark mit Prämissen belastet, weil nicht von vornherein festgelegt wird, dass Toleranz nur bei einem monotheistischen Bekenntnis gewährt werden kann. Selbst dann, wenn man sich nicht über einen Glauben an einen Schöpfergott, einen Glauben an Heilige Schriften und Propheten einig wird, besteht die Aufforderung, sich gegenseitig kennenzulernen.

Der „Internationale Rat für den Islamischen Da'wa" führte im September 2003 eine Tagung in Tunis durch, in der diese Sure in Kombination mit dem Gedanken der Statthalterschaft des Menschen den Dialog begründet und als eigenständiger Ansatz im Islam beschrieben wurde. In einem Kommuniqué heißt es:

„Taʿāruf is a comprehensive concept that can surely lead mankind which Allah's wisdom willed that they be of diverse nations, races, colors, and religions – in this world to eliminate man's ignorance of his fellow man and recognize his existence as a creature whom Allah honored and entrusted with His vice regency on earth to reform it and not sow corruption in it. This will certainly give stimulus to cooperation among mankind to the greatest extent in an atmosphere of love, tolerance, and the adoption of mutual understanding and dialogue as the basis for solving political, economic, and social problems of our world."[40]

Ein zweiter Ansatz bezieht sich auf die koranische Aussage, dass jeder Mensch als ‚Statthalter Gottes' (خليفة الله *ḫalīfat Allāh*) angesehen werden muss. Hier gibt es zahlreiche Parallelen zur biblischen Terminologie der Gottesebenbildlichkeit, von der im Christentum in neuerer Zeit die Würde des Menschen abgeleitet wird. Ähnlich argumentieren einige Reformer, dass diese Würde jedem Menschen, ob Mann oder Frau, ungeachtet der

---

40 Vgl. WCIC: *Taarafo Conference.* URL: http://taarafu.islamonline.net/English/ Taarafo_Conference/2003/article22a.shtml (letzter Abruf: 14.5.2006) Interessant ist dabei auch, dass eine solche Äußerung gerade vom Weltrat für islamischen Daʿwa verabschiedet wurde, einer Organisation also, die für Initiativen steht, den Islam weltweit zu verbreiten. Hier deutet sich möglicherweise eine Wende im islamischen „Missionsverständnis" an, die manche Parallelitäten zu Überlegungen auf christlicher Seite hat, die heute den Dialog mit anderen Religionen stärker betonen als Versuche, andere Religionen und Kulturen für den eigenen Glauben zu gewinnen. Zur Wandlung des christlichen Missionsverständnisses vgl. Wietzke, Joachim: *Mission erklärt. Ökumenische Dokumente von 1972 bis 1992.* Leipzig 1993. Zum Vergleich zwischen christlicher Mission und islamischer Daʿwa vgl. Hock, Klaus: ‚Christliche Mission und islamische Daʿwa. Sendung und Ruf im geschichtlichen Wandel.', in: Johannes Lähnemann (Hg.): *Weltreligionen und Friedenserziehung. Wege zur Toleranz. Schwerpunkt: Christentum – Islam. Referate und Ergebnisse des Nürnberger Forums 1988* (PBK 7), Hamburg 1989, S. 153–166. Klaus Hock hat auf Wandlungen im Verständnis der islamischen Daʿwa bereits in einem Vortrag auf dem 3. Nürnberger Forum 1988 hingewiesen: „Über lange Zeit hinweg war vor allem die christliche Seite darum bemüht, diesen Dialog voranzutreiben; inzwischen hat es den Anschein, als seien Muslime dazu übergegangen, stärker als bisher die Initiative zu ergreifen. Ich denke hierbei vor allem an den Islamischen Weltkongress. Der Generalsekretär des Islamischen Weltkongresses hat bereits mehrmals zu einer vertrauensvollen, Nationen und Religionen übergreifenden Zusammenarbeit im Dienste der ganzen Menschheit aufgerufen. Wir Christen sollten diesen ‚Ruf' hören – und darauf eine ehrliche Antwort geben" (Ebd., S. 166).

Herkunft, Rasse oder Religionszugehörigkeit zugestanden werden müsse.[41]

Sofern solche Konzeptionen in der islamischen Welt stärkere Berücksichtigung finden, bestehen gute Chancen für die Intensivierung des interreligiösen Dialogs. Bleibt man bei den monotheistischen Konzeptionen als Prämisse, werden aus meiner Sicht die Dialogmöglichkeiten sehr eingeschränkt, nicht nur in Bezug auf andere Religionen, sondern auch im Blick auf Judentum und Christentum, weil zu starr von den eigenen theologischen Prämissen aus gedacht wird und zu wenig das Selbstverständnis der Religionen berücksichtigt wird. Nicht zuletzt sind hier auch viel eher Ansätze gegeben, auch säkular eingestellte Menschen, Atheisten oder Agnostiker zu tolerieren und ein friedliches Zusammenleben theologisch zu begründen und zu befürworten, auch wenn man durchaus nicht ihre weltanschaulichen Grundlagen teilt. Nicht zuletzt ist wichtig, dass hier die besondere Würde jedes Individuums abgeleitet werden kann. Rechte und Würde hat jeder Mensch – ungeachtet seiner Zugehörigkeit zu einer bestimmten anerkannten Gruppe.

Insgesamt kann Folgendes festgestellt werden: Im Islam werden die Möglichkeiten des friedlichen Zusammenlebens mit monotheistischen Religionen als sehr weitgehend betrachtet. Man geht allerdings grundsätzlich davon aus, dass der Monotheismus die entscheidende Grundlage für das Heil und das Zusammenleben aller Menschen ist. Daher werden die anderen Religionen immer daran gemessen, inwieweit sie mit dem eigenen Verständnis übereinstimmen. Sie haben also immer nur partiell am Heil teil. Religionen, die sich nicht als monotheistische Religionen verstehen, wird eine Heilsmöglichkeit nur sehr eingeschränkt zugestanden. Um sie akzeptieren zu können, werden in den Religionen Ansätze einer monotheistischen Religion oder von Offenbarungen gesucht, die eine Toleranz rechtfertigen. Dabei wird das Selbstverständnis der Religionen allerdings meist nur unzureichend berücksichtigt. Nur wenige muslimische Theologen oder Gläubige gehen in jüngerer Zeit den Weg des unvoreingenommenen Kennenlernens und einer grundsätzlichen Bejahung der Differenzen. Diese Haltung, die durchaus mit dem Koran zu begründen ist, wäre aus religionswissenschaftlicher Perspektive weiterführend. Es ist allerdings fraglich, ob sie vom Großteil der muslimischen Gelehrten übernommen werden kann.

---

41 Vgl. Reiss, Wolfram: ‚Menschenrechte im Islam', in: Michael Klöckner/Udo Tworuschka: *Ethik der Religionen*, Darmstadt 2005, S. 208–209.

Mirjam Schambeck sf

An Alltäglichkeiten buchstabiert

Interreligiöse Kompetenz in praktischer Absicht bestimmt

Interreligiöse Kompetenz ist angesichts des allgegenwärtigen Religionsplurals in Deutschland und Österreich nicht nur ein Plus, bei dem es ausreicht, dass einige wenige darüber verfügen. Um auch in Zukunft in offenen, pluralitätsbewussten und teilhabeorientierten Gesellschaften zu leben, müssen aufgrund der erneuten öffentlichen Rolle von Religion alle Bewohner/-innen eines Landes fähig sein, eine verantwortete Position zu Religion auszubilden, und zwar im Pluralitätsmodus. Sie müssen also interreligiöse Kompetenz aufweisen.

Wie sehr interreligiöse Kompetenz inzwischen im Alltag von Belang ist (1), und welche Wege sich anbieten, interreligiöse Kompetenz zu fördern, will der folgende Artikel ausleuchten. Dazu hebt er auf ein Konzept interreligiöser Kompetenz ab, das andernorts grundständig erarbeitet und begründet wurde[1] und hier praktisch bestimmt werden soll (2–3).

1. Ein Fallbeispiel: Unterbrechung der Arbeitszeit wegen des Asr-Gebets (Nachmittagsgebets) – Grundrecht oder Unrecht?

In einer Werksfabrik in Deutschland beschäftigt ein mittelständischer Betrieb insgesamt 48 Muslime und 60 Angehörige anderer Religionen bzw. keiner Religionsgemeinschaft Zugehörige.[2] Die Fertigung erfolgt am Fließband. Einer der muslimischen Arbeitnehmer verlässt ohne Rücksprache mit seiner Vorgesetzten den Arbeitsplatz, um sich an einen Platz in der Werkshalle für das Nachmittagsgebet zurückzuziehen. Der Weg zum Gebetsplatz, das Gebet und der Rückweg beanspruchen etwa 15 Minuten.

---

1 Vgl. Schambeck, Mirjam: *Interreligiöse Kompetenz: Basiswissen für Studium, Ausbildung und Beruf*, Göttingen 2013.

2 Das folgende Fallbeispiel liegt einer Gesetzesentscheidung des Landesarbeitsgerichts Hamm (Az.: 5 Sa 1582/01), verkündet am 26.02.2002, zugrunde und wurde hier geringfügig abgeändert.

Als der Arbeitnehmer wieder an das Band zurückkehrt, sind 20 Stückteile unkontrolliert vorbeigelaufen. Es kommt zum Konflikt zwischen der Vorgesetzten und dem Muslim.

Um tragfähige Lösungen zu finden, die nicht nur die juristischen Möglichkeiten ausschöpfen, sondern darauf abzielen, das gute Arbeitsklima im mittelständischen Betrieb zu erhalten, ist interreligiöse Kompetenz notwendig. Über welche Fähigkeiten und Fertigkeiten müssen Betriebsratsmitglieder, Chef/-innen, Arbeitnehmer/-innen verfügen, um verträglich mit Menschen umzugehen, die anderen Religionsgemeinschaften angehören?

Das Konzept interreligiöser Kompetenz, das im Folgenden erläutert wird, speist sich einerseits aus hermeneutischen Überlegungen, wie Menschen eine Sensibilität für das Eigene und das Andere, die eigene und die fremde Religion entwickeln können. Andererseits fußt es auf empirischen Studien, die klären, welche Fähigkeiten und Fertigkeiten erforderlich sind, um als interreligiös kompetent gelten zu können.

2.   Interreligiöse Kompetenz als Sensibilität für Eigenes und Anderes, Eigenes und Fremdes

Das obige Fallbeispiel hilft, die Bedeutung zu veranschaulichen, die der Wahrnehmung und Beurteilung von Eigenem und Anderem zukommt, die gleichsam auslösende Faktoren für interreligiöse Kompetenz sind: Der muslimische Arbeitnehmer Fuhrad zieht sich zum Gebet zurück. Das geschieht im Übrigen nicht nur nachmittags. In den Frühschichten beobachten andere Kollegen, dass er sich auch vom Arbeitsplatz entfernt, um eine Nische in der Ecke der Werkshalle aufzusuchen (zum Fagr-Gebet bzw. Subh-Gebet).

Die anderen Kollegen verstehen nicht, warum Fuhrad den Arbeitsplatz immer wieder unentschuldigt verlässt. Sie dürfen schließlich auch nicht einfach zum Rauchen nach draußen gehen. Außerdem darf die Kontrollarbeit am Fließband nicht unterbrochen werden, denn das würde die Qualität der Produkte beeinträchtigen. Als sie hören, dass Fuhrad sein Pflichtgebet erfüllt, ist ihnen auch dies fremd. Zum Beten geht man ihrer Meinung nach vielleicht hin und wieder am Sonntag, aber nicht während der Arbeitszeit.

Wenn man sich in die Belegschaft hineinversetzt, werden unterschiedliche Haltungen vorstellbar, die dieses ‚fremde' Verhalten Fuhrads auslöst.

2.1 Eine Palette von Reaktionen – Idealtypische Muster, mit Differenz umzugehen

Dämonisierung des Fremden

Eine erste Reaktion auf Fuhrad könnte darin bestehen, sein Verhalten völlig zu verurteilen. „Es geht nicht an, was er sich herausnimmt, und selbst wenn er so etwas Ehrenhaftes tut wie sein Gebet zu verrichten, soll er das außerhalb seiner Arbeitszeit machen. Außerdem: Wo kämen wir hin, wenn alle 48 Muslime sich zum Beten wegstehlen und wir anderen dann auch noch ihre Arbeit übernehmen müssten? Das Fließband läuft schließlich weiter.“

Das Fremde wird hier als ganz Anderes und damit völlig Unvermittelbares angesehen. Es gibt kein ‚Hörvermögen‘, das Fremde zu vernehmen und keine Sprache, die es ausdrücken könnte. Was fremd ist, gilt sogar als bedrohlich. Eine Reaktion darauf ist, dieses Fremde zu dämonisieren.

Vereinnahmung des Fremden

Eine andere Antwort könnte sein, das Fremde durch das Eigene zu vereinnahmen. Alles Widerständige und Fremde wird vom Eigenen unterwandert. Auf das Fallbeispiel übertragen bedeutet dies: Die anderen Kollegen denken sich ihren Teil, jeder fantasiert vor sich hin, was Fuhrad wohl macht: der Raucher denkt beispielsweise, dass Fuhrad rauchen geht und der immer Müde, dass Fuhrad sich eine Sonderpause gönnt. Niemand spricht aber Fuhrad darauf an, was er wirklich macht, und auch Fuhrad spricht mit seinen Kollegen und seiner Chefin nicht über seine Gebetspflichten. Daher findet keine Klärung der Situation statt.

Fruchtloses Nebeneinander

Ein dritter möglicher Reflex besteht darin, zwar zu sehen, wie Fuhrad sich zurückzieht, und auch zu respektieren, was er tut, letztlich aber passiv zu bleiben und auch nicht mit ihm zu sprechen. Fremdes und Eigenes stehen sich beziehungslos gegenüber. Fremdes und Eigenes haben einander nichts (mehr) zu sagen. Nach Wolfgang Welsch[3] spiegelt sich darin das Konzept der Multi-Kulti-Gesellschaft wider.

Selbstauflösung des Eigenen

Eine vierte Reaktion besteht schließlich darin, als Arbeitgeberin zuzusehen, wie sich die muslimischen Arbeitnehmer ohne Absprache zur Verrichtung ihrer Pflichtgebete zurückziehen. Die Produktion leidet zwar darunter, aber die Arbeitgeberin hat kapituliert und aufgegeben, ihre eigenen Ansprüche geltend zu machen.

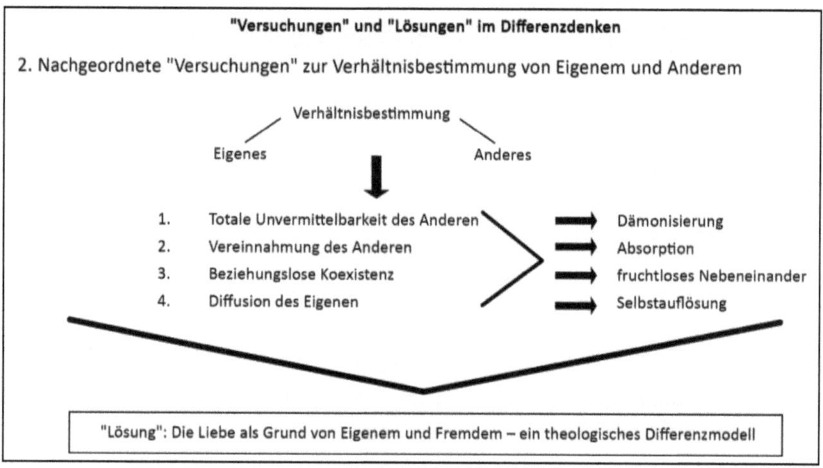

Abbildung 1:   Reaktionen auf Differenz[4]

Plädoyer für eine partikulare Hermeneutik im Gegensatz zu einer universellen

Dem allen liegt aber eine noch viel bedeutsamere, eher versteckte, aber nicht weniger wirksame Reaktionsmöglichkeit auf Differenz zugrunde.

---

3   Vgl. Welsch, Wolfgang: ‚Rolle und Veränderung der Religion im Übergang zu transkulturellen Gesellschaften', in: Dirk Ch. Siedler: *Religionen in der Pluralität. Ihre Rolle in postmodernen kulturellen Gesellschaften. Wolfgang Welschs Ansatz in christlicher und islamischer Perspektive*, Berlin 2003, S. 1–17, hier S. 17 f.

4   Schambeck: *Interreligiöse Kompetenz*, S. 117.

Das Verhalten Fuhrads würde in einem muslimischen Land wohl kaum bemerkt werden, geschweige denn negativ auffallen. Alle zuvor erwähnten Reaktionen dagegen sind verständlich vor dem Hintergrund, dass sie sich in Deutschland oder Österreich abspielen, also in einer nicht muslimisch geprägten Gesellschaft.

Damit wird deutlich, dass die Fragen des Religionsplurals nicht von einem a-kontextuellen oder a-historischen Punkt aus entschieden werden können. Diese Fragen können nur angesichts des spezifischen und eben auch partikularen Lebenskontextes angemessen wahrgenommen und bearbeitet werden. Dieser ist der europäische und als Westeuropäer/-innen argumentieren wir in Bezug auf die Einschätzung von Fuhrads Verhalten ausgehend von unseren westeuropäischen Prägungen und allenfalls noch angesichts der Gepflogenheiten, die aus dem Christentum bekannt sind. Dort aber gibt es keine festen zeitlichen Vorgaben für das Gebet; und selbst die Tagzeitenliturgie erlaubt einen bestimmten zeitlichen Spielraum für das Verrichten der Gebete – wie übrigens das islamische Pflichtgebet auch nicht auf einen Zeitpunkt, sondern einen Zeitrahmen festgelegt ist, so dass das Mittagsgebet Dhuhr abhängig von der Jahreszeit in einem Zeitraum von 14.00 Uhr bis 18.00 Uhr erfolgen kann.

Mit anderen Worten heißt das, dass in Debatten um Religionspluralität, religiöse Konflikte oder auch interreligiöse Kompetenz bewusst zu halten ist, dass wir nicht ein für alle Mal Regeln aufstellen können, die überall und zu allen Zeiten gültig sind, um den Religionsplural zu orientieren. Wir sind als menschliche Wesen an Raum und Zeit gebunden und das bedeutet, dass wir kontextuell und geschichtlich denken und argumentieren. In Bezug auf das Verhandeln des Religionsplurals heißt dies auch, dass wir immer nur ausgehend von bestimmten (religiösen) partikularen Traditionen her sagen und entscheiden können, was das Eigene und was das Andere ist und wie die Beziehungen von Eigenem und Fremdem, von eigener Religion und fremder Religion zu gestalten sind.

Mein Ansatz, interreligiöse Kompetenz zu denken, verabschiedet sich deshalb von der Utopie eines extramundanen Standpunktes, von dem aus die Religionen und deren Richtigkeit a-kontextuell zu vermessen wären. Er setzt vielmehr eine partikulare Hermeneutik als Grundlage. Das heißt, dass ausgehend von der Verortung an einem Diskursstandpunkt – hier eben dem des Christentums – die Verhältnisbestimmung zu anderen Religionen vorgenommen wird.

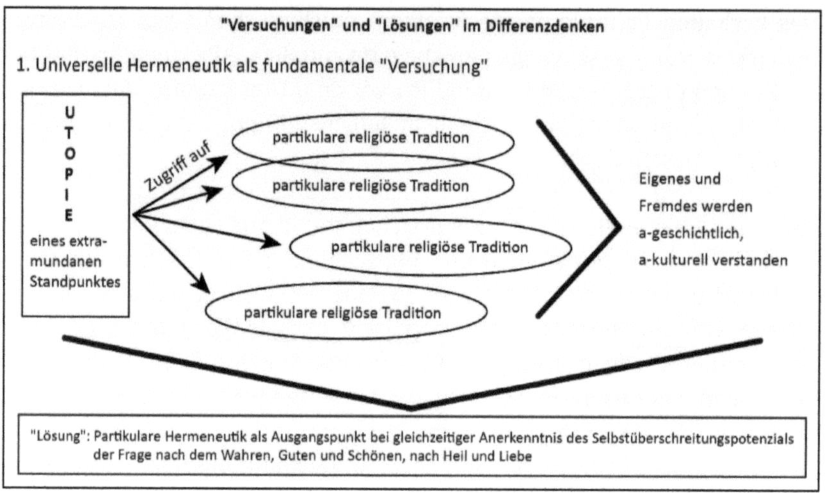

Abbildung 2:   Fundamentale Versuchung einer universellen Hermeneutik[5]

2.2.   Die Liebe als Grund von Eigenem und Anderem

Im Hinblick auf unser Fallbeispiel stellt sich aber die Frage, ob es ausgehend von der Prämisse, dass der Religionsplural und die Bestimmung von Eigenem und Anderem die Verortung an einem Diskursstandpunkt brauchen, noch weitere Reaktionen gibt.

Denkbar wäre auch das folgende Verhalten eines Kollegen: Er sieht, wie Fuhrad sich wegschleicht und spricht ihn darauf an. Er macht ihn auf die Arbeitsregeln aufmerksam und die Schwierigkeiten, die Fuhrads Verhalten für die anderen Kollegen mit sich bringt. Der Respekt vor Fuhrads Gebet einerseits und die schwierige kollegiale und arbeitsrechtliche Situation andererseits bewegen den Kollegen dazu, Gespräche anzustoßen, in denen die unterschiedlichen Sichtweisen geklärt und Lösungen angezielt werden, die für alle praktikabel sind.

Das Verhalten des Kollegen benötigt als Grundlage eine Verstehensweise von Eigenem und Anderem, die sich nicht in den Ausweglosigkeiten der oben angeführten Reaktionen verliert. Dazu braucht es eine Haltung, die man als Haltung des Respekts beschreiben könnte, und die im hier vorgestellten Konzept interreligiöser Kompetenz als „Hermeneutik der Liebe" ausgewiesen ist. Das bedeutet, dass Menschen sich zumindest von ihrem

---

5   Ebd., S. 114.

Denken und Empfinden her auf die Möglichkeit einlassen, im Fremden nicht sofort den Feind zu sehen, ihm gegenüber aber auch nicht gleichgültig zu sein. Es ermöglicht vielmehr, danach zu suchen, wo etwas stimmig ist, wo jemand Recht hat, wo etwas hilfreich ist, wo etwas gut und wahr ist.

Vor diesem Hintergrund wird nun auch bestimmbar, was unter interreligiöser Kompetenz zu verstehen ist, welche Fertigkeiten und Fähigkeiten also nötig sind, um als interreligiös kompetent gelten zu können.

3. Interreligiöse Kompetenz – eine facettenreiche Bestimmung

Empirische Studien konnten aufzeigen,[6] dass Menschen, die mit dem Religionsplural angemessen gut umzugehen verstehen, über vielfältige Fähigkeiten, Einstellungen und Haltungen verfügen müssen.

3.1 Interreligiöse Kompetenz als Unterscheidungs- und Relationskompetenz

Eine erste und grundlegende Bestimmung interreligiöser Kompetenz zeigt sich als Fähigkeit, Eigenes und Fremdes zu unterscheiden (Diversifikationskompetenz) und zugleich Eigenes und Fremdes miteinander in Beziehung zu setzen (Relationskompetenz).

Auf das Fallbeispiel übertragen heißt das: Die Chefin und auch die muslimischen Arbeitnehmer müssen bei der Einstellung in einen Betrieb in Deutschland sowohl wissen, dass gläubige Muslime angehalten sind, das Pflichtgebet zu verrichten, als auch, dass in Deutschland der Arbeitgeber das sogenannte Direktionsrecht hat, also beispielsweise die im Arbeitsvertrag festgelegten Rahmenbedingungen einer 40-stündigen Arbeitszeit pro Woche nach Zeit, Art und Ort zu bestimmen. Beide, Arbeitgeber und Arbeitnehmer, müssen also über die Fähigkeit verfügen, Eigenes und Anderes voneinander zu unterscheiden.

Interreligiöse Kompetenz geht aber über diesen Aspekt hinaus. Eigenes und Anderes stehen einander nicht einfach isoliert gegenüber. Jemand, der interreligiös kompetent ist, muss die Fähigkeit haben, Eigenes und Anderes, die eigene und die andere Religion, eigene und andere Weltanschauungen miteinander in Beziehung zu setzen.

---

6   Vgl. ebd., S. 171–179.

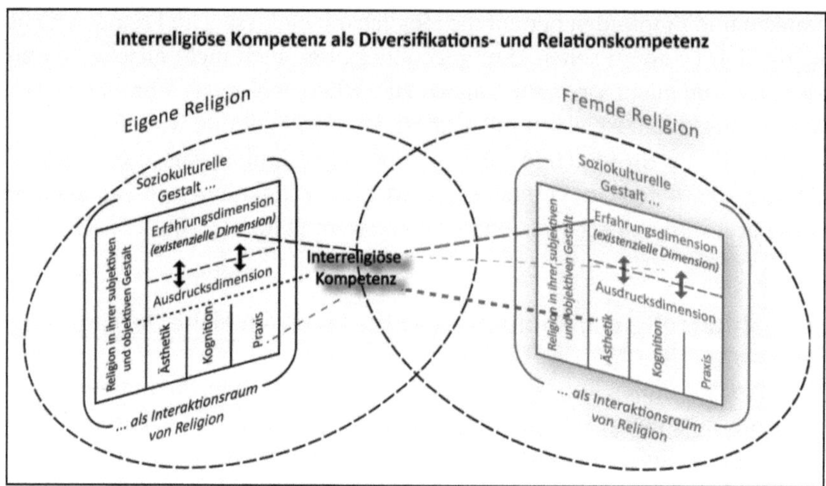

Abbildung 3:   Interreligiöse Kompetenz als Unterscheidungs- und In-Beziehungs-setzungs-Kompetenz[7]

Hier wäre das beispielsweise der Fall, wenn die Chefin bei der Einstellung muslimischer Arbeitnehmer (genauso wie diese selbst) im Arbeitsvertrag klären würde, wie die Regelungen hinsichtlich des Pflichtgebetes aussehen, d. h. welche Möglichkeiten den muslimischen Arbeitnehmern eingeräumt werden, ihren Pflichtgebeten nachzugehen, wie die fehlende Arbeitszeit kompensiert wird oder wo gebetet werden kann, ohne die Sicherheitsvorschriften zu verletzen.

3.2   Interreligiöse Kompetenz bezogen auf die Vieldimensionalität von Religion

Wichtig ist, dass sich interreligiöse Kompetenz nicht darin erschöpft, die Praktiken und Riten einer Religion unterscheiden und in Beziehung setzen zu können. Religion ist nur dann angemessen erfasst, wenn sie in ihrer Vieldimensionalität zum Tragen kommt.

Das heißt zum Beispiel, dass der Islam, obwohl für ihn die Orthopraxis eine große Rolle spielt, noch mehr ist als die Dimension der Praxis. In meinen Studien schlage ich vor, die Vieldimensionalität von Religion auf folgende Weise darzustellen:

---

7   Ebd., S. 175.

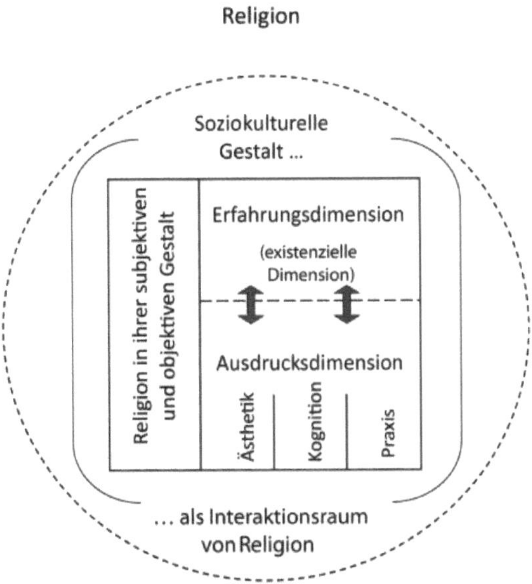

Abbildung 4:   Religion als vielgestaltiges Phänomen[8]

Für interreligiöse Lern- und Bildungsprozesse heißt dies zum Beispiel, dass es nicht ausreicht, bestimmte Gehalte des Islam zu kennen. Es genügt auch nicht, seine Ästhetik zu verstehen, wie sie sich beispielsweise in den kunstvollen Kalligraphien oder Sakralbauten zeigt. Eine Religion wird nur dort angemessen ausgesagt, wo sie in ihrer Vieldimensionalität zur Geltung kommt.

3.3   Interreligiöse Kompetenz ist unterscheidbar in drei Kompetenzbereiche

Die empirischen Studien lassen erkennen, dass sich interreligiöse Kompetenz nicht einfach im Wissen um oder von etwas erschöpft. Um beim angeführten Fallbeispiel zu bleiben: Es reicht nicht aus, Fuhrads Verhalten gesehen zu haben.

Interreligiöse Kompetenz lässt sich vielmehr in drei voneinander unterscheidbare, aber aufeinander bezogene Kompetenzbereiche aufschlüsseln:

---

8   Ebd., S. 168.

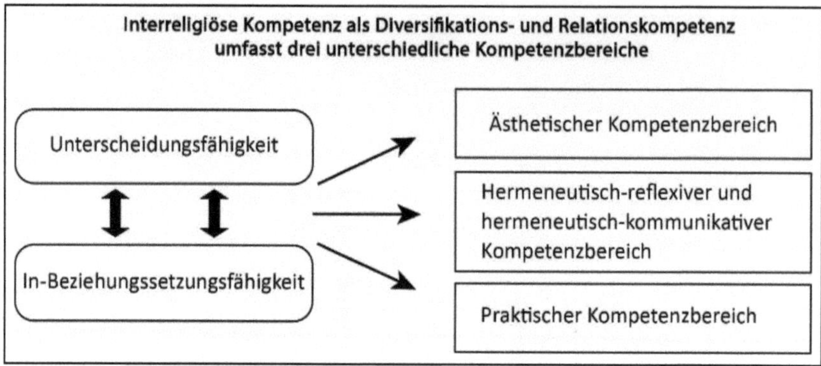

Abbildung 5: Drei Kompetenzbereiche interreligiöser Kompetenz[9]

Interreligiöse Kompetenz schließt erstens einen ästhetischen Kompetenzbereich ein, in dem es darum geht, die unterschiedlichen Formen der eigenen und anderen Religion wahrnehmen zu können.

Zweitens entwickelt sich interreligiöse Kompetenz als hermeneutisch-reflexive und -kommunikative Kompetenz, insofern es darum geht, die Traditionen der eigenen Religion im Angesicht der anderen Religion verstehen und ausdrücken zu lernen.

Drittens schließlich umfasst interreligiöse Kompetenz einen praktischen Kompetenzbereich, der sich zum einen als praktische Reflexionsfähigkeit erweist, also als Fähigkeit, die durch den Religionsplural hervorgerufenen Fragen überhaupt ausmachen und einer Entscheidung bezüglich der eigenen argumentativ ausweisbaren Position zuführen zu können. Zum anderen lässt sich der praktische Kompetenzbereich als Vollzugs- bzw. Teilhabefähigkeit verstehen. Damit ist gemeint, dass die Lernenden fähig werden, die religiösen Überzeugungen auch in ihrem Leben Gestalt annehmen zu lassen. Interreligiöse Kompetenz zu erwerben, zeigt sich damit als komplexer, vieldimensionaler und anspruchsvoller Lernprozess.

4. Zu guter Letzt: Interreligiöse Kompetenz und der Praxistest

Fuhrad hätte also – wäre er interreligiös kompetent gewesen – von Anfang an seine Chefin und seine Kollegen darüber informieren müssen, dass er

---

9   Ebd., S. 177.

als gläubiger Muslim sein Pflichtgebet verrichten will und dass dieses aufgrund der Schichtarbeit auch in die Arbeitszeit fallen kann.

Die Chefin hätte bei Vertragsabschluss nachfragen müssen, wie Fuhrad das Pflichtgebet mit seinem Arbeitsverhältnis zu verbinden gedenkt. Und die Mitarbeiter insgesamt hätten in Fortbildungen und Versammlungen auch in Bezug auf den Religionsplural geschult werden müssen.

Hier sind also sehr hohe Ansprüche aufgestellt. Wenn allerdings der Religionsplural wirklich Schrittmacher in postmodernen Gesellschaften sein soll, indem der Staat durch ihn aufmerksamer und aktiver wird, den unterschiedlichen Wirs die ‚soziale Zugänglichkeit‘ und die Teilhabe an allen Bereichen der Gesellschaft zu ermöglichen, dann können diese Ansprüche nicht geringer ausfallen.

Der Gerichtsbeschluss, der diesem Fallbeispiel zugrunde liegt, fiel im Übrigen zuungunsten Fuhrads aus. Fuhrad wurde verurteilt. Allerdings nicht, weil es arbeitsrechtlich nicht erlaubt wäre, um des Gebetes willen den Arbeitsplatz zu verlassen. Das Gericht hatte ausdrücklich darauf hingewiesen, dass das Grundrecht auf Religionsfreiheit und die Ausübung der Religion in der Öffentlichkeit nicht nur das Recht von Gemeinschaften, sondern auch von Einzelpersonen ist. Fuhrad hätte auf dieses Grundrecht nur schon bei Vertragsabschluss hinweisen und mit seinen Vorgesetzten absprechen müssen, wann er sich zum Gebet zurückzieht und wohin.

Wie so oft gilt also gerade auch in so komplexen Situationen wie dieser: Reden hilft!

Martina Kraml

Religionspädagogik im Kontext der Rede von ‚transreligiös‘, ‚transversal‘ und ‚interreligiös‘

Eine möglichkeitsbewusste Erkundung

Im Rahmen des Ringvorlesungsthemas „Islam in Europa – Begegnungen, Konflikte und Lösungen" soll an dieser Stelle aus interreligiöser Perspektive auf aktuelle Herausforderungen und Fragestellungen der Religionspädagogik, im Speziellen der Katholischen Religionspädagogik, eingegangen werden.

In einem ersten Schritt wird eine kurze Explikation des Religionspädagogik- bzw. Religionsdidaktik- und Fachdidaktikbegriffes vorgenommen. Es folgen Anmerkungen zum europäischen Kontext von Religion und religiöser Bildung. Im Weiteren werden die Begriffsfelder multi-, inter- und transreligiös bzw. transversal skizziert. Begriffliche Neuorientierungen in der Religionspädagogik und Religionsdidaktik, die Impulse aus der Soziologie, Pädagogik, speziell auch aus der Migrationspädagogik aufnehmen, bringen neue Sichtweisen auf bislang geläufige Unterscheidungen und hinterfragen Perspektiven. Konsequenterweise werden Sprache, Unterscheidungen und Praxen in ihren problematischen kommunikativen Wirkungen in den Blick genommen. Daraus ergeben sich Grundzüge einer ‚transreligiös‘ bzw. ‚transversal‘ orientierten und kontingenzbewussten Religionspädagogik. Ein Ausblick schließt den Beitrag ab.

1. Begriffsbestimmung und Verortung

Auch wenn im Folgenden kurz von ‚Religionspädagogik‘ gesprochen wird, ist zu beachten, dass dies – zumindest im Hinblick auf die Innsbrucker Tradition der Katholischen und eigentlich auch der erst neu etablierten Islamischen Religionspädagogik – zu kurz gegriffen ist. Denn diese gliedert sich im katholischen Bereich in die Fächer Katechetik, Religionspädagogik und Religionsdidaktik. Auf islamischer Seite gehören zum Innsbrucker Selbstverständnis die Bereiche Religionspädagogik und Religionsdidaktik. Alle drei katholischen Bereiche beschäftigen sich mit der Theorie und Praxis religiös-weltanschaulicher Bildungs- bzw. (stärker institutionalisiert gedacht) religiös-weltanschaulicher Lehr- und Lernprozesse. Den aktuellen Mainstream stellt wohl das Verständnis von Religionspädagogik als Theorie religiöser Erziehungs- und Bildungsprozesse (mitunter auch unter Einschluss des Lernbegriffs) aus theologischer Perspektive dar.[1] Dabei wird das Theologische zumeist nicht ausschließlich material verstanden (d. h. der Gegenstand macht das Theologische aus im Sinne religiöser Sprache, religiöser Handlungen u. a.), sondern vielmehr formal (es ist die Blickrichtung, die theologische Perspektive, die die Religionspädagogik zu einer theologischen Disziplin macht).[2] Das bedeutet, dass auch durchaus ‚profane‘ Prozesse oder Phänomene zum Gegenstand der theologischen Reflexion werden. Dabei sind aber selbstverständlich die expliziten (materialen) religiösen Gegenstände nicht ausgeschlossen.

Von der Religionspädagogik vielfach unterschieden wird die Religionsdidaktik und die Fachdidaktik.[3] Bei beiden handelt es sich um Wissenschaften, die sich mit intendierten, institutionalisierten und somit geplanten Lehr- und Lernprozessen auseinandersetzen. Während sich der Begriff der Religionsdidaktik auf eine ganze Reihe religionsdidaktischer Handlungsfelder bezieht, wie z. B. außerschulische Kinder- und Jugendarbeit, Erwachsenenbildung, Bildungsprozesse im fortgeschrittenen Lebensalter oder Elementardidaktik, bezeichnet die Fachdidaktik Religion die theoretische und praktische Auseinandersetzung mit religiös-weltanschaulichen Lehr- und Lernprozessen im schulischen Kontext, speziell im schulischen Religionsunterricht.

---

1   Vgl. Englert, Rudolf: ‚Wissenschaftstheorie der Religonspädagogik‘, in: Hans-Georg Ziebertz/Werner Simon/Peter Antes (Hg.): *Bilanz der Religionspädagogik*, Düsseldorf 1995, S. 147–174, hier S. 152.

2   Die formale Perspektive wird u. a. von Hans-Georg Ziebertz ins Spiel gebracht: Das Typische, die Perspektive einer Wissenschaft zeigt sich nicht nur im Materialobjekt. Viele Wissenschaften haben laut Ziebertz ein sehr weites Materialobjekt. Auch beziehen sich unterschiedliche Wissenschaften mitunter auf das gleiche Materialobjekt. Der Unterschied muss also in der Betrachtung/ im Formalobjekt liegen. Vgl. Ziebertz, Hans-Georg: ‚Religionspädagogik und Empirische Methodologie‘, in: Friedrich Schweitzer/Thomas Schlag (Hg.): *Religionspädagogik im 21. Jh. Herausforderungen und Zukunftsperspektiven*, Gütersloh/Freiburg 2003, S. 209–222, hier S. 221; Kraml, Martina: ‚What about knowing?: Überlegungen zur Konzeptualisierung religionspädagogisch-empirischer Forschung im Gespräch mit ‚anderen‘ Orten‘, in: ÖRF 19 (2011), S. 32–38, hier S. 33–34.

3   Vgl. Schweitzer, Friedrich: *Religionspädagogik*, Gütersloh 2006, S. 137.

2. Der Kontext, in dem sich die Religionspädagogik bewegt

Der aktuelle europäische Kontext, in dem religiöse Bildungsprozesse situiert sind, ist seit dem letzten Jahrhundert von zunehmender religiöser, weltanschaulicher und sozio-kultureller Pluralität gekennzeichnet, wenngleich miteinbezogen werden muss, dass Europa eine sehr lange und „eigene Tradition des religiösen und kulturellen Pluralismus"[4] hat. Im Zusammenhang der aktuellen Pluralisierung spielen einerseits die Migrationsbewegungen in den verschiedenen Phasen, andererseits Phänomene wie Globalisierung und Medialisierung und – in letzter Zeit – politischer Populismus eine große Rolle. Pluralisierung und Vielfalt bringen Heterogenität und damit auch Ambiguität und Ambivalenz mit sich. Ausdifferenzierung, Instabilität und „Zerbrechlichkeit"[5] sind die Folgen. Die einzelnen staatlichen Gebilde haben unterschiedliche Antworten darauf gefunden, so z. B. Großbritannien, das, wie Nilüfer Göle schreibt, mit dem Konzept der Multikulturalität lange erfolgreich war[6], oder Frankreich, das die Laizität, also den Weg der Abstinenz von Religion im öffentlichen Raum gewählt hat.[7] Doch im letzten Jahrzehnt wurden diese Modelle auf die Probe gestellt und zum Teil aufgegeben. „Das Bild von den gelassenen, toleranten Gesellschaften war in tausend Stücke zerbrochen."[8] Die funktionale Organisationsform der Gesellschaften hat sich verstärkt, der Blick auf die einzelne Person mit ihren Bedürfnissen verliert an Bedeutung, es zählt weitgehend nur mehr die funktionale Rolle in den ausdifferenzierten Teilsystemen.[9] Nationalistische und populistische Bewegungen und Strömungen gewinnen immer mehr Anhänger. Paul Lend-

---

4   Joas, Hans: ‚Religion als Integrationshindernis?‘, in: Ulrich Hemel/Jürgen Manemann (Hg.): *Heimat finden – Heimat erfinden: Politisch-philosophische Perspektiven* 2017, S. 151–156.

5   Göle, Nilüfer/Galli, Bertold: *Europäischer Islam: Muslime im Alltag*, Berlin 2016, S. 36.

6   Vgl. ebd., S. 36–40.

7   Vgl. dazu: Juen, Petra: „‚Religion ist kein Thema, das einem als Konversationsthema in den Sinn kommen wird": Das französische Modell im Umgang mit Religion am Beispiel von zwei öffentlichen Lycées in der Bretagne‘, in: ÖRF 25 (2017), H. 2, S. 193 f.

8   Göle: *Europäischer Islam*, S. 37.

9   Nassehi, Armin: ‚Die empirische Heimatlosigkeit der Moderne‘, in: Ulrich Hemel/Jürgen Manemann (Hg.): *Heimat finden – Heimat erfinden: Politisch-philosophische Perspektiven* 2017, S. 47–59, hier S. 50–56.

vai spricht von einer „Politik der Unberechenbarkeit"[10] in der aktuellen Zeit. Der bizarre amerikanische Wahlkampf, aber auch der Präsidentschaftswahlkampf 2016 in Österreich und der ebendort stattfindende Wahlkampf zur Nationalratswahl 2017 sind Beispiele dafür. Im Nationalratswahlkampf 2017 wurde von den meisten Parteien das Thema Muslime und Islam zum Wahlkampfthema Nr. 1 konstruiert und hochgespielt, wobei den einschlägigen Themen durch die Medien viel Raum gegeben wurde. Täglich wurden Missstände und Mängel individuell, kollektiv oder strukturell an muslimischen Personen, Gruppen oder Einrichtungen ‚geoutet'. Dabei schreckte man vor menschenverachtenden und in jeder Hinsicht zweifelhaften Methoden nicht zurück: So wurden beispielsweise als Beleg für einen hohen Ausländeranteil die Namen aller Kinder einer Tiroler Schulklasse veröffentlicht. Auch der so genannte Rechtsruck in vielen Ländern, das gezielte „Framing"[11] europäischer und weltweiter Nationalisten und Populisten – im Sinne der gezielten Verbreitung politischer und gesellschaftlicher Deutungsmuster mit entsprechenden emotionalen Wirkungen – zählt dazu. Zu diesen Positionierungen zur islamischen Religion gesellen sich die unterschiedlichen europäischen Standpunkte zum Thema Religion überhaupt. Die Trends, Religion und Religionssymbole aus dem öffentlichen Raum zu verbannen, nehmen zu und lassen all jenen Kräften, die eine Auseinandersetzung mit Religion im öffentlichen Raum befürworten, immer weniger Gestaltungsraum. Dabei werden die Grundsätze der Religionsfreiheit vielfach außer Acht gelassen. Insgesamt stellt sich die Frage, welches Konzept Europa in den unterschiedlichen Bereichen, speziell aber im Hinblick auf Weltanschauung und Religion vertritt und welches Image die europäische Politik und Gesellschaft sich diesbezüglich geben will.

Laut Nilüfer Göle sollten die Herausforderungen in Europa darin bestehen, die Perspektive zu wechseln und nicht bei einem ‚collageartigen'[12] Nebeneinander stehen zu bleiben, das von der Propaganda von Spannungen und Kontrasten und damit auch von Verschwörungstheorien lebt, sondern zu einer Perspektive der Verbindungen zu gelangen, die Gemein-

---

10 Tanzer, Oliver: *„Eine Politik der Unberechenbarkeit"*: Ein Interview mit Paul Lendvai', in: *Die Furche*, 45 (2016), URL: http://www.furche.at/system/show thread.php?t=72482 (letzter Abruf: 17. 12. 2017).

11 Lakoff, George/Wehling, Elisabeth: *Auf leisen Sohlen ins Gehirn: Politische Sprache und ihre heimliche Macht* (Kommunikation/Gesellschaft), Heidelberg 2016.

12 Vgl. Göle: *Europäischer Islam*, S. 11.

samkeiten zulässt und entdeckt.[13] Doch das, so meint die Autorin, sei nicht leicht: „Europa muss sich im Augenblick mit dem Auftauchen einer neuen Welt auseinandersetzen und mit der Tatsache, dass Symbolfiguren des Islam mitten im öffentlichen Leben in Erscheinung treten."[14] Kaum habe sich Europa in mehreren Emanzipierungsprozessen von verschiedenen Dominanzerscheinungen, u. a. auch religiösen, gelöst, würden sich für die europäischen BürgerInnen scheinbar neue bedrohliche Konstellationen auftun, mit denen der Islam in Verbindung gebracht und symbolisch hochstilisiert werde.[15] Dabei sei es aber gerade der säkulare Kontext mit seinen Spezifika und Herausforderungen, in dem sich alle BürgerInnen, speziell auch religiöse BürgerInnen mit und ohne Migrationshintergrund, in Europa befänden:

> „Die religiösen Bürger mit Migrationshintergrund und die alteingesessenen antireligiösen Bürger teilen sich denselben öffentlichen Raum, haben aber nicht das Gefühl, zum gleichen Zeit-Raum zu gehören. Durch das gemeinsame öffentliche Leben entstehen zwar Schnittstellen und eine gewisse Nähe, aber es kommt nicht wirklich zu einer Verbindung zwischen den Bürgern mit ihren unterschiedlichen Überzeugungen, geschweige denn zu einer gegenseitigen Anerkennung."[16]

Einer solchen Anerkennung stehen ambivalente gesellschaftliche Kommunikationsmuster entgegen – Verschwörungstheorien, in denen die Mitglieder der Mehrheitsgesellschaft den zugewanderten BürgerInnen einerseits den sogenannten Integrationswillen absprechen und andererseits gleichzeitig Barrieren errichten. Zudem werden die Eingewanderten verantwortlich gemacht für zahlreiche Probleme und Ungereimtheiten in Gesellschaft und Politik, die die vielfältigsten Ursachen haben, hier aber monokausal auf die Einwanderung zurückgeführt werden.[17] Dabei ist zu beobachten, dass diese ambivalenten Denk-, Sprech- und Handlungsmuster auch vor den Religionsgemeinschaften nicht Halt machen, sondern diese ebenso

---

13 Vgl. ebd. S. 16–19.

14 Ebd. S. 12.

15 Vgl. ebd.

16 Ebd.; vgl. auch: Kraml, Martina/Sejdini, Zekirija: ,Gemeinsames als theologische und didaktische Herausforderung', in: Kraml/Sejdini (Hg.): *Interreligiöse Bildungsprozesse: Empirische Einblicke in Schul- und Hochschulkontexte*, Stuttgart, erscheint im Frühjahr 2018.

17 Vgl. dazu die Vorgänge rund um die österreichische Nationalratswahl 2017.

wie die übrige Gesellschaft durchziehen, jedoch selten reflektiert werden. Gleichzeitig zeigen aber Nilüfer Göles empirische Forschungen einen Möglichkeitshorizont auf, der von den ‚großen Erzählungen‘ der Politik, der Gesellschaft und der Medien abweicht und das alltägliche Zusammenleben viel mehr als Geflecht mit intensiven Verbindungen denn als Collage des Nebeneinanders begreifen lässt.[18]

Die Spannungen im Kontext, die unterschiedlichen hermeneutischen Zugangsweisen (‚Collage‘ oder ‚Geflecht‘) spiegeln auch die Spannung in den Begrifflichkeiten wider und umgekehrt. Gerade aus der Sicht einer Religionspädagogik, die auf Bildungs- und Lernprozesse fokussiert ist und der die Bedeutung des Gemeinsamen inmitten aller Pluralität und Heterogenität ein Anliegen ist, stellt sich die Frage, wie das Verhältnis der Religionen und Weltanschauungen bzw. der jeweils zugehörigen Menschen auch begrifflich gefasst und adäquat zum Ausdruck gebracht werden kann.

3.   In der Spannung zwischen multi-, inter-, transreligiös[19]

Ein Blick auf die wissenschaftliche und praktische Auseinandersetzung zeigt, dass die Begriffe, die die Beziehungen und Verhältnisse der Religionen und Weltanschauungen bzw. der religiösen und weltanschaulichen Orientierungen der Menschen bezeichnen, ganz unterschiedlich verwendet werden. Gerade in Forschungskontexten mit KulturwissenschaftlerInnen und Migrations-pädagogInnen wurde der Begriff ‚interreligiös‘ immer wieder kritisch hinterfragt und ‚transreligiös‘ als angemessenerer Begriff vorgeschlagen.[20] Aus kirchlich-katholischen oder -evangelischen Kreisen wurde und wird der Multireligiositätsbegriff eingefordert und mit der Gefahr illegitimer Vermischung argumentiert.[21] Angesichts der geführten

---

18   Vgl. Göle: *Europäischer Islam*, S. 18.

19   Wesentliche Gesichtspunkte aus diesem Abschnitt entstammen meiner Berufungsvorlesung „Katholische Religionspädagogik im Kontext der Rede von ‚transreligiös‘ und ‚interreligiös‘. Eine möglichkeitsbewusste Erkundung", die ich am 30. 11. 2016 an der Kath.-Theologischen Fakultät in Innsbruck gehalten habe.

20   Vgl. dazu das Treffen des interdisziplinären und interfakultären Forschungsschwerpunktes „Kulturelle Begegnungen – kulturelle Konflikte" der Universität Innsbruck.

21   Bischöfliches Schulamt der Diözese Innsbruck (Hg.): *Miteinander Feiern in der Schule: [Religiöse] Feiern im multireligiösen Schulkontext*, Innsbruck 2016.

Diskussionen wurde aus religionspädagogischer ForscherInnenperspektive bald deutlich, dass die unterschiedlichsten Begriffskonstellationen mit individuellen und kollektiven Interessen sowie sozialen Positionierungen und in diesem Sinne mit Verhältnissen und Beziehungen der Nähe und Distanz (‚Collage‘ oder ‚Geflecht‘) zusammenhängen.

Daher gehe ich im folgenden Abschnitt der unterschiedlichen Verwendung der Begriffe ‚multireligiös‘, ‚interreligiös‘, ‚transreligiös‘ und – in Anlehnung an Papst Franziskus – ‚transversal‘ nach. Zunächst soll ein Blick auf das Wort ‚multireligiös‘ und seine Verwendung geworfen werden. Ergebnisse aus unseren islamisch-christlichen Forschungsprojekten[22] in Innsbruck zeigen, dass im christlich-kirchlichen[23] und hier speziell auch im liturgiewissenschaftlichen Kontext der Ausdruck ‚multireligiös‘ verbreitete Verwendung findet.[24] Es geht in diesem Konzept um das klare Herausstreichen der Unterschiede, um ein Nebeneinander, bei dem jede Religionsgemeinschaft aus ihrer eigenen Tradition handelt und spricht. Explizit oder implizit steht die Warnung vor der Vermischung im Raum.

Im religionspädagogischen Kontext jedoch wird, wie Clemens Danzl in seinem Beitrag aufzeigt, ‚multireligiös‘ anders, nämlich im religionswissenschaftlichen Sinne verstanden.[25] Religionspädagogisch gesehen geht es um Bildung und Lernen im Kontext unterschiedlicher Religionen. Dafür wird hier meist das Wort ‚interreligiös‘ verwendet.[26] ‚Interreligiös‘ ist hier

---

22 Vgl. Danzl, Clemens: ‚Interreligiös oder multireligiös?: Religionspädagogische Überlegungen zu einer kontroversen Begrifflichkeit‘, in: Martina Kraml/ Zekirija Sejdini (Hg.): *Interreligiöse Bildungsprozesse: Empirische Einblicke in Schul- und Hochschulkontexte*, Stuttgart, erscheint im Frühjahr 2018.

23 Vgl. Kirchenamt der Evangelischen Kirche in Deutschland (Hg.): *Klarheit und gute Nachbarschaft, Christen und Muslime in Deutschland* 2016; vgl. z. B. auch: Bischöfliches Schulamt der Diözese Innsbruck: *Miteinander feiern in der Schule*.

24 Danzl: ‚Interreligiös oder multireligiös?‘.

25 Vgl. Danzl: ‚Interreligiös oder multireligiös?‘; vgl. auch: Ziebertz, Hans-Georg: ‚Religiöse Lernprozesse und religionstheologisches Bewusstsein‘, in: Johannes Van der Ven/Hans-Georg Ziebertz (Hg.): *Religiöser Pluralismus und Interreligiöses Lernen*, Weinheim 1994, S. 233–275, hier S. 233; Roebben, Bert: *Religionspädagogik der Hoffnung: Grundlinien religiöser Bildung in der Spätmoderne* (Forum Theologie und Pädagogik; 19), Berlin u. a. ²2011, S. 142.

26 Vgl. Schambeck, Mirjam: *Interreligiöse Kompetenz: Basiswissen für Studium, Ausbildung und Beruf* (utb-studi-e-book; 3856), Göttingen u. a. 2013; Schweitzer, Friedrich: *Interreligiöse Bildung: Religiöse Vielfalt als religionspädagogi-*

stärker auf das Gemeinsame fokussiert, speziell auf das gemeinsame Lernen. In diesem Sinne soll die Begegnung und das Aufeinander-Zugehen, das Kennenlernen der anderen Standpunkte und Überzeugungen sowie das miteinander- und voneinander-Lernen hervorgehoben werden. Grundanliegen ist dabei, dass Differenzen nicht ausgeblendet oder verwischt werden sollten, sondern respektiert und anerkannt. Es werden Wege und Modelle gesucht, um angesichts der Differenzen gemeinsames Lernen zu ermöglichen.

In kultur- und bildungswissenschaftlichen Kontexten ist der Begriff ‚interkulturell‘ und damit das Präfix ‚inter-‘ in die Kritik geraten. Hier wurde in den letzten Jahren der Ausdruck ‚transkulturell‘ geprägt und vielfach verwendet. Damit soll Abstand genommen werden vom klassischen Kulturbegriff, mit dem vielfach die Konzepte von Abgegrenztheit, Abgeschlossenheit, Homogenität und Essenzialismus konnotiert werden. Zugleich sollen die Kontingenz bzw. der konventionelle Charakter von Kategorien, Unterscheidungen und Zugehörigkeiten sowie deren mitunter ambivalente, ambige bzw. auch ausschließende kommunikative Wirkungen sichtbar gemacht werden.[27] Diese Bedenken können auch auf den Begriff der Religion bzw. des Interreligiösen übertragen werden. Auch hier besteht die Gefahr der Essenzialisierung und Homogenisierung der Religionsbegriffe, der religiösen Gruppen und auch der entsprechenden Kategorisierungen. Nicht nur im säkularen Raum, sondern auch bei Religionsgemeinschaften ist zu beobachten, dass im Hinblick auf das eigene religiöse Feld ausschließlich affirmativ, in Form von positiven Interpretationen gedacht und gehandelt wird, die ‚via negationis‘ ausgespart wird und ausschließende Wirkungen von Sprache und Unterscheidungen weniger bei sich selbst als

---

sche Herausforderung und Chance, Gütersloh 2014; Leimgruber, Stephan: *Interreligiöses Lernen*, München u. a. 2007.

27   Zur Kritik am Konzept der Interkulturalität vgl. Mecheril, Paul: *Einführung in die Migrationspädagogik* (Beltz Studium Erziehung und Bildung), Weinheim u. a. 2004; Kalpaka, Annita: ‚Institutionelle Diskriminierung im Blick: Von der Notwendigkeit Ausblendungen und Verstrickungen in rassismuskritischer Bildungsarbeit zu thematisieren‘, in: *Rassismuskritik*, Schwalbach/Ts. 2011, S. 25–40; Auernheimer, Georg: ‚Interkulturelle Kommunikation, mehrdimensional betrachtet, mit Konsequenzen für das Verständnis von interkultureller Kompetenz‘, in: Auernheimer: *Interkulturelle Kompetenz und pädagogische Professionalität* (Interkulturelle Studien; 13), Wiesbaden [3]2010, S. 35–65.

bei anderen verortet werden.[28] Angesichts all dieser Tendenzen gilt es, sich immer wieder die Begrenztheit der Begriffe vor Augen zu führen sowie die Anfälligkeit der Denkformen und Sprache für gewalttätige Immunisierungen. Es stellt sich also auch hier die Frage: Wäre es angemessener, von ‚transreligiös‘ zu sprechen, um einerseits jene ‚Endlichkeit‘ zu markieren, die unserer Sprache innewohnt und andererseits die sich durchziehenden Bezüge unterschiedlicher Kulturen und Religionen sichtbar zu machen? In der theologischen wissenschaftlichen Szene ist der Begriff ‚transreligiös‘ kaum verbreitet. Er ist im Kontext der komparativen und interreligiösen Philosophie und Theologie entstanden, als deren Proponenten Karl Baier und Roland Faber gelten.[29] Bei der Verwendung von ‚transreligiös‘ sind vor allem drei Bedeutungsstränge zentral: 1. Über die bestehenden Religionen hinausgehend Verbindungen suchend, z. B. Verbindungen zwischen den Religionen im spirituellen oder mystischen Sinne. 2. Gemeinsamkeiten, die sich durch alle oder bestimmte Religionen ziehen, z. B. das Anliegen Menschsein, Verantwortung für die Erde u. a. 3. Transfer von einem religiösen Traditionsraum zum anderen, so wie wir im Westen Elemente von östlicher oder Sufi-Meditation übernehmen und andererseits auch die Sufi-Mystik Elemente aus der christlichen Mystik übernommen hat.

Was im Vergleich mit den Anliegen der Kulturwissenschaften bzw. der kritischen Pädagogik wie etwa der Migrationspädagogik im theologischen Gebrauch des Ausdrucks ‚transreligiös‘ fehlt, ist der kritische Blick auf Kategorien und Unterscheidungen und das Sichtbarmachen ihrer möglichen gewalttätigen Wirkungen.

Interessant ist, dass sich ein ähnliches Anliegen, wie es unter der Wortverwendung ‚transreligiös‘ geschildert wurde, bei Papst Franziskus findet, wenn er in seiner Ansprache an den Europarat von der Notwendigkeit der ‚transversalen Kommunikation‘ spricht.

„Wenn wir heute den Kontext beschreiben, dann müssten wir von einem dialogisierenden Europa sprechen, das dafür sorgt, dass die Transversalität der Meinungen und Reflexionen den harmonisch vereinten Völkern dienlich ist.

---

28 Im christlichen Verständnis ist es die Person Jesu, die Denkformen und Handlungsweisen religiöser Menschen auf ihre Gottesfürchtigkeit und damit auf ihr inklusives oder exklusives Wirkungspotenzial hin be- und hinterfragt hat.

29 Baier, Karl: *Transreligiöse Theorie und existentiale Interpretation*, URL: https://homepage.univie.ac.at/karl.baier/texte/pdf/TransreligioeseTheorie. pdf (letzter Abruf: 17.12.2017); Faber, Roland: ‚Der transreligiöse Diskurs‘, in: *Polylog. Zeitschrift für interkulturelles Philosophieren* 9 (2003), S. 65–94.

[...] In der aktuellen politischen Welt Europas erweist sich der Dialog, der nur innerhalb der je eigenen (politischen, religiösen, kulturellen) Organismen stattfindet, als unfruchtbar."[30]

Wenn man der Begriffsgeschichte von ‚transversal' nachgeht, dann zeigt sich, dass der Begriff seine Wurzeln im Bereich der Philosophie hat und vor allem im therapeutisch-supervisorischen Bereich seine Anwendung findet.

Im geisteswissenschaftlich-philosophischen Zusammenhang wird der Begriff ‚transversal' Féliz Guattari und Gilles Deleuze zugeschrieben.[31] Gerhard Wagner skizziert das Grundanliegen dieses Ansatzes: in einer Welt der Heterogenität und Vielfalt Verbindungen herzustellen, Brücken und Übergänge zu schaffen.[32] Diese Gedankengänge greift Wolfgang Welsch auf und macht sie für sein Konzept der transversalen Vernunft fruchtbar.[33] Auch Hilarion Petzold erkennt Bedeutsames im Konzept der Transversalität für seinen therapeutischen bzw. supervisorischen Ansatz:

„Transversalität ist ein Kernkonzept, das das Wesen des ‚Integrativen Ansatzes' in spezifischer Weise kennzeichnet: ein offenes, nicht-lineares, prozessuales, pluriformes Denken, Fühlen, Wollen und Handeln, das in permanenten Übergängen und Überschreitungen (*transgressions*) die wahrnehmbare Wirklichkeit und die Welten des Denkens und der Imagination, die Areale menschlichen Wissens und Könnens durchquert, um Erkenntnis- und Wissensstände, Me-

---

30 Ansprache von Papst Franziskus vor dem Europarat, Straßburg 25.11.2014, URL: https://w2.vatican.va/content/francesco/de/speeches/2014/november/documents/papa-francesco_20141125_strasburgo-consiglio-europa.pdf (letzter Abruf: 10.12.2017).

31 Vgl. Raunig, Gerald: ‚Instituierende Praxen: Fliehen, Instituieren, Transformieren', 2006, *transversal texts*, URL: http://transversal.at/transversal/0106/raunig/de (letzter Abruf: 17.12.2017) im Hinblick auf den Gebrauch des Wortes ‚transversal' in den verschiedensten Wissenschaftsdisziplinen wie Philosophie, Kunst, Politik usw. In Anlehnung an Guattari spricht man mitunter sogar vom „Guattari-Effekt". Vgl. dazu ‚Buchvorstellung: François Dosse, Gilles Deleuze, Félix Guattari', 2017, *diffrakt*, URL: http://diffrakt.space/buchvorstellung-francois-dosse-gilles-deleuze-felix-guattari/ (letzter Abruf: 17.12.2017); Dosse, François: *Gilles Deleuze, Félix Guattari: Biographien*, Wien u. a. 2017.

32 Vgl. Wagner, Gerhard: ‚Transversale Vernunft und der soziologische Blick', in: *Zeitschrift für Soziologie* 25 (1996), H. 4, S. 315–229, speziell S. 315–317; vgl. besonders: Deleuze, Gilles/Guattari, Félix/Berger, Dagmar: *Rhizom* (Internationale marxistische Diskussion; 67), Berlin 1977.

33 Vgl. dazu: Welsch, Wolfgang: *Vernunft: Die zeitgenössische Vernunftkritik und das Konzept der transversalen Vernunft*, Frankfurt am Main 1995.

thodologien und Praxen zu konnektivieren, ein ‚Navigieren‘ als ‚systematische Suchbewegungen‘ in Wissenskomplexität und Praxisbereichen, in denen die Erkenntnishorizonte und Handlungsspielräume ausgedehnt werden können.“[34]

Eine transreligiöse, vielleicht besser: transversale Perspektive erlaubt und ermöglicht es, gemeinsame Anliegen, die die Religionen durchziehen, zu identifizieren und zu thematisieren, die Abspaltungen und Schattenseiten wahrzunehmen und die eigenen und fremden Denkformen, die Unterscheidungen und Unterscheidungssysteme kritisch auf ihre Wirkungen und Konsequenzen hin zu reflektieren und dadurch neue Möglichkeiten zu entdecken. Beide Begriffe – transreligiös und transversal – können kritisches Potenzial beinhalten, das geeignet ist, Machtstrukturen sichtbar werden zu lassen und eine neue Basis für Gemeinsamkeit entstehen zu lassen. Gleichzeitig aber könnten umgekehrt Begriffe wie ‚transkulturell‘, ‚transreligiös‘ oder ‚transversal‘ auch dazu benutzt werden, kraft ihres überschreitenden und übergreifenden Potenzials Differenzen, Unterschiede und Hierachisierungen unsichtbar zu machen bzw. zu verschleiern.[35] Es geht also darum, das rechte Verhältnis im Hinblick auf Differenzen und ihre Bedingtheit und Kontingenz zu finden. Dazu können Überlegungen der Transkulturalität beitragen.

Zusammenfassend soll festgehalten werden, dass ‚multireligiös‘ stärker das Nebeneinander unterschiedlicher Konzeptionen bzw. Religionen bezeichnet, während der Begriff ‚interreligiös‘ zwar das Gemeinsame betont, aber den Anschein homogener (religiöser) Gebilde erwecken kann, die sich nur punktuell berühren und überschneiden. Die Begriffe ‚transreligiös‘ und ‚transversal‘ beinhalten den Aspekt, dass es der öffentlich geteilte Kontext ist, in den die – in unserem Falle – Religionen und Weltanschauungen im Sinne religiöser, aber auch nicht-religiöser Menschen eingelassen sind. Schon allein aus diesem Kontext erwächst Gemeinsames, erwachsen Herausforderungen und somit Aufgaben, deren Bewältigung die Solidarität aller Menschen und die religions- sowie wissenschaftsübergreifende Zusammenarbeit erfordert.

---

34 Petzold, Hilarion G.: ‚Integrative Therapie – Transversalität zwischen Innovation und Vertiefung Die „Vier WEGE der Heilung und Förderung“ und die „14 Wirkfaktoren“ als Prinzipien gesundheitsbewusster und entwicklungsfördernder Lebensführung‘, in: *Textarchiv H. G. Petzold et. al. Jahrgang 2012*, S. 2.

35 Vgl. Messerschmidt, Astrid: ‚Pädagogische Beanspruchungen von Kultur in der Migrationsgesellschaft – Bildungsprozesse zwischen Kulturalisierung und Kulturkritik‘, in: *Zeitschrift für Pädagogik* 54 (2008), H. 1, S. 5–17, hier S. 11.

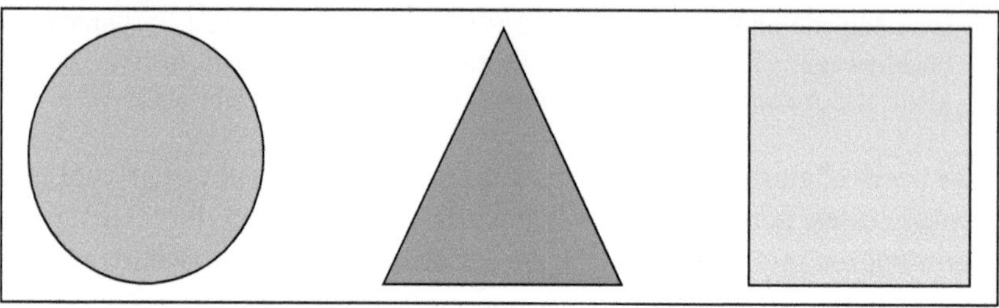

Abbildung 6:   multireligiös (eigene Darstellung)

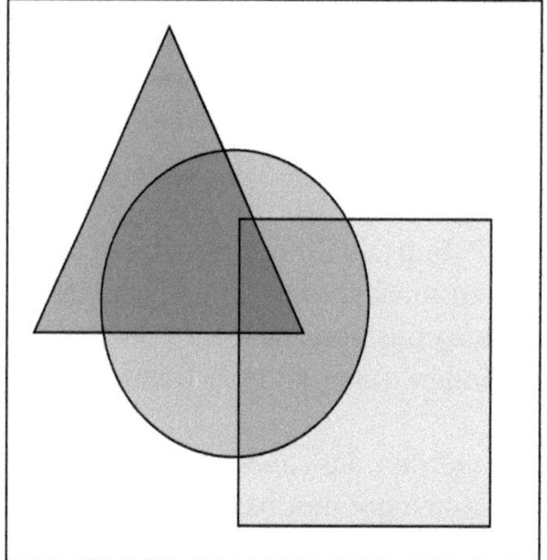

Abbildung 7:   interreligiös (eigene Darstellung)

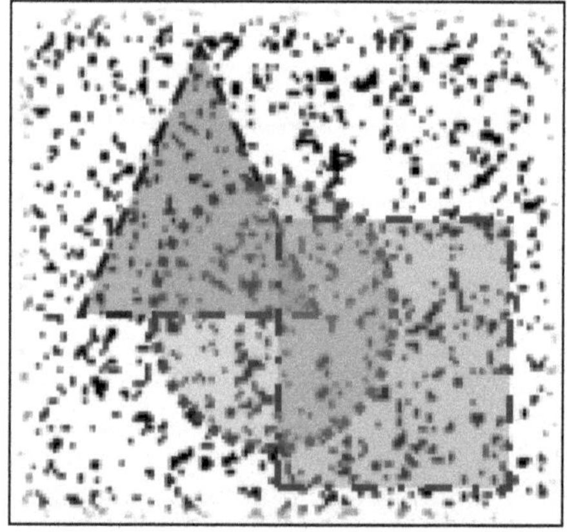

Abbildung 8:   transreligiös/transversal (eigene Darstellung)

Allerdings darf das problematische Potenzial des Begriffs ‚transreligiös‘ nicht unerwähnt gelassen werden. Zwar werden durch diesen Begriff die Durchlässigkeit und das Poröse kultureller und religiöser Konzepte angemessen vergegenwärtigt, andererseits aber könnte die Angriffsfläche für die Kritik an Machtverhältnissen dadurch verschwinden.[36] Auch beinhaltet das Wort ‚transreligiös‘ missverständliche Konnotationen wie die Vorstellung, man könne unproblematisch aus gelebter Religion und Weltanschauung aussteigen – sei sie religiös, a-religiös oder einfach in einem bestimmten Sinne ‚säkular‘ –, den identitätsbezogenen Faktor ‚cybermäßig‘ überschreiten und sich jen-seits davon einrichten, sozusagen ausschließlich über Religion sprechen. An dieser Stelle tauchen gerade im Kontext von Religion und Weltanschauung (wie im Übrigen auch in Bezug auf andere involvierungsbezogene Felder wie z. B. die Kultur oder die Kulturwissenschaften) viele offene Fragen auf, die diskutiert und bearbeitet werden müssten. Auf dieser Basis könnte ein kontextsensibles Modell kooperativer religiöser Bildung entstehen, das bei einem kritischen Gebrauch von Interreligiosität[37] bleibt, dennoch aber Transversalität im Sinne der Wahrnehmung der vielfältigen Lebensformen mit, wie oben gesagt wurde, der ‚Offenheit für Veränderung‘ und der Vernetzung unterschiedlicher Felder und Wissens- bzw. Wissenschaftssparten als Potenzial erhalten bleibt. Inhaltlich anregend für die Fragestellung könnten auch die Überlegungen von Jürgen Mittelstraß zum Begriff der Transdisziplinarität in den Wissenschaften sein, die Ansätze eines Konzeptes transdisziplinärer Zusammenarbeit als Zusammenspiel und Balance von intra- und transdisziplinärer Arbeit enthalten und sehr konkrete Wege zu deren praktischer Umsetzung aufzeigen.[38] Qualitätsvolle transdisziplinäre wissenschaftliche Forschung und Lehre ist in diesem Sinne auf qualitätsvolle intradisziplinäre Forschung und Lehre angewiesen und umgekehrt. Diese Überlegungen kann man auf die wissenschaftliche Arbeit im Allgemeinen und auf die Religionen und die theologisch-wissenschaftliche Arbeit im Besonderen übertragen und dort anwenden.

---

36 Ebd.

37 Vgl. dazu: ebd., S. 11–14.

38 Vgl. Mittelstraß, Jürgen: ‚Transdisziplinarität: von der starken zur schwachen Interdisziplinarität‘, in: *Zwischen den Wissenschaften: über Inter-, Multi- und Transdisziplinarität* (2012), S. 11–13.

4.   Zentrale Konsequenz transversaler Praxis: Kritische Perspektive auf Sprache, Unterscheidungen, Praxen

Die Sensibilität einer interreligiös sensiblen, auf Transversalität ausgerichteten Religionspädagogik zeigt sich an ihrem Umgang mit Unterscheidungen und Kategorisierungen – daran, welchen Stellenwert diese haben, wie kritisch sie hinterfragt werden. Entlarvend im Hinblick auf Unterscheidungen und Kategorisierungen ist das folgende Beispiel:[39]

> Der vierjährige Niklas gerät in ein Interview mit „Hiphop.de", in dem Rapper Fard gerade über das Flüchtlingsthema und seine eigenen Erfahrungen spricht. Der Musiker bezieht den Kleinen in die Szene mit ein und fragt, wie es ihm in der Kita gehe und:
>
> „Sind da auch Ausländer?"
>
> Darauf sagt Niklas: „Nein, da sind Kinder."[40]

Als weiteres Beispiel möchte ich eine muslimische Studierende zitieren, die das interreligiöse Basispraktikum in Innsbruck absolviert hat. Sie berichtet darüber, wie die Kinder auf muslimische Studierende reagiert haben:

> „Die Kinder haben uns aufgenommen. Ich möchte es jetzt nicht verallgemeinern, aber ich glaube, durch die Medien werden die Erwachsenen zum Teil mit Vorurteilen begegnet [sic!]. Aber die Kinder haben das gar nicht. Die Kinder sehen dich als Mensch, akzeptieren dich als Mensch."

Beiden Perspektiven ist der Bezug auf das Menschsein/Kindsein gemeinsam. An den Beispielen zeigt sich, dass es Fälle gibt, in denen das Lebensnotwendige (religiös gesprochen: das Heil) nicht in den Unterschieden bzw. getroffenen Unterscheidungen besteht, sondern in deren ‚Entschärfung' – wie hier im grundsätzlichen Angenommensein als Mensch.

In anderen Fällen wiederum lässt sich feststellen, dass mangelnde Wertschätzung gerade im Übersehen von Unterschieden liegt: Dass Re-

---

39   Ich bedanke mich bei Erol Yildiz, durch den ich auf das Beispiel gestoßen bin.

40   ‚Ein Vierjähriger liefert die perfekte Antwort auf die Flüchtlingsfrage. Vier Worte genügten', 2015, *Focus online*, URL: http://www.focus.de/politik/deutschland/vier-worte-genuegten-dieser-vierjaehrige-beantwortet-die-fluechtlingsfrage-ziemlich-schlagfertig_id_4883387.html (letzter Abruf: 12.09.2017).

ligion und die Bedürfnisse der Mitglieder anderer Religionen nicht im Blickfeld sind, sie buchstäblich ‚ausgehungert werden', zeigt ein Beispiel aus einem Schülerhort: Es ist Mittagessen: 18 muslimische Kinder essen dort, Putenschnitzel werden aber nur 10 geliefert. Und das nicht einmal, sondern immer wieder.[41]

Zusammenfassend lässt sich sagen: Eine wichtige Aufgabe von Bildung in den verschiedenen Feldern ist es, die kommunikative Wirkung von Unterscheidungen bzw. Unterscheidungssystemen wegen ihrer Anfälligkeit für die Erzeugung von problematischen asymmetrischen Verhältnissen im Sinne von Ungerechtigkeitsbeziehungen zu reflektieren. Ungerechtigkeitsbeziehungen entstehen u. a. dann, wenn Unterschiede und Kategorien überbetont werden, wenn vergessen wird, dass Unterscheidungen meist hergestellte, im weitesten Sinne ‚vereinbarte' Sprachhandlungen sind. MigrationspädagogInnen sprechen von Naturalisierung und Ontologisierung.[42] Das heißt: Gemachte Differenzen und Zuschreibungen werden für natürliche Vorkommnisse oder für unumstößliche Wirklichkeit gehalten. Darin liegt ein großes Machtpotenzial, speziell im Hinblick auf Bildungs-, Lehr- und Lernkontexte. Gleichzeitig aber entstehen asymmetrische Beziehungen und Ungerechtigkeitsbeziehungen auch dort, wo Unterschiede ausgeblendet oder übergangen werden.

5. Anderes ist möglich!

Möglichkeitssinnigkeit und Kontingenzsensibilität[43] könnten zentrale Merkmale einer theologisch perspektivierten transversalen Religionspädagogik sein. Diese hat die Aufgabe, sich mit Sprache, Unterscheidungen

---

41 Anonymisierter Bericht einer Nachmittagsbetreuerin.

42 Vgl. Yildiz, Safiye: *Interkulturelle Erziehung und Pädagogik: Subjektivierung und Macht in den Ordnungen des nationalen Diskurses*, Wiesbaden 2009, S. 37; vgl. dazu auch: Sejdini, Zekirija/Kraml, Martina/Scharer, Matthias: *Mensch werden: Grundlagen einer interreligiösen Religionspädagogik und -didaktik aus muslimisch-christlicher Perspektive* (Studien zur interreligiösen Religionspädagogik) 2017, S. 76.

43 Vgl. Konzepte zum Thema Kontingenz im Sinne des Anders-möglich-seins: Kraml, Martina: *Dissertation gestalten im Raum der Möglichkeiten. Eine theologiedidaktische Studie zu Dissertationsprozessen mit besonderer Aufmerksamkeit auf die Entwicklung empirischer Forschung*, unveröffentlichte Habilitationsschrift. Innsbruck 2013; vgl. ebenso: Sejdini: *Mensch werden*, S. 113–116.

und Praxen kritisch auseinanderzusetzen, sie einerseits wahrzunehmen, andererseits aber auch zu entschärfen. Das bedeutet: anzuerkennen, dass Unterscheidungen und Kategorisierungen in der Regel kontingent sind. Die Kritik an Unterscheidungen, die Menschen vorgenommen haben, die in der Folge aber für ‚natürlich‘ oder ‚göttlich‘ gehalten werden, scheint (aus christlicher Sicht) in der Bibel zentral zu sein. Es finden sich viele Belege, in denen Unterscheidungen, Gewohnheiten, Denkmuster und Zuschreibungen problematisiert und neue Möglichkeiten aufgezeigt werden, etwa bei den Propheten im Alten Testament oder bei Jesus selbst. Als Beispiel hierfür eignet sich die Erzählung von Jesus und der Frau am Jakobsbrunnen aus dem Johannesevangelium:

> „So kam er zu einem Ort in Samarien, der Syhar hieß und nahe bei dem Grundstück lag, das Jakob seinem Sohn Josef vermacht hatte. Dort befand sich der Jakobsbrunnen. Jesus war müde von der Reise und setzte sich daher an den Brunnen; Da kam eine samaritische Frau, um Wasser zu schöpfen. Jesus sagte zu ihr: Bitte gib mir zu trinken. [...]
> Die samaritische Frau sagte zu ihm: Wie kannst du als Jude mich, eine Samariterin um Wasser bitten? Die Juden verkehren nämlich nicht mit den Samaritern.“
> (Joh 4, 5–9)

Weitere Beispiele für die kritische Durchbrechung von Denkformen und Kategorisierungen sind die biblische Erzählung vom barmherzigen Samariter, viele Heilungserzählungen, in denen es um die Berührung Unberührbarer geht oder die Destabilisierung des vermeintlich sicheren Wissens und Wahrheitsbesitzes der ‚Frommen‘.

6.　Grundzüge einer möglichkeitsbewussten, transversal orientierten Religionspädagogik

Die bisher erarbeiteten Gesichtspunkte zusammenfassend, sollen im Folgenden Grundzüge einer kontingenzsensiblen und transversal orientierten Religionspädagogik benannt werden.

1) Auch eine (im weitesten Sinne) konfessionsbezogene, sich als theologisch verstehende Religionspädagogik, kann transversal orientiert sein. Dabei stellt sich die Frage, woran sich das Theologische festmachen lässt. Als ein erstes Bestimmungselement lässt sich anführen, dass der theologischen Perspektive und in diesem Sinne auch der theologischen

Wissenschaft das Element des ‚Beteiligtseins‘ bzw. der Modus der Teilnahme zu eigen ist, wie Franz Gruber[44] schreibt, oder dass die Betroffenheits- und Bekundungsperspektive eingenommen wird, wie sich Franz Koppe in einem anderen Zusammenhang ausdrückt.[45] Man könnte hierbei auch von ‚bekenntnisbezogen‘ oder ‚konfessionell‘ sprechen, wenn man sich stärker an der Sprache der Religionsgemeinschaften orientieren will. Als weiteres Bestimmungselement des Theologischen kann die Gottesfrage verstanden werden. Diese wiederum kann sich in unterschiedlicher Weise zeigen, indem in unterschiedlichen Begriffen und Namen von Gott geredet wird: Gott als der Barmherzige, als der Anwalt für Unverfügbarkeit, für immer wieder neue Möglichkeiten, für das Nomadisch-Transversale, als stets kritische Instanz für unsere asymmetrischen Perspektiven und Interessen, für unser Macht- und Besitzdenken, unsere essenzialistischen Vorstellungen usw.

2) Eine möglichkeitsbewusste und transversal orientierte Religionspädagogik und Religionsdidaktik bedarf mehrperspektivischer und prozessorientierter Lehr- und Forschungskonzepte. Eine mögliche Basis dafür können die bisher in der Innsbrucker Katholischen Religionspädagogik bearbeiteten Konzepte der Themenzentrierten Interaktion nach Ruth C. Cohn[46] und der Kommunikativen Theologie[47] bilden. Angesichts der aktuellen und neuen interreligiösen Zusammenarbeit mit der Islamischen Religionspädagogik bedarf es jedoch einer Selbstvergewisserung, Standortbestimmung, Neuorientierung und Neu- bzw. Weiterentwicklung von bisherigen Konzepten in transversalen und transdisziplinären Perspektiven.

---

44 Vgl. Gruber, Franz: *Das entzauberte Geschöpf: Konturen des christlichen Menschenbildes*, Kevelaer 2003, S. 34 f.

45 Vgl. Koppe, Franz: *Sprache und Bedürfnis: Zur sprachphilosophischen Grundlegung der Geisteswissenschaften*, Stuttgart/Bad Cannstatt 1977, S. 79–92.

46 Zum Konzept der Themenzentrierten Interaktion nach Ruth C. Cohn (TZI) siehe: Schneider-Landolf, Mina/Spielmann, Jochen/Zitterbarth, Walter (Hg.): *Handbuch Themenzentrierte Interaktion (TZI)*, Göttingen 2009.

47 Das Konzept der Kommunikativen Theologie findet sich dargestellt in: Forschungskreis Kommunikative Theologie/Communicative Theology Research Group (Hg.): *Kommunikative Theologie. Selbstvergewisserung unserer Kultur des Theologietreibens/Communicative Theology. Reflections on the Culture of Our Practice of Theology* (Kommunikative Theologie – interdisziplinär/Communicative Theology – Interdisciplinary Studies Bd. 1), Wien u. a. 2007.

3) Prozessorientierte Lehre und Forschung ist auf empirische Erkenntnisse angewiesen. Aus diesem Grund bildet die empirische Forschung (in unserem Kontext meist die qualitativ-empirische Forschung) einen unverzichtbaren Teil interreligiöser und transversal orientierter Methodologie. Transdisziplinarität ist hier also essenziell für ein gelingendes wissenschaftliches Arbeiten.

4) Grundausrichtungen und -perspektiven setzen Grundhaltungen voraus. Hier wären viele Elemente zu erwähnen, ich beschränke mich im Folgenden auf vier, die mir im Kontext der Fragestellung besonders wichtig erscheinen:

- Sprach- und Denksensibilität: Sprache und Unterscheidungen sollten in interreligiös-transversaler Aufmerksamkeit auf ihre Auswirkungen auf Menschenwürde, Wertschätzung – christlich-theologisch gesprochen: auf gutes Leben für alle hin untersucht und ständig neu reflektiert werden. Das geht nicht ohne die Begegnung, nicht ohne Gesprächspartner und nicht ohne menschlich-kommunikative ‚Augenhöhe‘.

- Offenheit, Prozessorientierung und Möglichkeitsbewusstsein: Eine interreligiös sensible Haltung ist geprägt von grundsätzlicher Offenheit. Sie erträgt das Prozesshafte, den unbekannten Ausgang, die Unsicherheit, die damit verbunden ist. Hierher gehört das Gespür für die Naturalisierungs- und Ontologisierungsproblematik von Unterscheidungssystemen und deren marginalisierende Wirkungen – das Bewusstsein dafür, dass anderes möglich ist. Transversalität im Sinne der Überschreitung des eigenen für möglich gehaltenen Rahmens auf die Öffnung und Entdeckung neuer Möglichkeiten hin, ist ein zentrales Element.

- Die Anerkennung des Nicht-Wissens: Ein wesentliches Merkmal einer möglichkeitsorientierten religionspädagogischen Haltung ist das Bewusstsein für die Bedeutung des Nicht-Wissens im Sinne des mitunter problematischen Abschlusses von Wissen. Insbesondere im religiösen Kontext ist die Haltung des Wissenden besonders problematisch. Fritz Simon weist auf die Notwendigkeit der Anerkennung des Vorläufigen bzw. der Lücken hin: „Wissen heißt aber immer, dass der Möglichkeitssinn Schaden nimmt."[48] Paul Mecheril hinterfragt kritisch die Kompetenzausrichtung im interkulturellen

---

48 Simon, Fritz B.: *Die Kunst, nicht zu lernen und andere Paradoxien in Psychotherapie, Management, Politik*, Heidelberg ²1999, S. 33.

Bereich und spricht von der Notwendigkeit der „Kompetenzlosigkeitskompetenz"[49].

- Begegnung und Empathie: Weiter oben, im Kontext der Rede von der Transversalität, wurde vom Durchqueren der Vielfalt des Lebens gesprochen, die z. B. in der Begegnung geschieht. Dabei darf Begegnung nicht banal oder oberflächlich verstanden werden, sie beinhaltet immer das Betroffensein bzw. Betroffenwerden durch das Gegenüber. Wenn wir es nicht lapidar verstehen, können wir es Empathie nennen. Martha Nussbaum spricht von den „inneren" Augen.[50] Beides, Begegnung und Empathie, sind unabdingbare Elemente für eine Religionspädagogik, die über ihre eigenen Strukturen nachdenkt – in transversaler und transdisziplinärer Angewiesenheit.

7.   Ausblick: Eine Vision für Europa

Interreligiöse Bildung als Anliegen einer transversal orientierten Religionspädagogik kann als Beitrag zu einer Vision für Europa verstanden werden. Dabei geht es darum, sich bewusst zu sein, dass viele Fragen offen sind, dass aber andererseits die Rahmungen einer transversal orientierten Religionspädagogik inklusive der entsprechenden Haltungen weiter zu materialisieren, zu verleiblichen und weiterzuentwickeln sind im breiten Handlungsfeld, das die Religionspädagogik umfasst.

Anderes für möglich zu halten und sich darauf einzulassen, braucht konzeptionelle Rahmen.[51] Nilüfer Göle entwickelt in kreativer Verdichtung der vielschichtigen Ergebnisse ihres Forschungsprozesses das Konzept des Gewebes, das die Vielfalt der unterschiedlichsten Menschen, Religionen und Kulturen in Europa in ihrem Zusammenleben zum Ausdruck bringt. Es sind Zusammenhänge und Verbindungen, die Göles Forschung

---

49   Vgl. Mecheril, Paul: „Kompetenzlosigkeitskompetenz". Pädagogisches Handeln unter Einwanderungsbedingungen.‘, in: Georg Auernheimer (Hg.): *Interkulturelle Kompetenz und pädagogische Professionalität* (Interkulturelle Studien; 13), Wiesbaden ³2010, S. 15–34.

50   Nussbaum, Martha: *Die neue Intoleranz: Ein Ausweg der Politik aus der Angst*, Darmstadt ²2014, S. 120 f.; vgl. dazu auch: Sejdini: *Mensch werden*, S. 142 f.

51   Kraml, Martina/Sejdini, Zekirija: ‚Methodologie‘, in: Kraml/Sejdini: *Interreligiöse Bildungsprozesse: Empirische Einblicke in Schul- und Hochschulkontexte*, Stuttgart, erscheint im Frühjahr 2018.

so auszeichnen und von anderen Zugängen, die ausschließlich das Trennende konstruieren, unterscheiden.

> „Im Rahmen unserer Feldforschung wurde ein alternativer Begegnungs- und Dialograum geschaffen, ein Sammlungsraum. Im Gegensatz zur ‚Collage' nahm Europa vor unseren Augen die Gestalt eines Teppichs an, gewebt mit den vielfältigen Fäden der muslimischen und nicht-muslimischen Bürger, ein Kollektiv-Produkt, nahezu anonym, aber mit deutlich zu unterscheidenden Motiven, die Kreativität in der Öffentlichkeit – den einzigen Schutzwall für die demokratische Ausnahmestellung Europas – entstehen lassen."[52]

Einer transversal orientierten interreligiösen Religionspädagogik in europäischer Perspektive ist zu wünschen, dass das Leitmotiv Gewebe nicht losgelassen wird, sondern in Lehre und Forschung sichtbar wird und lebendig bleibt.

---

52   Göle: *Europäischer Islam*, S. 18; vgl. Kraml/Sejdini: ‚Methodologie'.

Autorinnen und Autoren

Bacem Dziri ist seit 2011 Mitarbeiter am Institut für Islamische Theologie (IIT) an der Universität Osnabrück und seit 2015 gleichzeitig auch Wissenschaftlicher Mitarbeiter am Institut für Studien der Religion und Kultur des Islam der Goethe-Universität Frankfurt. Seit 2017 arbeitet Dziri am LOEWE-Schwerpunkt der Goethe-Universität Frankfurt in der Arbeitsgruppe „Mit anderen Wahrheiten leben: Islamische Wege im Umgang mit interreligiöser und innerislamischer Differenz".

Jürgen Wasim Frembgen ist Ethnologe, Islamwissenschaftler und Schriftsteller und als Professor für Religions- und Kulturgeschichte des Islam an der Ludwig-Maximilians-Universität München tätig. Er war Hauptkonservator und Leiter der Orient-Abteilung am Museum Fünf Kontinente in München und organisierte zahlreiche Ausstellungen. Jährlich unternimmt er Forschungsreisen nach Pakistan. Er veröffentlichte wissenschaftliche Aufsätze über Kulturen der muslimischen Welt, ethnographische Erfahrungsberichte und literarische Reisebücher und hält Lesungen bei internationalen Literaturfestivals.

Martina Kraml ist Universitätsprofessorin für Katechetik/Religionspädagogik und Religionsdidaktik an der Katholisch-Theologischen Fakultät Innsbruck. Ihre Forschungsbereiche sind Interreligiöse Religionspädagogik und Religionsdidaktik, transversale Forschungs- und Lehrformen, Wissenschaftstheorie und Methodologie der Kommunikativen Theologie sowie Betreuung von Qualifizierungsprozessen im Kontext der Hochschuldidaktik. Sie ist Mitherausgeberin der Reihe „Studien zur Interreligiösen Religionspädagogik" (gem. mit Zekirija Sejdini) im Kohlhammer Verlag.

Halima Krausen ist wissenschaftliche Mitarbeiterin an der Akademie der Weltreligionen der Universität Hamburg. Nach ihrem Studium, das islamische Theologie und Recht sowie Religionswissenschaft umfasste, leitete sie 20 Jahre lang die deutschsprachige muslimische Gemeinde in Hamburg. Seit ihrer Studienzeit ist sie im interreligiösen Dialog und in der religiösen Erwachsenenbildung im In- und Ausland aktiv. Zu ihren Veröffentlichungen zählen Buchbeiträge und Zeitschriftenartikel sowie eine Predigtreihe und eine Gebetssammlung.

Rüdiger Lohlker hat seit 2003 die Professur für Islamwissenschaften am Institut für Orientalistik der Universität Wien inne und leitet seit 2010 den Universitätslehrgang „Muslime in Europa". Er war als Konsulent für Datenbanken in Rabat, Marokko tätig. Seine Forschungsgebiete sind: Moderne islamische Bewegungen, Salafismus, Dschihadismus, Geschichte des islamischen Denkens, islamische und arabische Welt online. Zu seinen aktuellen Publikationen zählen: Rewiring the Islamic Net, Singapur 2017; Die Salafisten, München 2017; Bibliothek arabischer Atheisten, in: *Wiener Zeitschrift für die Kunde des Morgenlandes 107* (2017).

Wolfram Reiss ist Professor für Religionswissenschaft an der Universität Wien. Seine Forschungsschwerpunkte sind die Religionen des Nahen Ostens, die Darstellung anderer Religionen im Schulunterricht und der Umgang mit religiöser Diversität in staatlichen Institutionen. In seiner Reihe „Anwendungsorientierte Religionswissenschaft" publizierte er jüngst mehrere Bücher zu aktuellen Entwicklungen in Ägypten.

Mirjam Schambeck sf ist seit 2012 Universitätsprofessorin für Religionspädagogik an der Katholisch-Theologischen Fakultät der Universität Freiburg. Zuvor war sie an den Universitäten Bamberg und Bochum tätig. Ihre Forschungsschwerpunkte sind: Interreligiöse Kompetenz, Kommunikation der Gottesfrage in der Postmoderne, Bibeldidaktik postmodern gewendet, das Verhältnis von Religion und Bildung und die Zukunftsgestalt des Religionsunterrichts.

Zekirija Sejdini ist Universitätsprofessor für Islamische Religionspädagogik am Institut für Islamische Theologie und Religionspädagogik an der Leopold-Franzens-Universität Innsbruck. Seine Forschungsschwerpunkte sind u. a. Neue Konzepte in der Islamischen Religionspädagogik und -didaktik, Grundlagen des christlich-islamischen Dialogs aus der islamischen Perspektive sowie Interreligiöse Religionspädagogik und -didaktik. Er ist Mitherausgeber der Reihen „Studien zur Islamischen Theologie und Religionspädagogik" (gem. mit Yaşar Sarıkaya) im Waxmann Verlag und „Studien zur Interreligiösen Religionspädagogik" (gem. mit Martina Kraml) im Kohlhammer Verlag.

Erol Yildiz ist Professor für den Lehr- und Forschungsbereich „Migration und Bildung" an der Universität Innsbruck. Seine Schwerpunkte sind Migrationsforschung, Migration und Bildung, Migration und Urbanität. Zu seinen aktuellen Veröffentlichungen zählen: Migration, Stadt und Urbanität (2017 gem. hg. mit Thomas Geisen und Christine Riegel); Muslimische Diversität. Ein Kompass zur religiösen Vielfalt in Österreich (2017, gem. mit Ednan Aslan und Jonas Kolb); LebensWegeStrategien. Familiale Aushandlungsprozesse in der Migrationsgesellschaft (2018, gem. mit Christine Riegel und Barbara Stauber); Postmigrantische Visionen. Erfahrungen – Ideen – Reflexionen (2018, gem. hg. mit Marc Hill).